湖北方言調查報告（一）

趙元任等 著

汪國勝 整理

荆楚文庫

荆楚文庫編纂出版委員會

華中科技大學出版社

湖 北 方 言 調 查 報 告
HUBEI FANGYAN DIAOCHA BAOGAO

圖書在版編目（CIP）數據

湖北方言調查報告/趙元任等著；汪國勝整理.
一武漢：華中科技大學出版社，2023.7
（荊楚文庫）
ISBN 978-7-5680-9536-5

Ⅰ.①湖…

Ⅱ.①趙… ②汪…

Ⅲ.①西南官話－方言研究－調查報告－湖北

Ⅳ.①H172.3

中國國家版本館CIP數據核字(2023)第126871號

項目編輯：宋　焱 周清濤
責任編輯：李　鵬
整體設計：范漢成 曾顯惠 思　蒙
責任校對：封力煊
責任印製：周治超
出版發行：華中科技大學出版社（中國·武漢）
地址：武漢市東湖新技術開發區華工科技園
電話：（027）81321913
郵政編碼：430223
錄排：華中師範大學騰騰打字室
印刷：湖北新華印務有限公司
開本：710 mm×1000 mm 1/16
印張：190　插頁：12
字數：2630千字
版次：2023年7月第1版第1次印刷
定價：1599.00元(全六冊)

ISBN 978-7-5680-9536-5

9787568095365 >

出版説明

　　湖北乃九省通衢，北學南學交會融通之地，文明昌盛，歷代文獻豐厚。守望傳統，編纂荊楚文獻，湖北淵源有自。清同治年間設立官書局，以整理鄉邦文獻爲旨趣。光緒年間張之洞督鄂後，以崇文書局推進典籍集成，湖北鄉賢身體力行之，編纂《湖北文徵》，集元明清三代湖北先哲遺作，收兩千七百餘作者文八千餘篇，洋洋六百萬言。盧氏兄弟輯録湖北先賢之作而成《湖北先正遺書》。至當代，武漢多所大學、圖書館在鄉邦典籍整理方面亦多所用力。爲傳承和弘揚優秀傳統文化，湖北省委、省政府決定編纂大型歷史文獻叢書《荊楚文庫》。

　　《荊楚文庫》以"搶救、保護、整理、出版"湖北文獻爲宗旨，分三編集藏。

　　甲、文獻編。收録歷代鄂籍人士著述，長期寓居湖北人士著述，省外人士探究湖北著述。包括傳世文獻、出土文獻和民間文獻。

　　乙、方志編。收録歷代省志、府縣志等。

　　丙、研究編。收録今人研究評述荊楚人物、史地、風物的學術著作和工具書及圖册。

　　文獻編、方志編録籍以 1949 年爲下限。

　　研究編簡體橫排，文獻編繁體橫排，方志編影印或點校出版。

《荊楚文庫》編纂出版委員會

2015 年 11 月

國立中央研究院歷史語言研究所專刊

湖北方言調查報告

第一冊

著作人

趙元任　丁聲樹　楊時逢

吳宗濟　董同龢

商務印書館發行

中華民國三十七年

國立中央研究院歷史語言研究所專刊

湖北方言調查報告

第 二 冊

著 作 人

趙 元 任　丁 聲 樹　楊 時 逢

吳 宗 濟　董 同 龢

商 務 印 書 館 發 行

中 華 民 國 三 十 七 年

原書扉頁（第二冊）

INSTITUTE OF HISTORY AND PHILOLOGY

OF

ACADEMIA SINICA

REPORT ON A SURVEY

OF

THE DIALECTS OF HUPEH

BY

CHAO YUEN-REN, TING SHENG-SHU, YANG SHIH-FENG,
WU TSUNG-CHI and TUNG T'UNG-HO

THE COMMERCIAL PRESS, LTD.
SHANGHAI

原書英文頁

中華民國三十七年三月初版

(43102)

國立中央研究院歷史語言研究所專刊 湖北方言調查報告二冊

每部定價國幣柒拾伍元

印刷地點外另加運費

著作者 趙元任 丁聲樹 楊時逢 吳宗濟 董同龢

發行人 朱經農 上海河南中路

印刷所 商務印書館印書廠

發行所 商務印書館 各地

原書版權頁

前　言

　　趙元任等先生的《湖北方言調查報告》(以下簡稱《報告》)是中國語言學史上的一部經典著作,爲漢語方言的調查研究奠定了基礎。

　　趙元任(1892—1982),江蘇常州人,現代著名語言學家、音樂家。1907年考入江南高等學堂預科,1910年考取清華學校庚子賠款官費生留學美國,入康奈爾大學主修數學,1914年畢業後繼續在該校修讀哲學,1915年轉入哈佛大學,1918年獲得哲學博士學位。先後任教或任職於康奈爾大學、哈佛大學、清華大學、"中研院"史語所、夏威夷大學、耶魯大學、密歇根大學,後長期任教於加州大學伯克利分校,並在該校退休。先後獲得美國普林斯頓大學、加州大學、俄亥俄州立大學榮譽博士學位。趙元任是中國現代語言學的先驅,被譽爲"中國現代語言學之父",是現代漢語方言學的開創者和奠基人之一,同時也是中國現代音樂學的先驅。他在漢語方言學方面的重要著作除了《報告》之外,還有《現代吳語的研究》《鍾祥方言記》《中山方言》等,這些著作一直被公認爲現代漢語方言調查研究的經典文獻。其他方面的重要著作有《中國話的文法》《語言問題》等。

　　丁聲樹(1909—1989),河南鄧縣人,著名語言學家。1932年畢業於北京大學,曾任中國科學院哲學社會科學部委員、中國社會科學院語言研究所研究員。以博古通今著稱,在音韻、訓詁、語法、方言、詞典編纂等方面都有精深的造詣。曾主編《現代漢語詞典》《昌黎方言志》,編著《古今字音對照手册》《漢語音韻講義》,合著《現代漢語語法講話》等。

　　楊時逢(1903—1989),安徽石埭人,語言學家。1926年畢業於金陵大學,歷任"中研院"史語所助理研究員、副研究員和研究員。除了合著《報告》,還著有《臺灣桃園客家方言》,合著《湖南方言調查報告》《雲南方言調查報告》《四川方言調查報告》等。

吳宗濟(1909—2010),浙江湖州市吳興區人,語言學家。1934 年畢業於清華大學,歷任"中研院"史語所助理研究員、中國科學院語言研究所副研究員、中國社會科學院榮譽學部委員,兼任北京大學中國語言文學系教授。主要研究漢語方言、語音學和實驗語音學。除了合著《報告》,重要著作還有《湖南方言調查報告》(合作)、《普通話發音圖譜》(合作)、《實驗語音學概要》等。

董同龢(1910—1963),江蘇如皋人,語言學家。1937 年畢業於清華大學,考入"中研院"史語所任職,後隨史語所遷至臺灣,兼任臺灣大學中國文學系教授。主要研究漢語音韵及漢語方言,重要著作除了《報告》(合作),還有《上古音韵表稿》《漢語音韵學》《華陽涼水井客家話記音》等。

1936 年春,在"中研院"史語所組織下,趙元任等先生開展了對湖北方言的大規模調查,調查結果整理成《報告》,1948 年由商務印書館(上海)出版。《報告》分一、二兩册,1640 頁,包括分地報告和綜合報告。分地報告詳列了全省 64 個方言點的語音材料,每個點都有聲韵調表、同音字表、方音與古音比較表和會話材料。綜合報告包含各地字音比較、常用詞比較、湖北方言的分區,以及 66 幅方言地圖。《報告》有三部分的内容特别值得關注。一是"總説明",這一部分討論了方言調查的很多重要問題和基本概念。二是綜合報告裏的"特字表"和"湖北特點及概説",這部分内容對於方言語音的判別、方言特點的説明,具有重要的價值。三是 66 幅方言地圖,這是漢語方言研究歷史上第一次對一個省的方言繪製語言特徵地圖和分區分佈圖,對於中國地理語言學的發展具有重要的意義。《報告》爲省區範圍内進行大規模的方言調查提供了一個非常成功的樣板①。

《報告》是漢語方言學的一部歷史巨著,《荆楚文庫》決定收入,並讓我負責整理工作。能够爲《報告》做點工作,我感到十分榮幸。但深感任務艱巨,在實際工作過程中遇到了"三難"。第一,體例難。《報告》篇幅宏大,體

---

① 張振興:《漢語方言調查研究名著講解》,華中師範大學出版社,2014 年。

例複雜，在自己讀過的方言學論著中，我感覺《報告》的體例是最複雜的。《報告》原爲大 16 開本，内含大量表格，現在需要按照《荆楚文庫》規定的統一開本排印，不相適應，表格需要拆分。怎麼拆分才能不顯得内容割裂，方便閲讀，頗費心思。第二，錄入難。《報告》體例複雜，錄排工作難度大。我們對錄排人員進行了一定的方言知識（比如國際音標等）的培訓，以儘量減少錄排錯誤。錄排工作歷時兩年多纔完成。第三，校對難。《報告》的校對任務十分繁重，一人難以承擔。華中師範大學語言與語言教育研究中心的朱芸和龔睿組織研究生參與校對，王毅負責校對問題的處理，並做最後的統校。前後校對了十多遍，但即便如此，還是不敢説没有紕漏。

對《報告》的整理，我們主要做了以下幾個方面的工作。

1. 表格。《報告》表格較多，能直排的儘量直排，直排不下的就改爲横排。有的表格很大，一頁排不下，衹好拆分爲兩表甚至多表。

2. 文字。根據《荆楚文庫》的要求，使用規範繁體字，改舊字形爲新字形，比如"説"改爲"説"，"清"改爲"清"，"户"改爲"户"等。

3. 地圖。原書有 66 幅手工繪製的方言地圖，現在依據原圖影印，並做相應的技術處理，以保證圖面的清晰度。

4. 内容訂正。對原書中未能校對出的錯誤做了訂正。比如：有的是音標或例字錯誤，如原書第 244 頁，"江"（tɕiaŋ）誤標爲ɕiaŋ；原書第 408 頁，"杜tou≠鬥tsʻu"應爲"杜tu≠鬥tou"；原書第 527 頁，ɥᴇ韵下的"薛、月、薛"，應爲"薛、月、屑"。有的是前後不一致，如原書第 161 頁，韵母表少了aŋ iaŋ uaŋ yaŋ oŋ ioŋ六個韵母；原書第 576 頁，"没有得着"的"没有"對應的音標應是"mɯꜜ ꜛɣei꜔"，原書誤作"puꜜ ɕiauꜜ"；原書第 684 頁，聲母表中的例字"tɕ虚須小曉"，聲母均應爲ɕ。

5. 標點符號和頁眉。原書在這兩方面有特别的規定，爲了方便閲讀，仍保持原貌。

6. 原書標點偶有不統一處，原書作者已于書中説明有此種現象存在，此次亦未作統一，一仍其舊。

　　需要特別説明的是，我們所做的工作主要是重新録排，在版式上做了處理，算不上整理。注明整理，祇是順應規定，絶無掠美之意。出版社讓我承擔這項工作，我心裏始終有點惴惴不安，擔心做不好，對不起作者和讀者。但《報告》作爲一部劃時代的方言文獻，已經出版70多年，一般讀者現在很難看到。通過我們的工作，能爲學界提供方便，可讓更多的讀者學習和參考。想到這一點，稍稍心安一些。

　　《報告》的重新出版作爲語言與語言教育研究中心的一項重要工作，得到了中心的大力支持。中國社會科學院語言研究所張振興先生對《報告》的重新出版極爲關心和重視，並親自審閲校稿，提出了很多寶貴的意見和建議。在此，我們對語言與語言教育研究中心，對張振興先生，對參與校對工作的老師們和研究生們表示衷心的感謝！

汪國勝

2023年2月18日

目　　録

序

　　民國二十五年春季這次的湖北方言調查是中央研究院歷史語言研究所舉辦的第六次方言調查。第一次是十七、十八年間冬季兩廣方言的調查，第二次是二十二年陝南方言調查，第三次是二十三年徽州方言調查。那三次都是注重幾個代表語的較詳細的記錄，所用的例字表較長而所調查的地方較少。到二十四年春本所擬了一個全國方言調查的總計畫，打算由少數人在幾年之內，給全國方言做一個粗略的初次調查，并且灌製全國的代表音檔，所調查的地方要多到能夠畫得出方言地圖來，每處所調查的材料要少到能夠在幾年之內就完成這計劃。二十四年春江西調查（第四次）、十四年秋湖南調查（第五次）跟二十五年春湖北的調查（第六次）就是照這新方式做的。我們本來希望能一連多得些材料，以後整理起來可以多得些比較的參考；比方先調查了江西、湖南，我們對於湖北東南部方言的許多奇特現象，現在就容易了解得多了。但是照這樣參考起來，勢必等全國方言都調查完了方能從事整理，在事實上有好些不可能的地方，加之近來學術的材料往往發生了保存的問題，最妥當的保存方法莫如把它刊印了散佈出來，所以決計在未作其他調查之先，把材料較完整、音檔較清晰的湖北方言調查先整理出來，成爲方言調查報告的一個模型，這工作本來不需這麼些時候，因爲當中爲了複製歷次的音檔和記錄，又遷了兩次所址，所以弄到現在才告完成。

　　調查跟報告工作的分配大致是這樣的：寫報告的五個人除董君是後來加入的，其餘四人也就是原調查人（誰記哪些地方詳見後面分地報告）。關於音檔的灌製，楊君、吳君擔任的較多一點。整理的方法跟報告的大綱是由趙君規畫。總說明，卷二乙湖北特點，跟丙方言地圖，也是由趙君起草的。本報告的基本材料，當然是卷一的分地報告。這些報告是由各人按地方分寫的,其中董君寫的最多,差不多有全數之半,吳君擔任的地方最少,但都是東南角最難的幾處。卷二甲綜合材料的一部分跟丙地圖的一部分的初清稿是丁君做的。地圖的最後清稿是由楊、吳兩君畫的。刊印款式符號等問題及稿件的最後整理,是由楊君負責。以上是分工的大致情形。在事實上,好些工作是大家商量着做的,有好些材料是大家循環着看,以求體例一致化。不過這麼一些繁複的材料從這許多方面排比起來,除掉'亦''也'或'與'及'跟''同'之類文體上的不一致外,一定還會有些關於內容上疏忽舛錯的地方。我們極望海內外學者發現任何錯誤,隨時指正我們。

我們借這機會謝謝中華教育文化基金董事會歷年給我們關於音檔設備,音檔材料,調查,及出版各費的補助,使這工作能夠成功。我們謝謝武昌中華大學陳校長叔澄先生替我們接洽介紹多數的發音人。我們謝謝各位發音人費了他們許多寶貴的時間供給我們這些語料。我們謝謝漢口市廣播電台王台長慎名先生幫助我們解決些電聲的問題。最後還有羅莘田先生在百忙中還抽空替我們把這極囉唆的稿子細細看了一遍,還給了很多有益處的指示,我們是非常感謝的。

湖北報告寫完了,有了個模型以後,湖南、江西比較的好寫了,我們的調查隊不久又可以向河北、東三省等處去調查方言了。

中華民國二十七年七月七日

趙元任　丁聲樹　楊時逢　吳宗濟

董同龢　序於昆明

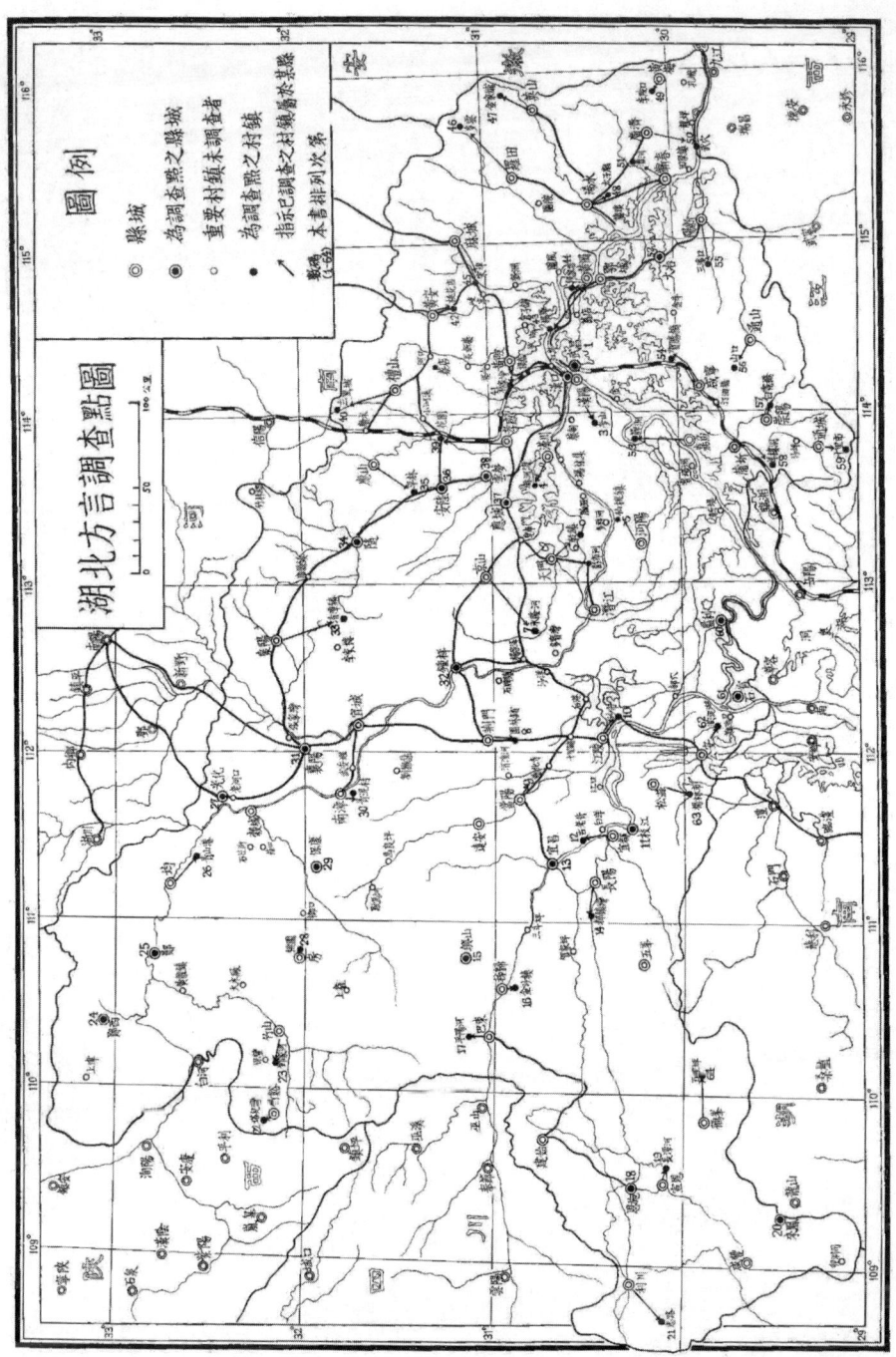

湖北方言調查點圖

圖例

◎ 縣城
◉ 為調查點之縣城
○ 重要村鎮已調查者
○ 為調查點之村鎮
● 指示已調查鎮僅此者水某縣
╱ 虛線(小點)本書排列次第

總 説 明

一. 字體及標點符號條例

本報告所用的標點符號跟一般通行的一樣。但有些極常用的標點，如果每次都加上，反而看起來眼花，所以除普通施用符號條例之外，又加了幾條省號的條例。

1. 漢字稱述加號條例：

(1) 語音學跟音韵學上名辭平常不加符號。如：塞擦音，韵尾，三等。

(2) 以上各辭如有誤認爲普通語可能時，臨時用雙引號" "辨別。如："音位"，"等"，"央"。

(3) 音韵學中音類代表字下加浪線＿＿。如：定，蟹，青，尤。但平上去入字樣通常不加浪線。

(4) 引例字用單引號' '。如：'勃'，'全'，'陵，靈'。但單字當名辭用者仍按第(2)條加雙引號" "。如"攝"，"調"。

(5) 注義用雙引號" "，與被注字用單引號' '分別。如：'企'"站"（即舊云企站也之意）。

(6) 白話音加單下杠，文言音加雙下杠。如：鍾祥'介'kai，'介'tçiai（或作'介'kai，tçiai）。

2. 漢字省號條例：

(7) 列表時或在其他無誤會可能時（例如附有"攝，韵"等字樣時）省去＿＿號。如：宕攝，山韵，清母。

(8) 例字後有"字"者可酌省' '號。如：羅字，家字；但'特'字（與"特字"辨別）。

3. 羅馬字及音標加號條例：

（9）國際音標不加符號。如：pien。

（10）遇有誤會可能時，國際音標加方括弧［　］。如：［y］。

（11）引用別人拼音時用'　'號。如：'hsin'。

（12）西文私名專名用正體，私名第一字母大寫，專名不大寫。如：Karl-gren，dissimilation。

（13）引用西文文字有時加'　'號。如：'yeast'。

4.羅馬字及音標省號條例：

（14）列表時或在其他無誤會可能時省［　］，'　'號。

5.普通字體標點條例：

（15）中文書名雜誌名下加浪線＿＿＿。如：廣韵，史語集刊。

（16）中文文章名加雙引號"　"。如："中國字調跟語調"。

（17）西文書名雜誌名文章名第一字的第一字母大寫。（不斜體）如：Étude sur la phonologie chinoise。

（18）版次加於書名末右下角。如 Lehrbuch der phonetik₄。

（19）加重語下加浪線＿＿＿。如：是語音現象，非音韵現象。

（20）中文私名下加單直杠。如：王氏，廈門。

（21）引文用雙引號"　"。如廣韵紙韵，"舐，以舌取物"。

6.普通標點省略條例：

（22）國名，省名，省會名，湖北省各縣名的私名杠省略。

（23）列表時～～～，——，"　"省略。

7.其他符號：

○代表無輔音聲母及無音位意義的ʔ，ɣ音。[①]（"無輔音聲母"或簡稱爲"無聲母"。）

□有音而無漢字可寫的字。如：□（ₗnən）（京山"你"的尊稱）。

|引本字。如：下（等一|）（即"等一下"）。

［］加在韵書上無地位的字之外。如：［垮］。

[①]　參看分地報告説明。

二. 語音符號及名辭

　　本報告所用的音標符號以國際音標爲主,間或有增加或改變者見下面說明。下列各表中的符號只限於此次調查所遇見的音跟舉例作參考的音。

　　1. 輔音表

發音部位 / 發音方法		上唇	上齒	齒或前齒齦	齒齦或前硬顎	齒顎之間	齒齦或齦顎間	前顎	硬軟顎間	軟顎或小舌	喉
上阻部 / 下阻部簡稱		下唇		舌尖		舌尖及面	舌面(舌前)		舌面(舌根)		
		唇音		舌尖前音	舌尖後音	顎齦音	顎音,舌面音		後顎音,舌根音		喉音
		雙唇音	齒唇音								
塞音	濁	b		d	ɖ		ȡ	ɟ	g		
	清	p		t	ʈ		ȶ	c	k		ʔ
鼻音	濁	m	ɱ	n	ɳ		ȵ	ɲ	ŋ		
	清										
邊音	濁			l	ɭ						
	清										
摩擦音	濁	β	v	ð,z	ʐ	ʒ	ʑ	j	ɣ		ɦ
	清	ɸ	f	θ,s	ʂ	ʃ	ɕ	ç	x	χ	h
無擦通音 半元音	濁	w	ʋ		ɹ			j			
高元音參考		u,y,ɥ,ʮ		ɿ(i),ʮ	ʅ(i),ʮ			i,y		ɯ	

　　以上符號ȡ,ȶ,ȵ是國際音標本來沒有的,現在是仿ʑ,ɕ的例所製的濁塞音,清塞音,鼻音的符號。這一套ȡ,ȶ,ȵ,ʑ,ɕ我們現在拿來代表一般中國方言的顎音或舌面前音,因此比國際音標本來拿ʑ,ɕ代表波蘭較前的顎音的用法,範圍較廣。至於原來代表較後的顎音ɟ,c等符號,除非顯然偏後的音時就不用。

表的底行高元音列入，爲比較用，詳見下元音圖。

2.複合輔音 漢語裏最常用的複合輔音是送氣塞音，塞擦音，跟送氣塞擦音，湖北音也不出這範圍。在國際音標常例，如果只有一種送氣音時，用h代表送氣；有兩種時，一種用 h，一種用'。我們爲簡單計，仍用'代表一種送氣音（方言中並沒有同時有輕重兩種送氣的），一律寫p'，t'，k'等。湖北東南區幾縣有濁音送氣b'，d'，g'等，嚴格説起來是濁音送氣的ɦ。但前面既是濁音，以後的送氣當然也是濁的，所以簡寫作b'等一定不會有誤會的。

塞擦音湖北有ts，tʂ，tɕ三種基本部位。爲求符號簡單化，照通常習慣讓第二音定確實部位，第一音簡寫作t（或d）成爲ts，tʂ，tɕ。與顎齦音ʃ，ʒ部位相當的塞擦音也省寫作dʒ，tʃ（跟它相當的介乎t，ʈ部位的塞音本來就沒有符號）。

3.元音圖 按舌面最高點的前後高低，所用舌面元音符號如下圖：①

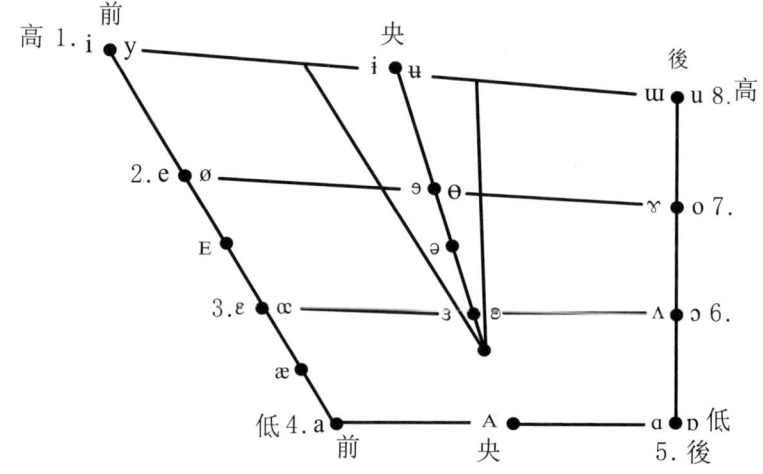

<hr>

① 近年論元音者，特別是 G. O. Russell 在他的 The Vowel（Columbus（Ohio），1928）一書中頗否認舌高部對於元音音彩的相配關係，而注重喉部狀態。在生理及聲學上此説也許是對的。但事實上按舌高的元音分類法的確很有用，原因也許是舌面最高點的變動同時常常（而未必總是）與一定的喉部狀態相聯合，所以知道了一部分，其餘也大致定了，在 Russell 等人未製定建設的新的元音分類以前，我們不妨仍用相沿的制度。好在同行中人人都知道我們的符號當什麼講。

圖中有 1 至 8 號碼的是八個"標準元音"。ɘ是從前國際音標中有而近來不大用的一個嚴式音標。ᴀ是a，ɑ之間的"平均a"[1]，ᴇ是e，ɛ之間的"中e"[2]，都是國際音標中所没有的。

除以上舌面元音以外，有下列幾個舌尖元音在中國很通行，其中圓唇的在湖北特別發達。

	舌尖前	舌尖後	前後概稱的簡號
不圓唇	ɿ	ʅ	ï
圓唇	ʮ	ʯ	

以上的符號是沿用高本漢所提議的。[3] 在國際音標向來用濁音輔音z，ẓ等對付着當韵用，現在另寫個元音較爲方便。爲更求簡單計，不圓唇的兩個音ɿ，ʅ可通寫作ï（高本漢的寬式），反正在s音後的一定是ɿ，在ʂ音後的一定是ʅ，所以不會有誤會的可能。至於兩個圓唇的舌尖元音，在湖北有時候像ʮen，ʮan之類，前頭幾乎没有摩擦，不便寫作zʮen，zʮan，而兩者又顯然有前後之分，所以不把ʮ，ʯ合併爲高氏寬式的'ÿ'號。

除以上舌尖高元音外，還有許多捲舌元音代表'而，貳'等字，可以認爲較低的（中的）舌尖元音或舌尖與舌面都有作用的元音。在國際音標没有一定的寫法。我們現在把ə的捲舌照通行的辦法寫作ɚ。把a，ɔ等的捲舌寫作ar，ɔr等，在元音後加一個r。這種寫法在有顫音r的外國語有發生誤會的可能，但湖北没有顫音r，所以這裏的r我們就一律當作形容前音用，不致有誤會的可能。

4.增加符號：

    ː   長音   如：aː

---

[1] O. Jespersen, Lehrbuch der phonetik, (Leipzig, 1926)裏用過。

[2] 趙元任現代吳語的研究（北平，1928）裏用過。

[3] B. Karlgren, Étude sur la phonologie chinoise, p. 295。

˙	半長音	如:a˙
~	半鼻音	如:sã
～	兩可	如:l～n,開～合
˳	清音化(不帶音)	如:ḅ
ˬ	濁音化(帶音)	如:s̬
·	較關	如:ɛ̣(較關的ɛ)
ᶜ	較開	如:ǫ(较開的o)
ˌ	成音節	如:n̩

5.調號　　調號用一種五點四格制的聲調字母。分字調的平均相對音高爲"低","半低","中","半高","高"五點,簡稱爲1,2,3,4,5。它的音程的絕對大小不定,大約是從每度一個整音(即兩律)至每度一個半整音(即三律)的樣子。調號以與n等高的豎線爲比較線,旁加縮小的時間音高軌跡的曲線爲調號本身。爲免分類太細反致看不清楚,大多數調線起訖點只限於單數點配單數點,雙數點配雙數點。常用調號如下:

起訖點	調號	調性	起訖點	調號	調性
11	˩	低平	22	˨	半低平
13	˩˧	低升	24	˨˦	中升
15	˩˥	低升高	42	˦˨	中降
31	˧˩	低降	44	˦	半高平
33	˧	中平	242	˨˦˨	升降
35	˧˥	高升	424	˦˨˦	降升
51	˥˩	高降低	313	˧˩˧	低降升
53	˥˧	高降	5	˥	短高
55	˥	高平	21	˨˩	短低降

以上調號是爲標各調類用的。如果在字與字相連或因語調變化而讀

出與單字單讀不同的調，就用臨時調值的符號。臨時調值的符號就用以上的各號把調線畫在比較線的右邊。例如國音‘好’xauʌ，在連調變化‘好人’xauʌ∟ zən˧，‘好米’xauʌ┌ mi˧。

在描寫詳細調值時，遇實際調值與上述調號有出入之處，就不另造調號，只説明是由某點至某點。如孝感陰平用中升調號(˧ 24)，嚴格説是由“中”升至“半高”(34)。又如英山入聲用低降升調號(˩ 313)，嚴格説是由“半低”降至“低”，再升至“中”(213)。

輕聲用點，或點在拼音之前，或點在調號的比較線之右，放在字後，例如ņˠ •tçia，或ņˠ tçia┠ 。

6.高元音或半元音問題　高元音舌面的i, u, y在漢語佔重要的地位。這些元音如果再緊一點，就成了跟它們相當的j, w, ɥ；但在中國語音裏很少有像英文‘east’iːst≠‘yeast’jiːst，‘ooze’uːz≠‘woos’wuːz那樣以高元音與輔音的分別來辨字的。在湖北語的讀音上固然有時聽起來緊一點像輔音，有時鬆一點像元音，但並不發生辨字的效力，所以在拼音上没有分辨的必要。爲簡單計，我們現在除了描寫詳細音值時外，一律不用j, w, ɥ的符號。[①]

7.洪細尖團的觀念　在以後比較音韵的討論中常常用得着“洪細”的觀念。凡以前高元音i, y爲韵母第一成分的叫細音，其餘叫洪音。[②] 洪細是現代語音的觀念，不是用在古音的類别上的。例如某地古心母三四等韵字在i, y前讀ç(如‘小，須’)，其他讀s(如‘斯，歲’)，古一等也讀s，那麼可簡單的説“今細讀ç，今洪讀s”。“尖團”是指古精清從心邪母在今細音前讀不讀成顎化的tç, tçʻ, dzʻ, ç等音，如果顎化就叫作團音，如果保持ts, tsʻ, dzʻ, s等部位就叫作尖音。例如武昌‘西’＝‘希’都讀團音，就叫作不分尖團。又如陽新‘千’tsʻiē≠‘謙’tçʻiē，就叫作分尖團。在皮簧戲裏所講的尖團就是這種意義。還有人把“尖團”用在ts：tʂ, tsʻ：tʂʻ, s：ʂ等分别上，我們現在不取這個用法，以免混亂。

---

① 參考 Karlgren 前引書 263—266 頁關於這問題的詳細討論。
② 湖北有些地方有ʅ或ɿ而無y，由音韵地位看這ʅ或ɿ完全與y相當，在本報告中我們把這種ʅ或ɿ也當細音看待。

8.音位跟變值音位　每一方言裏實際所用的能聽得出的音的總數是很多的，但在音韻上對於分辨字的異同的有效音類的數目比較的很少。例如好幾處方言ҫin的i緊一點，tin的i鬆一點，差不多是tιn，但是絕對不另有字讀ҫιn跟ҫin分別，也沒有tin（緊i）跟tιn分別。所以我們就認i為同一個"音位"有[i][ι]兩值，在ҫ後n前讀第一值，在t後n前讀第二值。這些變化有條件可循的各音值歸納成功的音類叫做"接觸音位"或簡稱"音位"。還有時候同一個字有時讀這個音值有時讀那個音值而讀者不覺得有什麼分別，例如湖北好些地方同一個人讀'奴'字有時候讀lu，有時候讀nu而自己不覺得有兩種讀法，這叫做"變值音位"，標作l～n。在拼字時就選一個較多見的值的符號，例如n，來代表這音位。

9.國音　為比較用，有時引到國音，現在列一個簡化的聲韻調表如下：
聲母：—

p	p‘	m	f
t	t‘	n	l
k	k‘	x	
tҫ	tҫ‘	ҫ	
tʂ	tʂ‘	ʂ	ʐ
ts	ts‘	s	

韻母：—

ï	a	o	ə		ai	ei	au	ou	an	ən	aŋ	əŋ
i	ia	io		ie	iai		iau	iou	ien	in	iaŋ	iŋ
u	ua	uo		uai	uei				uan	uən	uaŋ	-uŋ, uəŋ
y				ye					yan	yn		iuŋ

聲調：—

音韻符號：	ꞈa	ꞈa	ˊa	aˎ
調值符號：	a˥	a˦	a˧	a˅

三. 音韵概念

1. 音韵系統　調查現代方言所根據的音韵系統, 最方便的是用切韵廣韵集韵這一系韵書所代表的中古音系。固然有些"特字"在方言裏有與這音系不合的地方, 例如賜字廣韵屬心母, 許多地方讀如清母; 徙字廣韵屬支韵, 大多數方言都讀如齊韵; 統字廣韵屬去聲, 好些地方又把它當上聲待遇。這些現象都很一致, 似乎表示另有不同的來源。但大體上説起來, 多數字音的分合是可以追溯到切韵系統的。所以我們仍以這系統爲起點。從古音變到今音, 當然不是古某聲母一律變今某聲母, 古某韵母一律變爲今某韵母, 古某調(四聲)一律變今某調。聲母的變化, 關於發音部位方面, 大抵跟着韵母的前部("等, 呼")或韵母的長短開關("内外轉")來變的。例如漢口見母在細音前讀舌面音tɕ('結'tɕie, '均'tɕyin), 在洪音前讀舌根音k('干'kan, '孤'ku); 浠水莊組(照₂組)在内轉韵前讀舌尖前音ts等('爭'tsən, '瑟'se), 在外轉韵前則讀舌尖後音tʂ等('斬'tʂan, '齋'tʂai)。關於發音方法方面, 大抵跟着調類變的。例如古全濁塞音及塞擦音在今官話區内平聲送氣而上去入聲不送氣('逃'tʻau, '道'tau; '齊'tɕʻi, '集'tɕi; '權'tɕʻyan, '倦'tɕyan)。韵母的變化常常因聲母部位的不同而分歧。例如古祭韵開口字武昌在幫組聲母後讀ei('敝'pei), 端系聲母後讀i('例'ni), 知系聲母後讀ï('世'sï), 見系聲母後讀i('藝'i)。調的變化大半跟着聲母發音方法而有不同的變化。例如最普通的, 平聲因清濁而分爲陰平與陽平, 在官話區内上聲的全濁部分更與清音及次濁音分離而與去聲混同。所以我們把古聲韵調都分出些"系, 組, 攝, 等, 平, 仄, 舒, 入"那些小單位來, 對於講變化的條件就方便得多了。

2. 聲母　切韵廣韵裏並没有標明三十六字母的分別, 但是照反切上字自成的系統裏可以尋出與三十六字母有一定關係的若干類, 所以我們雖然用的切韵系統的音, 仍舊可以用見, 溪, 羣, 疑等字母的名稱。字母合而反切分者有兩類,一類如反切分'古,居','苦,丘'而字母合爲見,溪者,我們不給它分,因爲這類的分別從韵母上完全可以看得出的:凡是一等二等四等韵字("等"的解釋見後)一定是'古,苦'等類,凡是三等韵字一定是'居,丘'等類,所以總稱爲見,溪等等不會有誤會的可能。還有一類是同一韵中含有兩種反切上字而字母混而爲一的,如'周','鄒'同在尤韵,同爲照母,而反切則'周'是"職流",'鄒'是"側鳩",并且這兩類字在反切上完全分立,在現代方言上變化也很不一致,所以不得不分爲照三,穿三,牀三,審三,跟照二,穿二,牀二,審二(或稱爲'章,昌,船,書,'跟'莊,初,崇,生')兩套聲母。唇音聲母,字母有幫,滂,並,明,非,敷,奉,微重唇與輕唇音兩套。切韵廣韵雖然亦如見,溪等字母看韵母是一,二,四等還是三等,但是它的分法跟重輕唇音的分法不同,只有三等的一部分變輕唇,不是全變的。廣韵每卷後注有"新添類隔今更音和切"雖把輕唇音提出來,但所舉不全。我們倒是可以拿集韵做標準,因爲集韵的反切跟現代多數方言對於輕重唇的分法是一致的。我們就拿集韵來分辨字是屬於幫,滂,並,明,還是屬於非,敷,奉,微。至於三等韵字如'賓,匹'等在切韵廣韵屬於另一類而並不變輕唇者,我們仍只認爲屬於幫,滂等母,猶如我們對於見,溪不問'古,居,苦,丘'一樣。喻母亦像照,穿等等似的,在同一韵下有兩種反切上字,例如'尤'跟'由'不同紐,我們也分爲喻三,喻四(或稱云,以)。這種分別在方言中的重要性不如照二,照三等等分別那麼大,但也不是沒有關係,比方今讀摩擦音x,ç等的都是喻三的字而沒有喻四的字。泥娘兩母在一四等韵總是泥,在三等韵總是娘,在二等韵不一定,但泥娘之分在現代方言上全無意義,所以我們雖然存這兩個名,但應用上當作一個聲母看待。還有一些廣韵裏同韵異紐而看不出是什麼分別的字,如實韵'被'("平義切")≠'避'("毗義切"),質韵'筆'("鄙密切")≠'必'("卑吉切")。這些例跟上述'周'≠'鄒'的例不同,因爲從這些例找不出像莊,初,崇,生跟章,昌,船,書兩大套各自分立的反切上字來,也看不出在方言上有什麼意義(至少到現在還看不出來),所以我們暫時不管這種看似"重紐"的字。

古聲母的發音部位對於現在韵母變化的影響最大,所以我們把部位分出"系,組"各名稱。相沿的"唇,舌,齒,牙,喉"五音也是按發音部位分的,但是舌齒兩音下放的字母有點亂,我們現在改如下表。所以分系又分組的緣故是因爲在方言變化中有時同變的範圍大,有時同變的範圍小,分成系組之後較多伸縮性。發音方法對於聲調變化影響最大。現在我們把它分成全清,次清,全濁,次濁四類。依照一般中古音擬測的音值(例如高本漢的系統);清的不送氣的塞音,塞擦音,跟清的摩擦音歸全清(影母認爲喉塞音?);清的送氣的塞音跟塞擦音歸次清;濁的塞音,塞擦音,摩擦音歸全濁;鼻音,邊音,鼻帶擦音(日母),跟元音(喻母)歸次濁。聲母表列如下:

部位＼系組		幫		端		知					見		
方法		幫	非	端	泥	精	知	照二(莊)	照三(章)	日	見	曉	影
清	全清	幫		端		精	知	照二(莊)	照三(章)		見		影
	次清	滂		透		清	徹	穿二(初)	穿三(昌)		溪		
	全清		非,敷①					審二(生)	審三(書)			曉	
濁	全濁	並	奉	定		從邪	澄	牀二(崇)	牀三(船) 禪		羣	匣	
	次濁	明	微		泥(娘) 來					日	疑		喻四(以) 喻三(云)

古聲母變今讀的時候大致是跟着韵母的等呼跟聲調的,但是往往在同樣條件之下而有兩種或幾種分歧的變法,例如疑母開口三四等在漢口讀n(如'孽')或i(如'業')沒有一定。有時雖看不出分歧的原則,但是分歧的法子是全省(有時甚至於好幾省)一致或大體一致的。這樣就可以把這古音類分出好幾派來。例如通攝三等舒聲(東三,鍾)見,溪,羣,曉,匣母的字今讀發音部位k,tɕ不定,但是'弓,恭,恐,共'全是k部位,'窮,胸'全是tɕ部位,

---

① 敷來自滂,本是次清,在方言中讀f,h,x等音,與非無別,變化與全清一樣。在湖北全清與次清之分對於聲調沒有影響。此表姑列非,敷同行。

所以可以把它們分爲甲乙兩派。① 牀三，襌母平聲今讀塞擦或摩擦，也有這種分派的傾向。

3. 韵母　廣韵中雖然沒有把韵分爲幾"攝"，但"攝"的觀念是研究方言當中一個極有用的觀念。我們用的攝的名稱跟各攝的内容，大體是用四聲等子跟切韵指南的。高本漢據切韵指掌圖把十六攝歸併成十三。現在因爲曾，梗兩攝在方言上的變化常有分歧，仍把它們分開，假攝就歸在果攝内，江攝就歸在宕攝内，成十四攝。（四聲等子裏，宕與江，果與假，已經同圖。）攝的次第，陰韵大致如注音符號的韵母次第，果，遇，蟹，止，効，流仿彿配ㄚ，ㄛ，ㄞ，ㄟ，ㄠ，ㄡ。陽韵各攝，先列方言中元音較長而開，尾音較輕的；後列元音較短而關，尾音較重的。這樣分法大致跟韵鏡裏的"内外轉"一樣。② 前者爲外轉，後者爲内轉。這兩大派的韵母在方言上也有很大的關係。（例如湖北有許多處莊組聲母在外轉韵讀tʂ, tʂ‘, ʂ，在内轉韵讀ts, ts‘, s，參看第二地圖。）我們以後常常要引用這個觀念的。

廣韵韵母的開合口從反切下字大都容易分得出來，只是唇音字的開合口很紊亂不一致，在方言中除止攝字常常有i, ei兩種讀法近乎開合口的分別外（比較蟹攝齊韵'奚'，'惠'），其餘的唇音字沒有分開合口的必要，所以我們也大致仿韵鏡辦法，把多數韵的唇音字在每韵下全歸開口或全歸合口。皆，佳，山，删，真，唐，庚，耕，清，青（及其入聲）各韵，廣韵唇音字有開有合，我們全歸開口；泰韵在廣韵唇音字有開有合，我們全歸合口。（咍韵'倍'字我們也改歸了灰韵。）

"等"的觀念在韵鏡，切韵指南各書中也用在聲母上，也用在韵母上，結果常常發生許多稱述上的糾紛。現在我們除莊，章等有時稱照二，照三等，

---

① 單就湖北方音看，通攝三等舒聲，見溪兩母皆k部位（k, k‘等），羣母平聲是tɕ部位（tɕ‘, dʑ‘等）仄聲是k部位（k, k‘, g‘等），曉母只有tɕ部位（ɕ），似無分派必要。我們在卷二綜合報告中分派。只爲跟别的方音作比較用而已。

② 各韵書對於各攝屬内轉屬外轉不全一致。詳見羅常培的"釋内外轉"，史語集刊四本二分 209－226 頁。梗攝在方言中頗有兩屬的傾向，例如'生'字讀sə̃n: 像内轉，讀sa:ŋ像外轉。

云,以有時稱喻三,喻四外,"一,二,三,四等"一律用作韵的分類。① 各韵的分等詳見下表。每韵只限於屬一個等,如仙爲三等韵,那麼不但'連'字算三等韵,連'錢'字也算三等韵,不以'錢'爲從母字而認爲四等,——從母即爲從母,不分等。只有"照二,喻三"等有時作爲"莊,云"等的又稱。這樣對於"等"的限制並不是對於等韵古籍作新的解釋,只是爲求講述廣韵各韵變今音時説話時方便而已。

廣韵二百六韵韵目繁多,即研究音韵的人有時對於仄聲各韵韵目還説不很熟。現在一律用舉平以賅上去法,以求易記,情願遇上去時再説"歌上","麻去"等。泰,夬,廢,祭當然是只有用去聲。入聲在方言上往往另有讀法,所以另列出來。

廣韵韵目表

攝　　轉	果(附假)外						遇内		蟹外		
開　　合	開			合			合		開		合
韵　　等	一 二 三	三	一	二	三	一 三 三		一 一 二 二 二 三 四		一 一 二 二 二 三 三 四	
韵　　部	歌 麻二 戈三	麻三	戈一 麻二 戈三			模 魚 虞		哈泰 皆 佳 夬 祭 齊		灰泰 皆 佳 夬 祭 廢 齊	

攝　　轉	止内					效外				流内		
開　　合	開			合			開			開		
韵　　等	三 三 三 三			三 三 三		一 二 三 四				一 三 三		
韵　　部	脂 之 支 微			脂 支 微		豪 肴 宵 蕭				侯 尤 幽		

攝　　轉	咸外							合	山外			
開　　合	開							合	開		合	
韵　　等	一 一 二 二 三 三 四							三	一 一 二 三 四		一 二 二 三 四	
韵部(舒)	覃 談 咸 衘 鹽 嚴 添							凡	寒 山 删 仙 元 先		桓 山 删 仙 元 先	
韵部(入)	合 盍 洽 狎 葉 業 帖							乏	曷 鎋 黠 薛 月 屑		末 鎋 黠 薛 月 屑	

---

① 知組字有時候按韵母二三等不同而今讀不同,例如'澤','張'之類,但反切裏並没有兩套上字。我們有時簡稱爲"知二,知三",猶如精母一等可簡稱爲"精一"一樣。

攝　　轉	宕(附江)外		深内	臻内		曾内	
開　　合	開	合	開	開	合	開	合
韵　　等	一 二 三	一 三	三	一 三 三	一 三 三	一 三	一 三
韵部(舒)	唐 江 陽	唐 陽	侵	痕 真(臻) 欣	魂 諄 文	登 蒸	登
韵部(入)	鐸 覺 藥	鐸 藥	緝	[麧] 質(櫛) 迄	沒 術 物	德 職	德 職

攝　　轉	梗外或内①		通内
開　　合	開	合	合
韵　　等	二 二 三 三 四	二 二 三 三 四	一 一 三 三
韵部(舒)	庚二 耕 清 庚三 青	庚二 耕 清 庚三 青	東一 冬 東三 鍾
韵部(入)	陌二 麥 昔 陌三 錫	陌二 麥 昔 錫	屋一 沃 屋三 燭

4.聲調　廣韵只有平上去入,因古聲母的清濁在現代方音往往演成兩種平,兩種上等等,我們現在稱它們爲陰陽平,陰陽上,陰陽去,陰陽入。有時候演變的分合較複雜,我們就看多數的字歸哪一類或參考附近的方言來定歸類法。例如湖北東北區古上聲全濁('坐,件')跟去聲全濁('大,代')共讀一調,這些字應該算陽上,還是算陽去呢? 看看上聲次濁('買,老')跟上聲清音('短,此')同讀一調,而去聲次濁('賴,務')跟去聲全濁('大,代')·塊走。從多數,所以該稱'坐,件,大,代,賴,務'等字爲陽去,而不應稱爲陽上。再參考沒有陽去的地方(如武昌,漢口等處)'坐,件'等字讀的跟(惟一的)去聲一樣,所以在湖北東北區這些字也應該認爲陽去。其他聲調更容易歸類。入聲的有無全看有無古入聲字(全部或一部分)獨立成調,不問有無輔音尾或元音短促與否。

在湖北古清音聲母的"全,次"對於聲調不發生影響,也没有像廣州以韵母的内轉外轉來分上中入的。與聲調有關係的聲母發音方法大致有以下十類:

---

① 梗攝字湖北大都讀短元音,强韵尾,似乎把它當内轉看待;我們在本報告中姑且認梗攝爲内轉。

古 調 類	平		上		去		入		
清 濁	清 濁	清	次濁	全濁	清 濁	清	次濁	全濁	
例 字	剛 窮	古	五	近	蓋 共	急	額	傑	

稱述平聲與上去入對待時，照普通習慣用"平，仄"的名稱。但常常還有拿入聲跟平上去三聲對待的時候，我們就稱平上去爲"舒聲。"

平	上	去	入
平	仄		
舒			入

四. 調查用字表

調查所用字以 678 個單字的單字表爲主，此外有單字調，連調，總理遺囑和狐假虎威故事中所用字，每處都是有紀錄的，現在都合在一起成下列調查用字表。至於各地會話材料和詞彙用字，因爲沒有一定的範圍，所以沒有登入。表中字排列法和調查時所用的排列法差不多一樣。現在只是在字上添了調類符號和中古聲母。中古音本不分陰陽調，但爲與今調比較方便，仍用 ⌐ ⌐ 等等陰陽調號；嚴格說起來可認爲"平聲清聲母"，"平聲濁聲母"等等符號。字形爲求調查時給一般人認得，有時跟廣韻的字形不同，如'孃'作'奶'；各字的音韻地位也有與廣韻不同的，都注出。最多的改動是在唇音聲母字的開合口，除止攝字仍分開合外，其餘字無論反切下字是什麽，每韻只有一種開口或合口，例如泰韻唇音字一律算合口，山删韻唇音字一律算開口之類。這樣歸併起來，不但對於湖北方言沒有影響，於別省方言大概也沒有關係。（看前三·3 第二段）。

攝	開合	韻等	韻部	幫	端		
				幫,非	端	泥	精
果(附假)	開	一	歌		多端 舵定	羅來 拿[2]娘	左精
		二	麻二	巴幫 [媽[1]明]			
		三	戈三				
		三	麻三				謝邪
	合	一	戈一	婆並	妥透	騾來	坐從
		二	麻二				
		三	戈三				
遇	合	一	模	步並	杜定	奴 努泥	素心
		三	魚			女娘 呂來	徐序邪
		三	虞	附奉 無微 武務微		屢來	聚從
蟹	開	一	咍		待代定	乃泥	菜清 在從
		一	泰		帶端 泰透 大定	賴來	蔡清
		二	皆	拜[1]幫 埋明			
		二	佳	派[1]滂 買明		奶[2]泥	
		二	夬	敗[1]並			
		三	祭	敝並		例來	祭精
		四	齊	米明	底帝端 第定	禮來	齊從 西心
	合	一	灰	倍[3]佩並 梅明	對端	内泥	罪從
		一	泰	貝[4]幫	兌定		最精
		二	皆				
		二	佳				
		二	夬				
		三	祭				歲心
		三	廢	廢非肺敷			
		四	齊				

注　果攝:(1)'媽'本姥韻字,今準麻韻,但皆讀陰平。(2)'拿'本作'挐'。(3)'窩'本作'堝','窠'。

蟹攝:(1)'拜''派''敗'本合口。(2)'奶'本作'嬭'。(3)'倍'本開口,在咍韻。(4)'貝'本開口。(5)'綴'又見山入薛韻。

知				見		
知	莊(照二)	章(照三)	日	見	曉	影
詫徹	乍崇 沙生		蛇船 惹日	歌見 鵝我疑 家見 牙疑 茄羣	何匣 霞匣	鴉影 也野以
				果見 瓜見 瓦疑	禍匣 化曉 靴曉	窩(3)影 蛙影
猪知 柱澄	初楚 鋤 助崇 所生 數生	諸章 主章樹禪	如日 儒日	孤故見 吾五疑 巨羣 句見	虎曉 狐乎戶匣 許曉	烏影 於影 餘余與以 羽云
滯澄	齊莊 柴崇 寨崇	世書		該見 蓋見艾疑 皆介界見 佳解見 藝疑 計繼見	亥匣 害匣 諧匣 鞋匣 奚系匣	哀愛影 矮影
綴(5)知		稅書		外疑 怪見 掛見 夬見 桂見	灰曉 會匣 懷匣 畫匣 話匣 惠匣	衛云

攝	開合	韻等	韻部	幫 幫,非	端 端	泥	精
止	開	三三三三	脂之支微	ᵇ比幫 ᵇ丕⁽¹⁾滂 ／ ᵇ卑臂幫 ᵇ披滂 ᵇ被⁽¹⁾並 ᵇ靡⁽¹⁾明	地ᵈ定	梨來 ᵇ李ᵇ里來 ᵇ離來	ᵇ子精字ᵇ從 ᵇ思心 ᵇ似邪 ᵇ此清 ᵇ斯心
止	合	三三三	脂支微	ᵇ悲幫 ᵇ丕⁽¹⁾滂 ／ ᵇ碑ᵇ彼幫 ᵇ被並⁽¹⁾ ᵇ靡⁽¹⁾明 ／ 非非 ᵇ肥奉 未ᵈ微		類來 ᵇ累來	遂邪 隨邪
效	開	一二三四	豪肴宵蕭	ᵇ保幫 ／ ᵇ包幫 貌ᵈ明 ／ 表幫	到ᵈ端 桃定 ／ 釣端 條定	ᵇ牢來 ᵇ鬧泥 ᵇ燎來 聊來	ᵇ草清 掃心 ／ 消心 蕭心
流	開	一三三	侯尤幽	ᵇ某畝明 ／ ᵇ否非 ᵇ婦ᵇ負奉 ／ 謬明	ᵇ斗門端 頭定 [丟端⁽¹⁾]	漏來 ᵇ紐娘	ᵇ走奏精 秋清 囚邪
咸(舒)	開	一一二二三三四	覃談咸銜監嚴添	ᵇ貶幫	ᵇ貪透 談定 ／ 店ᵈ端	南泥 藍來 ／ 廉來 ／ 念ᵈ泥	ᵇ慘清 暫ᵇ從 三心 ／ 漸從
咸(舒)	合	三	凡	凡凡 范奉			

注　止攝:(1)'丕''被'(上聲)'靡'三字廣韻反切下字皆唇音字,古音屬開屬合,頗難斷定。今各處方言讀法亦復歧異。茲姑開合兼收。

流攝:(1)'丟'係新起字,寄放尤韻。

知				見		
知	莊(照二)	章(照三)	日	見	曉	影
致知 遲澄 恥徹 痔澄 知知	師生 士事崇 使生	至章示船 之志章 市禪 施書 是禪	貳日 而日 爾日	器溪 己見 起溪 其羣 疑疑 奇羣 宜義疑 議疑 氣溪	 戲曉 希曉	夷以 以以 矣云 移以 衣 依影
追知	帥生 揣初	錐章 垂禪		龜見 危疑 歸見	毀曉 諱曉	遺以 位云 委影 爲云 威畏影 謂云
趙澄	妙初	昭照章 紹禪	饒日	告見 巧溪 喬羣 叫見 堯疑	好曉 毫匣 孝曉 嚣曉 曉曉	奧影 妖影
丑徹	愁崇	周章獸書	柔日	偶疑 舅羣 牛疑 糾見	侯後匣 休曉	歐影 由猶以 尤云 幼影
沾知	斬莊 衫生	陝書	染日	感見 敢見 減見 監見 鉗羣驗疑 嚴疑 謙溪	含匣 陷匣 銜匣 險曉 嫌匣	暗影 壓影

攝	開合	韻等	韻部	幫 幫,非	端 端	端 泥	端 精
咸(入)	開	一	合盍		答搭꜄端 塔꜄透	納꜄泥 臘꜄來	雜꜄從
		二	洽狎				
		三	葉業			聶꜄娘	接꜄精
		四	帖		帖꜄透		
	合	三	乏	法꜄非			
山(舒)	開	一	寒山		旦꜄端 歎꜄透	꜀難泥	餐清
		二	刪仙	扮꜄(1)幫 盼꜄滂 辦꜄並 ᵇ板(1)幫 慢꜄明			
		三	元先	ᵇ辨並		꜀連 聯來	ᵇ剪精 ꜀錢從
		四		邊(1)幫 片꜄滂 辮(1)並	ᵇ典端 天透	꜀年泥	꜀千清 先心
	合	一	桓山	半ᵇ幫	ᵇ短端	ᵇ暖泥 亂꜄來	算心
		二	刪仙				
		三	元先	ᵇ反非 萬꜄微		戀꜄來	꜀全從 宣心
		四					

注　咸入：(1)'喝'字在今官話區有"吆喝"和"喝水"兩義。用作第二義時原當寫作合韻（亦見盍韻）的'欱'字；這次調查中，惜未問清'喝'字的用法。好在湖北不分合韻（或盍韻）的-p尾與曷韻的-t尾，無大礙。

　　山舒：(1)'扮''板''邊''辮'本合口。(2)'碗'本作'椀'。(3)'悶'本作'櫊'。

知				見		
知	莊(照二)	章(照三)	日	見	曉	影
劄₎知	插₎初	涉₎禪		鴿₎見 恰₎溪 甲₎見 刧₎見 業₎疑	喝⁽¹⁾曉合 匣 喝⁽¹⁾曉 狹₎匣 匣₎匣 脅₎匣 協₎挾 匣	鴨₎影 葉₎以
綻₎澄 展₎知	棧₎崇 山₎生 棧₎崇	扇₎書 蟬₎禪	然₎日	干₎見 間₎見 眼₎疑 諫₎見 件₎羣 建₎見 言₎疑 見₎見 硯₎疑	漢₎曉 寒₎匣 限₎匣 憲₎曉 賢現₎匣	安₎影 晏₎影 演₎以 煙₎影
篆₎澄	問⁽³⁾生	專章₎船船	軟₎日	官 觀貫₎見 鰥₎見 慣₎見 倦₎羣 元₎疑 玄₎匣		碗⁽²⁾影 彎₎影 院₎云 園₎遠云

攝	開合	韻等	韻部	幫（幫,非）	端（端）	端（泥）	端（精）
山（入）	開	一	曷		達定	辣來	撒心
		二	鎋				
		二	黠	八(2)幫 拔(2)並			
		三	薛	滅明		列來	薛心
		三	月				
		四	屑	撇滂	鐵透		節精切 清
	合	一	末	末明	脱透		
		二	鎋				
		二	黠				
		三	薛			劣來	絶從
		三	月	髮非			
		四	屑				
宕（舒）（附江舒）	開	一	唐	旁(1)並 忙明 邦幫	蕩定	郎 朗來	倉清 桑心
		二	江				
		三	陽			娘娘	詳 祥邪
	合	一	唐				
		三	陽	方非			
宕（入）（附江入）	開	一	鐸	莫明	託透	洛來	作精
		二	覺	剥幫			
		三	藥			略來	削心
	合	一	鐸				
		三	藥	縛奉			

注　山入：(1)'喝'參閱咸入注(1)。(2)'八''拔'本合口。(3)'挖'本作'穵'或'搯'。(4)'掘'又見物韻。

　　宕舒：(1)'旁'本合口。(2)'椿'廣韵"都江切"，今從集韵"株江切"，置於知母。(3)'上'字有兩義兩讀：作動詞用者讀上聲，作介詞用者讀去聲，調查所用者義屬介詞，故此表僅取去聲一讀。會話中或有作動詞用之'上'字出現，但湖北全濁上去不分，無礙。

知				見		
知	莊(照二)	章(照三)	日	見	曉	影
徹₌徹澈₌澄	刹₌初 察₌初殺₌生	舌₌船設₌書	熱₌日	割₌見 傑₌羣辪₌疑 竭₌見 結₌見	喝₌(1)曉 瞎₌曉	謁₌影 噎₌影
綴₌知	刷₌生	拙₌章說₌書		闊₌溪 刮₌見 缺₌見 掘₌(4)羣月₌疑 決₌見缺₌溪	活₌匣 滑₌匣 穴₌匣	挖₌(3)影 閱₌以 越₌曰云
₌椿(2)知撞₌澄 張₌長知₌長澄	₌窗初 ₌莊莊₌床崇	₌商書常₌禪 尚₌上(3)	讓₌日	剛₌綱見 江₌講見 仰₌疑	巷₌匣 香₌曉	
				₌光見 ₌狂羣	₌黃匣	₌汪影 ₌王₌往旺₌云
桌₌知	捉₌章			各₌見 確₌溪 虐₌疑	學₌匣	惡₌影 握₌影 約₌影
		酌₌章	若₌日	郭₌見	霍₌曉	

攝	開合	韻等	韻部	幫	端		
			聲系聲組	幫,非	端	泥	精
深(舒)	開	三	侵	稟幫		林來	心心
深(入)	開	三	缉			立來	集從
臻(舒)	開	一 三 三	痕 真,臻(1) 欣	貧并 敏(2)明	吞透	鄰來	新信心
	合	一 三 三	魂 諄 文	門明　分非 聞問微	頓端	論來 倫來	存從 旬邪
臻(入)	開	三 三	質,櫛(1) 迄	必幫		栗來	七清
	合	一 三 三	没 術 物	不(5)幫 勃並　物微	突定	律來	卒精 戌恤心
曾(舒)	開	一 三	登 蒸	崩幫 朋並	等端	能泥 陵來	增精
	合	一	登				
曾(入)	開	一 三	德 職	北幫 逼幫	得德端	勒來 力來	則精 息心
	合	一 三	德 職				

注　深入：(1)'澀'又見職韻。

臻攝：(1)臻櫛韻僅有莊組字，真質韻沒有莊組字，此表姑列一處。(2)'敏'廣韻軫韻"眉殞切"('殞'"于敏切")，頗似合口。但韻鏡放在開口，今從之。(3)'晨'字又見船母。今方音大多船禪不分，所以不贅注。(4)'認'字又見蒸韻。(5)廣韻集韻，沒韻均無字，此據切韻指掌圖第十九圖加。關於指掌圖'不'字，有謂係後來竄入者，但南宋孫奕示兒編已經引及，可見南宋已有此音。(6)'掘'字又見月韻（參看山入注5）。

知				見		
知	莊(照二)	章(照三)	日	見	曉	影
沉澄	森生	深審 書	壬日	今見		音影
	澀(1)生	執章 十禪	入日	急見 及羣	吸曉	邑影
陳澄	臻莊	身書 晨(3) 臣禪	人 忍認(4)日	跟見 巾見 銀疑 斤見 近羣	恨匣	恩影 因印影 隱影
椿徹		春昌 唇船 純禪	閏日	坤溪 均見 羣羣	昏曉 動曉	溫穩影 允以 云云
姪澄	瑟生	質章 實船	日日	吉見 乞溪		一影逸以
		出昌		骨見 橘見 掘(6)羣	忽曉	鬱影
徵知		繩船	仍認(1)日	亘見 凝疑	恒匣	應影
					弘匣	
直澄	測初色 澀(2)生	食船		刻溪 極見	黑曉	憶影
				國見	或匣	域云

曾攝:(1)'認'字又見眞韵。(參看臻攝注4)。(2)'澀'又見緝韵。(參看深入注1)。

攝	開合	韵等	韵部（聲系／聲組）	幫	端		
				幫,非	端	泥	精
梗（舒）	開	二	庚二	彭並孟明		冷來	
		二	耕	萌明			
		三	清	名明		令(1)來	清清静從性心
		三	庚三	兵(2)幫平(2)並命(2)明			
		四	青	瓶並(2)並	丁端	靈來	星心
	合	二	庚二				
		二	耕				
		三	清				
		三	庚三				
		四	青				
梗（入）	開	二	陌二	百幫白並			
		二	麥	麥(3)明			
		三	昔	碧(4)幫			積精席邪
		三	陌三				
		四	錫	壁幫	的端笛定	歷來	
	合(5)	二	麥				
		三	昔				
通（舒）	合	一	東一		通透同洞定	攏來	總精送心
		一	冬			農泥	宋心
		三	東三	風非夢明		隆來	嵩心
		三	鍾	封非奉奉		龍來	誦邪
通（入）	合	一	屋一	僕並木明	禿透讀定	鹿來	族從
		一	沃	僕並	篤端		
		三	屋三	服奉目明		陸來	蕭心
		三	燭			綠來	足精促清續邪

注　梗攝:(1)'令'字廣韵兩義兩讀;陽平爲令其來之令,去聲爲命令或令兄之令。今方音皆混爲去聲一讀,此次調查,'令'字之意義未及細與分剖,結果未有讀陽平者,與各處方音一致。今但取去聲一讀,以合一般情形。(2)'兵''平''命''並'本合口。(3)'麥'本合口。(4)'碧'廣韵'彼役切'屬合口。但集韵'兵彳切'屬開口,今從之。(5)梗入合口本有陌錫兩韵字,因冷僻未收,此處韵目亦闕。

知				見		
知	莊（照二）	章（照三）	日	見	曉	影
撐徹 鄭澄	生生 爭莊	政章 成 誠盛禪		更見 硬疑 耕見 輕溪 京 荊見 經見	行 杏匣 幸匣 形匣	鶯影 盈以 英影
				傾 頃溪 瓊羣	橫匣 宏匣 兄曉 螢 迥匣	營以 榮 永云
澤澄 擲澄	責莊	石禪		格見 革見 逆疑 激見	赫曉	厄影 亦以
					獲匣	疫 役以
中知 寵徹	崇崇	衆章 充昌 鍾章	絨日 茸日	公 功見 空溪 弓見 窮羣 恭見 恐溪 共羣	紅匣 胸 兇曉	翁影 融以 用以
竹知	縮生	熟禪 囑 燭章 屬禪	辱日	哭溪 酷溪 菊見 局羣	畜曉	屋影 沃影 育以 欲以

附詞彙常見字説明

　　调查词彙的問題與調查所得的答案往往是不一致的,所以上表中没有把常用词彙部分的字登入。不過答案与問題儘管不合,而答案與答案之間却有不少一致的地方,例如把"什麼"説"麼事",湖北很多處是相同的。像這類的詞,有些已有固定的字形;有些也可以由我們找出合適的字形來代表。這些字在音韵上佔很重要的位置,可是他們的音韵地位也往往發生問題。預先擇要説明,可以免去許多疑難。我們還在會話材料中間發現許多字,性質與詞彙一樣,就此一併提出。音韵地位無問題的一概從略。

　　下面各字的排列,仍以上表廣韵的音類爲序。遇廣韵音系無地位的字,則設法寄存。

果攝

　　他——第三位人稱代名詞,又'其他'之'他',今多讀如麻韵,廣韵'他'(佗)屬歌韵,音託何切,訓"非我也"。

　　那——遠指詞。今多讀'拿'去聲。廣韵有兩那字:(1)歌韵"那,何也,盡也,都也,多也,……諾何切";(2)箇韵奴箇切,訓"語助"。兩音兩義都跟現在不合。現在的'那'是另一個新起的字。

　　哪——'哪個?''哪裏?',今多讀'拿'上聲。有時候'哪'也寫作'那'與遠指詞不分。這個字的來源無考,今認爲新起字。(在義的方面與歌韵'那'的"何也"似乎有關係,但是音就不大對了。)

　　做——'做事'。這字現在有兩種讀法:(1)讀'左'去聲的合於廣韵箇韵的'作',(2)讀'祖'去聲的合於廣韵暮韵的'作'。今以'做'爲上述兩'作'的新形。'作'又有入聲一讀,意義不同,仍用'作'形。

　　媽——見上表。

爸——父稱,讀音同'巴'或'巴'去聲。集韻禡韻"吴人呼父曰爸",必駕切。廣韻果韻"爸父也"捕可切,與今不合。

搽——'搽粉',讀音同'茶'。廣韻麻韻"塗,塗飾",宅加切。因爲'塗'字又有'途'音,所以又分化出一個'搽'形來代表'宅加切'的音。

炸——'爆炸',讀同'詐',新字。

岔,汊——集韻禡韻,"汊,水歧流也",楚嫁切。字彙補,"岔,三分路也",丑亞切。

查——"調查",讀'叉'陽平。廣韻麻韻"查(楂)水中浮木,又姓……鉏加切",音同義别。正字通,"俗以查爲考察義"。

啥——疑問詞,讀'沙'上聲或去聲,或是'什麽'二字之合。

傢——"傢伙","傢俱",從'家'字分化而出。

伢——"細伢""小伢"讀音同牙,義爲"小孩",或即由'牙','芽'引申。

爹——父稱或祖父稱。廣韻麻韻"爹羌人呼父也",陟邪切。依韻母説廣韻與現在的讀音是相合的,可是聲母廣韻屬知,而現今讀如端。按廣韻音系,麻韻三等不能有端母存在,所以'爹'字的今讀只能算是新起的。

這——近指詞,讀'者'去聲或入聲,新字。清人謂'這'由'者'字來,但'者'字上聲,與今音去入聲未密合。

爺——祖父稱或父稱,讀'野'陽平。玉篇"爺,以遮切,俗爲父爺字"。

麽——"麽事"讀'磨'上聲。集韻果韻"不知而問曰拾没"母果切。集韻寫'没',現在寫'麽',都算假借字。

躱——"躱避",讀'多'上聲。玉篇"丁果切躱身也"。

棵——"一棵樹",音義皆同'科'字。廣韻戈韻"科條也,本也,品也,……苦禾切"。

伙——"傢伙","伙伴",讀音同'火'。'伙伴'的'伙'本作火,木蘭詩尚作"火伴"。"傢伙"的'伙'是借字。

夥——"夥計",讀音同'火',新字。廣韵有兩'夥'字,一音"懷ㄧ切",一音"胡果切",都訓"多",音義全不合。'夥計'或寫作'伙計',見上。

耍——"玩耍",新字,讀如"山瓦切"。

傻——"傻瓜",讀'沙'上聲。廣韵馬韵"傻,傻俏不仁",沙瓦切。與今開合不同。

垮——倒坍也,讀'誇'上聲,新字。

娃——"小娃娃",讀'瓦'陽平,新字。廣韵佳韵"娃,美女貌,於佳切",音義皆不同。

遇攝

埠——"商埠",讀同'步',正字通云"埠同步,船舶埠頭"。唐宋詩文皆用'步'字。柳宗元"永州鐵鑪步志"云"江之滸凡舟可縻而上下者曰步"。

粗——"粗糙",讀'醋'陰平。廣韵模韵"麤,疎也,大也,物不精也,本亦作麤",倉胡切。集韵'麤'作'粗'。又廣韵姥韵"粗麤也,略也,徂古切,又千胡切"。

錯——"錯誤","錯綜"讀'搓'去聲。廣韵'錯'屬暮韵,千故切。

蝴——"蝴蝶",本作'胡','蝴'是新形。

鬍——"鬍鬚",本作'胡','鬍'是新形。

蟹攝

獃——"癡獃",讀'戴'陰平。廣韵咍韵"懛,懛剴失志貌",丁來切。'獃'字本屬疑母,現在都把他當'懛'用。

睬——"不睬人"＝北平"不理人",讀同'采'。字彙補"此宰切,俅睬,俗言也,詞家多用此字"。

還——"還有",讀同'孩'。廣韵删韵"還,反也,退也,顧也,復也,戶關切……"。

婿——"女婿",廣韵霽韵"婿,女夫,"蘇計切。今讀同'細'者與廣韵合，讀同'絮'者與廣韵異。

止攝

仔——"仔細"，讀同'子'，借字。廣韵止韵"仔，克也，即里切"，音同義別。

撕——"撕碎"，本作'斯'。廣韵支韵'斯'息移切；引説文"析也"。'撕'本"提撕"字，廣韵先稽切，音義均與今異。

舐——"用舌頭舐"，讀同'忝'。廣韵紙韵，"舐，以舌取物"，神紙切，義同音別。集韵忝韵"餂，取也"他點切。孟子朱注："今人謂以舌取物曰餂"。

企——站立也，讀同'妓'。廣韵有兩'企'字，一音丘弭切，一音去智切，都訓爲"企望"，音義不合。紙韵有'徛'字，渠綺切，訓"立也"，音義都合。今通寫作"企"字。

椅——"坐椅"，讀同'倚'。'椅'本木名，説文"梓也"。作'坐椅'用，實是從'倚'字引申來的。洪武正韵"俗呼坐凳曰椅子"。又正字通"坐具有倚者"。

汽——"蒸汽""汽車"，即'氣'字。集韵尾韵'汽'，丘既切，"水氣也"。

霉——"發霉"，"倒霉"，讀同'眉'。'霉'本作'黴'，廣韵脂韵"黴，黧垢腐貌"，武悲切。

餧——"餧飯"，廣韵真韵"餧，餧飯也"，於偽切。

効攝

呆——"呆板"，讀'礙'陽平。'呆'本來是'保'的古文，'呆板'應當寫作'獃板'。正因現在把'獃'當'懬'用（見上），又拿了一個不相干的'呆'來代'獃'。

套——物相重也，讀'討'去聲。（集韵號韵作'套'，叨號切，康熙字典引其訓曰"凡物重沓者爲套"。集韵原文謂爲地名'胡盧套'之'套'。）廣韵晧韵也有個'套'字，音義都不合。

抄，鈔——"抄寫"，或作'鈔'，讀'炒'陰平。廣韵肴韵"抄（鈔），略也"楚交切。

抓——"抓住""抓癢",讀'渣'合口。廣韵肴韵'抓'側交切,"抓掐"。

找——"找人",音'爪',新字。

票——"票據",讀'飄'去聲,新字。廣韵宵韵"票,説文曰,火飛也",撫遥切,音義都不合。

流攝

够——"足够",讀'鈎'去聲。'够'本作'彀',廣韵候韵古候切"張弩也",引申就是足够的意思。廣韵候韵有'够'字,音古侯切,訓"多也",音義都不切合。

咸攝

坍——"坍塌",讀'毯'陰平,本作坤,廣韵談韵"坤,水衝岸壞",他酣切。

砍——"砍倒",讀'堪'上聲。廣韵集韵都無'砍'字。篇海"苦感切,砍斫也"。

俺——"俺們"="我們",讀'庵'上聲,新字。'俺們'這個詞很有從'我們'演化來的可能。'我們'有些地方現在還讀成[ˀa·mən],就很容易變成[ˀam·mən]。[ˀa]變成[ˀam]就不能再寫'我',於是就有個新字'俺'應運而出了。

淹——"淹水",湖北多讀'黶'陰平。廣韵鹽韵"淹漬也,滯也,久留也,敗也,央炎切",音不切合。咸韵有'湇'字,訓"湇没",乙咸切,正爲'黶'之陰平。

賺——"賺錢",集韵陷韵直陷切,"賣也,一曰市物失實"。廣韵作'賺'。

臉——"臉面",讀同'歛'。集韵琰韵"臉,頰也",居奄切。

佔——"佔據",讀'瞻'去聲。'佔'本作'占',廣韵豔韵"占,固有也,章豔切"。

拉——見特字表。

山攝

趱,赶——"追赶",讀'干'卜聲,新字.

骟——"欺骟",讀'篇'去聲,假借字。廣韵線韵"䮝,躍上馬,匹戰切",音同義別。(皮簧戲中還有"䮝馬"一詞,與廣韵義同。)

撵——逐也,讀'年'上聲。集韵銑韵"蹨,蹈也,逐也",乃殄切。'撵'字是'蹨'的新形。

搬——"搬運",讀同'般'。'搬'是'般'的新形,廣韵桓韵"般,般運"北潘切。

頁——"一頁書",本即'葉'字。

宕攝

綁——縛也,讀同'榜',新字。

攩——阻也,讀同'黨',假借字。集韵蕩韵"攩"底朗切,引説文"朋羣也"。音合義別。此字又有寫作'擋'的,連音也不同了,廣韵'擋'丁浪切,訓"摒擋"。

躺——臥也,讀'湯'上聲。這個字大概本是'踢'字。集韵蕩韵"踢,申足伏臥",坦朗切。'躺'是個新起的形體。

缸——"水缸",讀同'綱'。此字本作'甌'或'堈',廣韵唐韵"堈(甌),甕也",古郎切。'缸'字見江韵,下江切,訓"甖缸",義合音別。

胖——"肥胖",讀'滂'去聲。此字本作'胖'。廣韵絳韵"胖脹臭貌",匹絳切。又玉篇"胖,脹也"。

漲——"漲價",'張'上聲。此字本來就是'長'(上聲)。後來'長'只限於生物的生長用,"漲價""水漲"等用'漲'字。

嚷——"嚷鬧",讀'讓'上聲。這個字大概是由'攘'字分化出的新形。廣韵養韵,"攘,擾攘",如兩切。

强——"勉强",讀'羌'上聲。廣韵養韵"强,迫也,勉也,其兩切",與今音小異。

深攝

怎——"怎麽",讀如寢韵莊母,新字。

臻攝

很——"很好"，廣韵很韵"很戾也，俗作狠"，胡墾切。今"很好""狠毒"都讀呼墾切。

拚——"拚命"，讀如真韵滂母。照現在的音讀，這個字當寫作'闐'。廣韵真韵"闐，闐爭"，匹賓切。'拚'廣韵屬線韵"拚，擊手"，皮變切，音義都不合。

儘——"儘前"，讀'津'上聲。此字本作盡，廣韵軫韵，即忍切，引曲禮"虛坐盡後"。'盡'又有慈忍切一讀，訓"竭也，終也"，現在形音義都仍舊。

吩咐——本作'分付'。

份——"一份禮"，讀'焚'去聲。此字本就是'分'去聲，'份'是新形。

没——"没有"，國音讀同'眉'，新字。廣韵没韵"没沈也……"莫勃切，音義皆不同。當'沈没'用的'没'，如今仍讀"莫勃切"。

曾攝

疼——"疼痛"，讀同'騰'。依現在的音，這字當寫作'癑'，廣韵登韵"癑，癑痛"徒登切。疼見冬韵，音從冬切，訓"痛也"，音不相合。

媳——"媳婦"，讀同'息'，此字本即'息'。

梗攝

咳——"咳嗽"，讀同'客'。廣韵陌韵"喀，吐聲"苦格切。'咳'是新形。

五. 調查程序

1. 調查點　這次調查一共有六十四個調查點。大約是一縣有一點，或縣城或在某鄉。方言的單位本不以縣定，不過在這種初次調查，一縣中取一個代表，差不多可以算是一個平均方便的辦法。每點的確實地位見書前的調查點地圖。爲便於稱述，我們就用縣名來代表各點，例如"嘉魚"就是説所調查過的嘉魚縣屬簰洲地方的方言，並不是説嘉魚全縣或縣城的方言跟它一樣。

2.發音人　每縣找兩個發音人，一則爲可以得到會話材料，二則有兩個同鄉人在一起容易引起鄉音的空氣，減少調查人帶來的國音或外路音的空氣。常有時候兩個人不是完全同"鄉"，口音略有歧異，我們就選其中一個代表調查點，另一個就作參考（大半都是選分別較多的口音）。如果兩人的音差得較遠，幾乎可以算兩個"點"，那就在分地報告中把不同處特別提出説明。這次調查，爲要在短期間找到最多數地方的代表人，大半是從武昌中華高中的學生當中找來的發音人。他們離開家鄉的日子各人不同，保持家鄉語的程度也不一樣。最要緊的是發音人幼時的語言環境，如家族的語言跟小學或私塾的先生。以後到十歲二十歲進中學時，所受外來的影響中有一個起初沒有料到的現象：在我們所遇見的發音人中，初出外半年或一年者，最受外來的影響，出外較久如二三四年者，反而能保持他們的純粹的本鄉語（在外太久了的當然也會忘了鄉語）。這裏的原因，我們想是這樣的情形。初出外者，沒有多少對於語言的意識，不甚 language-conscious，只覺得自己説話人家不大懂，人家説話自己也不大懂，他在那努力求懂的時候，不知不覺的跟外路語同化了。但是跟外路人接觸多了之後，漸漸就覺得有方言與方言的不同，家鄉語是這樣，普通話是那樣。并且知識程度稍高一點，容易明白調查人所要的是什麼，所答較易合乎所問。所以平均説起來是年齡較大者所給的材料比年歲較小者給的好。

至於某人發音純不純，大致不難辨別。凡是受外路影響太多的，他的讀音總不一致，常常遇字躊躇，有時一次這樣讀，一次那樣讀。反之，鄉音純粹者，遇字能很不躊躇的一説就説出來。但是所謂不一致是指歸類的不一致，有時有變值音位像n～l之類，同一字有時讀n有時讀l，本人並不承認爲兩種音，那當然在一個純粹方音之中常有這樣現象，不在上述所謂因方言混雜而不一致之例以內。在各種記錄或灌製的材料當中，還是慢慢問的字音或詞類最靠得住。在會話時候往往無意中用了外路的詞類，音值不大受影響。

3. 筆記　調查程序中以筆記爲最要的部分。筆記的大部分是問六百多字的讀音。按一般作方言調查的辦法,(如法國跟意瑞方言調查),初次記錄應該用嚴式音標,全憑臨時所聽得的讀音記下,不管音位的系統一致不一致,待整理的時候再歸納成各音位。這次用一個折中的辦法。我們把聲調的類數(有無入聲,有無陰陽去,一共幾聲)先用少數幾十個例字求出它的系統來,并且聽熟了各調的約值,聽到能遇字就認得出是這方言的某調。這個只須費十分或一刻鐘就可以做到。以後記音的時候,就只須把調類記出如'巴,在'等等,不必用[┐],[┤]等等調值的符號了。至於聲母韵母,爲求把可能的聲韵先聽一遍,先記一遍預擬的聲韵表,然後再記詳細的單字表。但是聲韵比調當然複雜得多,不能在未調查全省方言之先把所有可能的代表字都放在一個短的代表字表之內。所以在記以後單字的時候並不如聲調那麼只管類不管值,仍舊注意每字每次的個別的讀法。我們工作的情形跟法國跟意瑞方言調查有一樣大不同的是我們每處都灌製了留聲片的音檔,所以雖然當時用一種記系統跟記臨時音之間的折衷辦法,以後還是把音檔拿來,對於每個字的聲韵調的臨時讀法作反復詳細的聽寫工作,這是我們工作上的一個極便利的地方。

　　筆記所用的符號是嚴式的國際音標,詳見前第二節各表。記聲調時,在初次求各調調值時所用調號較細,例如第一度到第二度(低升到半低)在前述符號上因爲印刷難於分辨,且以後分出調類時候沒有分那麼細的必要,但在記錄的時候儘管可以臨時用"12"的符號以便以後看情形歸納在"11"或"13"的類裏。在六百單字表中記調都是用平上去入 ╵□, ╷□, ╹□ 等等符號。有時候讀音有點特別,怕以後看起來疑心是筆誤,就在那個音底下加雙杠,就仿彿是西文"sie|"的意思。例如'酷'字好幾處讀ku,怕以後疑心是k'u的筆誤,就在k底下加雙杠,這樣:ku̲,表示不送氣的k是對的。還有時候讀的音顯然是別字,例如'滯'字讀別成'帶',當然不能算。[①]　我們記這

———————————

[①]　在另一系特別的方言裏不敢隨便定某音是讀的別字或是本來那方言是這樣讀,但在湖北這種例認爲別字是決無問題的。

種字的時候，注"wh"字樣（即 white，"白字"），以防被發音者看見了不好意思。有時有的字不認得，就注"n. s."，就是洋涇浜英語"no save"之意。

筆記當中一個極有用的方法是異同比較法。多數人不知道雙聲疊韵同調是怎麼回事，但是一百個人有九十九個①説得出兩個字是不是同音（包括調）。所以有時遇到三點中某點有問題時，我們就找兩點相同的字來問同音不同音。如果同音，第三點就答復了。例如我要問聲母分不分"尖團"（即有無tɕi, tsi等分別），就要拿同韵同調的'姜將，喜洗'等字來比異同。如果要問韵母分不分ən, əŋ，就要拿同聲同調的'鎮政，根庚'等字來比異同。問入聲歸不歸陽平，就問'一夷，福扶'等字來比異同。常遇見的些分合的例，在正表前的預備表裏已經有了現成的比較字了。但是調查時，隨時會有新的分合問題發生，就得隨時做新的比較。例如嘉魚'倦'＝'篆'，'奏'＝'照'在記録本上寫了一個等號，往往比記的音標還更有價值，至少在歸類上有很大的價值。

4. 筆記人　在歐洲小國做起方言調查來，總以一個人一氣調查並且整理到底爲原則。這樣可以前後一致，即有主觀也可主觀得一樣，但是我們預備作中國全國方言的調查的，無論怎麼是一個人做不了的，所以我們起頭就是幾個人同時調查，幾個人隨時互看工作，並且隨時討論音標問題，分類問題；以後整理記録的時候也是常常同在一起討論，所以雖然不是一個人做的工作，但是在"一致化"的方面，我們的確是花了很不少的工夫。這次調查記音的人一共有四個人，也就是整理本報告的五個人當中的四個（董君是後來加入做整理工作的）。

5. 音檔　除掉筆記以外，每處都灌製音檔一份。大都是每處灌兩個雙面十二時的鋁片，平均約四分半鐘一面，共有十八分鐘的材料。第一面是兩個發音人的自由會話，在會話以前我們總警告他們不要談國事，省會事，學校事，以免引起説外路話的聯想。叫他們多談家鄉裏農事，生意，談談親戚朋友"家長裏短"等等，容易引起鄉語聯想的題目。第二面是讀單字調的

---

① 偶遇個把例外人，凡不同義者一律不承認爲同音，那就只好讓記音者憑耳判斷。

代表字,把可能的調類字亂排起來("仵而次之"),一個字一個字的讀。因爲怕開始説的時候還没有找定了平均的調高,所以先冠以'勃,朗,刻,似,佩,思'('blank space')幾個假字;到完的時候,怕讀者在最末一兩個字上加上了"這是最後的字了,現在完了"的一種結束語調,因而把單字的本調讀得太低或不應降而降下,所以在真的最後的字後又加上'齊,恩,得'('the end')三個假字來承收那避不了的結束語調。再以後是字與字的連調變化,看所調查的地方是有幾調(比方説 n 個),用預備好了的 n^2 個二字相連的短句'多山,多人,多馬……,黃山,黃人……'等給發音人灌讀一次。湖北省的連調變化不多,還不像吳語閩語那麼多,所以不必分别'成詞連調'與'不成詞連調',也没有用三,四字連調的必要。還有一部分連調可以從兩段文言讀物裏得到它。就是總理遺囑,跟戰國策的"狐假虎威"故事(看卷二甲)。這些材料大約佔第一片的第二面。第二片所灌的就是已經筆記的六百單字,差不多剛剛佔兩面。如果遇到特别一點的方言,有時添灌一點詞類的短句,或添灌一段長篇的"北風跟太陽"的故事。

6.灌音設備 準確灌音的技術只是幾年來的事情,在歷史語言研究所最早做方言調查的時候還没有很好的設備可以給一般人或研究機關買的,各製片的公司或初創辦的有聲電影事業都是各自用各自的"秘方",連一個灌音頭都不出賣的。現在所用的是經過好幾年的嘗試,費了很多以後可以不必再費的錢,才湊成的一套最合用的設備。

這次所用的微音器是 Radiotone Corporation 的 R 號電容量微音器,跟電容器裝在同一個圓筒内的有一個兩層的預擴器,是用兩個 864 號的真空管的。所用的電是四個 45 伏的乾電池爲電容器用(共得 180 伏)兼爲預擴器的 B 電。A 電只須用 6 伏的乾電池,爲求電流平勻,用兩套平行的,一共八只"電鈴式"1.5 伏的電池。B 電本也可以跟主擴大器公用,但爲避免發生擾亂影響,分開來用較靠得住。微音器的引線很長,可以把微音器隨便放在發音人面前最方便的地方。線外有包線,跟主擴大器的"地"連接。

主擴大器是歷史語言研究所跟中國無線電業公司會商設計出來的一個三層擴大器,用 36,38,79 三個真空管,輸入是 200 歐姆,配微音器的輸出，輸出是 500 歐姆，配轉盤的灌音頭。音量控制器放在最大地位的時候，在室內離微音器二丈距離，普通說話都可以灌得到片子上，而幾無機器內部雜音，所以爲普通灌音檔是很夠用的了。這擴大器的構造很緊湊，尺寸是 18㎝×19㎝×33㎝，很易攜帶（看後照相）。電源是用四個 45 伏的乾電池，供給 180 伏的 B 電，一個 6 伏的水電池供給 A 電。

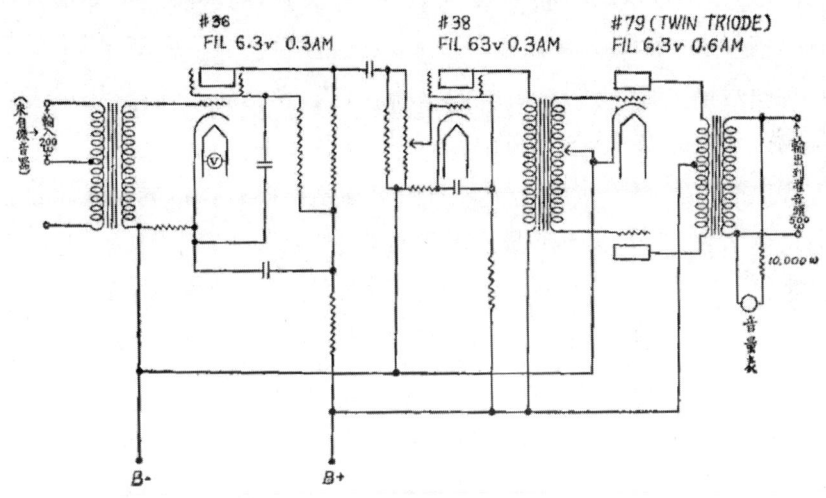

八瓦特擴大器線路圖

　　轉盤爲求運動平穩不得不用一個較重的。我們所用的是 Fairchild F-13號灌音器的轉盤。他們的 F-13 號擴大器遠不如我們定做的，所以只用他的轉盤。轉盤的馬達是用一個 6 伏的水電池供給原動力的。電機一開的時候，瞬時的電流約有 17 安培，但走穩以後是 4 安培，充電一次可以用好幾天，速度不至於減低。轉盤速度是照一般唱片所用每分鐘 78 轉的標準。

　　片子是用鋁質的，我們以前也試過好多種，成績最佳是 Radiotone 跟 Mirror Record 兩家的，他們的質地較細，所以雜音最少。鋁片灌完之後當時就可以聽。用的針是一種硬荊棘的刺，用禿了還可以磨尖再用。如果要複製的話，這種片子也可以拿到工廠裏當母片複製。鋁片的耐久性很大。灌製以後整理報告的時候，每片反復聽了許多次，它的清晰程度還只微微差一點。

灌音的房間雖然很小,但是起初回聲還太多,所以四壁都掛了些棉被吸收回聲(參看後面灌音布置圖)。

7.記録及音檔内容　調查之先我們先印了記録用的"251"號表格一小册,跟灌音所用的讀物片子若干種。251 號記録本的内容是:發音人資格(見後分地報告),求約略調類表(見下第 36 頁圖,並參看上第 3 節),求約略聲母韵母表(見下第 36 頁及 37 頁圖),極常用詞(例見第 37 頁圖,詳後卷二,甲,四),單字表(舉例見下第 38 頁圖,詳字表見前四,調查用字表),最後是"特字"表(詳見後卷二,甲,三)。

音檔的内容:第一片第一面是自由會話當然没有一定的字或題目。第二面是單字調,連調,總理遺囑,跟"狐假虎威"故事。單字調的表是以下的幾個字:

勃	朗	刻	似	佩	思	到	旺	鐵	七	鵝
盛	約	穩	印	市	羅	認	搭	丑	飛	白
蓋	媽	寒	安	總	菜	快	暖	肯	換	倉
納	舌	通	讀	頭	德	五	黑	政	歎	改
法	被	沃	廢	静	切	欲	門	促	包	責
掃	物	萬	遠	柴	助	執	齊	恩	得	

連調看各地調類多少,所用的可能的短句不同,湖北全省至多只有六種調類,但有時入聲有兩種歸類法,①所以我們用的最多的連調表是以下的:

多山	多人	多馬	多扇	多樹	多竹	多石
黄山	黄人	黄馬	黄扇	黄樹	黄竹	黄石
好山	好人	好馬	好扇	好樹	好竹	好石
愛山	愛人	愛馬	愛扇	愛樹	愛竹	愛石
畫山	畫人	畫馬	畫扇	畫樹	畫竹	畫石

---

① 　例如咸寧入聲全濁歸陽去,清跟次濁仍爲入聲。

　　説山　説人　説馬　説扇　説樹　説竹　説石

　　白山　白人　白馬　白扇　白樹　白竹　白石

如果有的地方沒有這麼多調類的,另外還有預備好了的各短表可以讀。

　　這個以後是總理遺囑跟"狐假虎威"故事,看卷二,甲,一,二。

　　第二片完全是 251 號表格中的 678 個單字,已見第四節各表。

　　8.筆記樣張及灌音布置圖。

聲調

聲調								
陰平	剛開亨（	知超	專初商	尊粗三拉	丁天	邊偏飛媽)	安	
陽平	窮寒鵝	陳娘展丑	牀時人紙楚手	才詳龍走草死	唐難短體	平扶麻比普粉	文	雲
陰上	古口好	女柱	惹市社	老坐似	暖斷	買倍婦	武	有
陽上	五近蟹	帳趁	正唱世	醉菜送	對	變怕放	愛	
陰去	蓋亢漢	陣釀	助樹閏	暫謝漏	大怒	備飯帽	望	一
陽去	共害屵	竹敕	職出識	即七惜	得禿	筆匹福	約	
上入	急曲黑	剉徹	責尺説	接切削	搭鐵	百拍法	物	用
中入	各卻歇	宅聶	食舌入	讀俗六	讀納	白服麥	藥	
陽入	局合額							

時＝失＝實
移＝一＝譯
扶＝福＝服
河＝霍＝活
無＝屋＝物
霞＝瞎＝狹
碗＝晚
委＝尾
椅＝擬
比調同米
九調同有
捲調同遠
試＝市＝示
付＝婦＝附
背＝倍＝備
見＝件＝健
注＝柱＝住
佐＝坐＝座

詩　梯
時　題
使　體
是　弟
試　替
事　第
識　的

石食實笛

聲調約類

聲　　母

半＝伴　怕　　　盤　　　門　　　飛＝灰　　馮＝紅

到＝道　太　　　同　　　南＝藍　怒＝路　連＝年

貴＝跪　開　　　葵　　　岸＝暗　化＝話　圍＝危＝微

節＝結　將＝姜　秋＝丘　齊＝其　小＝曉

趣＝去　旋＝玄　而　　　軟

糟＝今朝＝招＝驕　倉＝昌＝腔　　從＝蟲＝窮

散＝善＝現　　　篡＝轉＝捲　醋＝處＝去　　　蘇＝書＝虛

增＝爭＝征　　　粗＝初　　　僧＝生＝聲

認＝硬　　　　　繞＝襖　　　延＝言＝然＝緣

聲母約類

韵　　母

知＝兹　　爬　　拔　　何＝合　　　色　　　蛇　　蓋＝介　妹

第　　　　架　　　　　　　藥　　鐵　　姐竭

步　木　　瓜　　過＝個　　郭＝各　國　　　　　　　怪　桂

雨　主　　　　　　　　　　　　血,穴　靴　　　　　睡醉

————————————

桃　　斗　母　　酸＝三＝桑　　干＝間　　根＝庚

短＝胆＝黨

調　　流　　　天連　　　　　　　　林＝靈　良

官＝關＝光　　　　魂＝横＝宏＝紅

權＝船＝牀　　　　温　　翁

遠＝軟　　　　　　羣＝瓊＝窮

韵母約類

我	咱們＝我們	那裏
你	兩個	到
你家(尊稱)	人	哪裏
他	都	去
的(我|)	這個	一裏
我們	東西	了
你們	那個	快
他們	是	罷(去|)
爸爸	哪一個	此刻
媽媽	一點	還
爺爺	不	哩(還早|)
奶奶	在	等一會兒
也	這裏	吃了飯

詞類上半

灌音布置圖

　　牆上掛的是棉絮,當中一條黑線是從窗外引進來的地線。注意擴大器左下方扇形的音量表上針只轉到約十分之四的地位。發音人頭上不是個瓷罩燈,乃是個紙作的罩子,裏面用個 6 伏的汽車燈,因爲這裏很暗,而白天又没有電。

	幫	端	泥	精	知	莊	章	日	見	曉	影
尤幽	否, 婦 負 謬 丟	紐	秋		丑	愁	周	柔	身 生	休	由 糾 幼
咸: 單 合 談 盍 咸 洽 銜 狎 鹽 葉 嚴 業 添 帖 凡乏	貪 荅 餤 塔 貶官 店 帖 范, 法	南 納 藍 臘 廉 漸 沾 轟 接 念	慘 雜 三, 暫		斬 劄記 插 衫		陝 染 涉	夾鉗驗險厭 劫業脅 謙 嫌 協, 挾	感 合 鴿 合 敢	暗 盍 減 陷 恰 狹 監 銜 甲 匣 鴨 嚴 葉	
深: 侵	稟	林	心	沉 森	審 壬	今				音

單字記録樣張

六. 調查點及地名簡稱表

　　調查一個大區域的方言當然只能取一些個代表的地點。從調查了的
這些地方的方言材料,就可以得到一個對於這區域地方的方言的概念。爲
要知道得詳細,並且爲避免漏掉了地域上的要點,當然是取的地點愈密愈
好;不過爲了事實上的限制,我們只能取一個折中的數目。現在我們所調
查的六十四個地方的密度比較法,意,瑞,德各國的方言地圖所取的點大概
稀疏十倍上下。但是爲作全國方言的初次調查,這樣規模已經不小了。從
後面那些地圖各種分界看起來,我們可以大膽的說,漏掉中間地域要點的
危險雖然不能說沒有,但不至於大到了使我們的地圖沒有意義。各圖的分
界線大體是很靠得住的。

　　調查點不一定都是縣城,多數都不是縣城。但是因爲小地名知道的人
太少,所以我們就拿各點所屬的縣名的簡稱來代表各點。例如"嘉"就代表
所調查嘉魚縣屬<u>簰洲</u>一處的方言,並不是說嘉魚縣城也是這樣,更不是說
嘉魚縣全縣都是這樣。在別省,例如廣東,即使同在一個地點往往有一種
以上因人而異的方言並存着,那就得分別記錄。在湖北我們還沒有遇見過
這種情形。各調查點的位置,看卷首湖北方言調查點圖。卷二方言地圖中
各縣名也是放在調查點的位置。例如'嘉魚'二字的地位並不是嘉魚縣城
的地位,而是<u>簰洲</u>的地位。

　　現在我們按大致分區次序(參看卷二,乙,三,分區概說),把各調查點
及其簡稱列表對照如下:

縣屬	調查點	簡稱
	第一區(附竹谿竹山)	
1. 武昌	(城)	武
2. 漢口	(城)	漢口

縣属	調查點	簡稱
3. 漢陽	夽山	漢陽
4. 漢川	麻河渡	漢川
5. 沔陽	仙桃鎮	沔
6. 天門	乾鎮	天
7. 京山	永隆河	京
8. 荆門	團林鋪	荆
9. 當陽	城與慈化寺之間	當
10. 江陵	沙市	江
11. 枝江	（城）	枝
12. 宜都	古老背	宜都
13. 宜昌	（城）	宜昌
14. 長陽	都鎮灣	長
15. 興山	（城）	興
16. 秭歸	金沙鎮	秭
17. 巴東	平陽河	巴
18. 恩施	（城）	恩
19. 宣恩	長潭河	宣
20. 來鳳	（城）	來
21. 利川	忠路	利
22. 竹谿	塔兒灣	谿（二區）
23. 竹山	鄧家河	竹山（二區）

縣屬	調查點	簡稱
24. 鄖西	(城)	鄖西
25. 鄖	(城)	鄖
26. 均	青山港	均
27. 光化	(城)	光
28. 房	桃源	房
29. 保康	(城)	保
30. 南漳	青泥村	南
31. 襄陽	(城)	襄
32. 鍾祥	(城)	鍾
33. 棗陽	清潭鎮	棗
34. 隨	(城)	隨

第二區

35. 應山	平林	應山
36. 安陸	(城)	安
37. 應城	(城)	應城
38. 雲夢	(城)	雲
39. 孝感	花園	孝
40. 禮山	三里城	禮
41. 黃陂	祁家灣	陂
42. 黃安	桃花店	黃安

縣属	調查點	簡稱
43. 黄岡	楊羅	岡
44. 鄂城	段家店	鄂
45. 麻城	宋埠	麻
46. 羅田	多雲	羅
47. 英山	金家鋪	英
48. 浠水	太子廟	浠
49. 黄梅	李陵口	梅
50. 廣濟	武穴	濟
51. 蘄春	漕河	蘄

第三區

52. 大冶	（城）	冶
53. 嘉魚	簰洲	嘉
54. 咸寧	賀勝橋	咸
55. 陽新	三溪口	陽
56. 通山	山口	通山
57. 崇陽	白霓橋	崇
58. 蒲圻	羊樓洞	蒲
59. 通城	十里市	通城

第四區

60. 監利	（城）	監

縣属	調查點	簡稱
61.石首	（城）	石
62.公安	淤泥湖	公
63.松滋	楊林市	松
64.鶴峯	五里坪	鶴

卷 一

分 地 報 告

分地報告説明

湖北全省七十一縣,除潛江,穀城,遠安,宜城,建始,五峯,咸豐七縣没有調查外,其餘每縣都有一個調查點,所以分地報告的總數是六十四個。這六十四個分地報告的次序是依着方言區跟地理上的鄰近關係排列的。[①]

每個分地報告的内容如下:

A. 發音人履歷

B. 聲韵調表

C. 聲韵調描寫

D. 與古音比較

E. 同音字表

F. 音韵特點

G. 讀物——會話或故事等

A. 發音人履歷

這一項是發音人的年齡,鄉籍,教育程度,語言環境,以及本地方言枝派的記載。語言的歧異是多方面的,某地城裏的話固然可以跟鄉間不同,而在某一區域之内,因年齡或社會等關係,甚至於因個人,更可以有許多特異的現象。根據這些簡單的記録,我們也能够約略推知所得材料的代表性。

發音人供給的語料是否可靠,可以由一致或不一致中看出;遇有可疑之處,也在這一項下附記。

---

① 看總説明六及卷二乙分區概説。

B. 聲韵調表

就各項材料中歸納所得的音位,在分地報告中首先列出,分爲聲母,韵母跟聲調三項。各音位都用一個合適的音標做代表,另附例字若干。這裏所用的音標就作爲標注各該地方音的寬式音標用。

但聲母表中的○是無輔音聲母的符號,他的作用跟數學上的零一樣。標音時是要省去的。

調類的名稱,爲通俗方便起見,在聲調符號之外更加用"陰平","陽平"……等稱。[①] 這些字樣在通常注音中是不用的,用時只寫 ˪□ ˫□……等調類符號。

聲母韵母跟聲調的排列大體依照國語注音符號的次序,但聲母各組改成依發音部位的前後排。

C. 聲韵調描寫

這一項把聲韵調表中的音位逐個作純粹語音的描寫,分述各音位所包含的分子及其音值。音值的描寫着重於有特徵性的,性質通常者從略。

韵母元音的描寫爲方便與簡要起見,往往引"標準元音"作比較。"標準元音"音值的確定已見總説明二。

D. 與古音比較

爲明古今語音變遷之跡,各報告中更以各地的聲韵調分別與廣韵集韵所代表的中古音系作概括的比較,列成比較表三個。中古音系的確定已見

---

① 關於"陰平","陽平"……等名稱的應用,可參閱史語集刊四本二分趙元任"中國字調跟語調"。

總說明三。

各表以廣韵集韵的聲韵調的分類爲綱目,再依音韵演變的影響條件,分爲若干格,一一分注出各地的今音來做對照。爲顧及一般的情形,表格不作過細的分剖,所以各表中仍有一格中注兩個或三個今音的。音的歧異如是無條件的,只在中間加“,”號以示區別;如是有條件的,則加“;”號,更加附注説明。

但有些注在湖北省内差不多可以完全通用,一一寫出又嫌繁複,所以只在第一個報告(武昌)注明,以後就都省去。凡這些省去的注都在武昌報告的注中説明。

表中凡遇到廣韵上無字的地方,加星號(*),凡讀音未詳的,加問號(?)。

E. 同音字表

同音字表好比一篇總賬,把調查過的字按同音的關係排列在一起,以資參考。每個同音字表大概有六百至八百個單字。

表的編列是以韵母爲單位的。每個韵母之下再依聲母跟聲調分。聲韵調排列的次序照聲韵調表。

爲節省篇幅計,除第一韵把所有的聲母全數列出外,一般的只是有字的聲母才出現,没有字的從略。聲母的出現是以“組”爲單位的。例如大冶t t‘ l三聲母爲一組,在io韵雖只l母有字,t t‘兩母也要同時列出。

z母在有些地方歸入tʂ組内(假若有tʂ tʂ‘ ʂ的時候),又有些地方歸入ts組(假若没有tʂ tʂ‘ ʂ的時候),但是就音韵系統看,它與tʂ tʂ‘或ts ts‘ s都有許多獨異的地方,所以在同音字表中他並不與tʂ等或ts等同進退。有些地方的z,跟別處的z相當,也與z同等待遇。

我們又讓同音字表兼有與古音作詳細對照的任務。所以在今韵目之下列出廣韵韵目來,按調查用字表的次序,作提綱的參攷;同音各字更依他們原在廣韵中的音韵地位,按次排列。這樣,一方面可以使字表較有條理,一方面也可以做 D 項的詳細注腳。

這裏所謂廣韵韵目，嚴格説起來應當是廣韵集韵音系的"真正韵母"的類目。例如麻韵，我們非但要分出二等與三等來，並且二三等之中還要各分開合，不過事實上儘管非這麼分不可，在稱謂上到底不便。例如"麻韵二等合口"縱然可以省爲"麻二合"，有這樣一個還不要緊，多了就不免囉唆。爲此，不得不用幾條省事的例，以求簡要而不背事理。

1. 如所列各韵都是開口或都是合口，則前面單寫韵名，後面用括弧注"均開口"或"均合口"的字樣。

2. 各韵僅有開口或僅有合口的不注，如豪肴蕭宵之後不注"均開口"，模魚虞之後不注"均合口"。如果純開口韵與其他韵的開口或純合口韵與其他韵的合口在一起，仍然要注。

3. 又有開口韵又有合口韵的没有法子可以概括的説，就索性不注。例如大冶ɔ韵有麻二合盍洽狎乏曷鎋黠月諸韵字，其中乏月兩韵是合口，其餘都是開口，像這樣的開口合口都不注。

4. 某韵開合口的字都有時只寫韵名，並且取開口韵的位置，例如浠水i韵兼有脂韵開合口的字，那麼脂韵仍然列在純開口的之韵之前。各韵後不注"均開口"就足以表示脂韵不僅是開口了。

5. 兼有開合口的韵，如果排在純合口韵之後，就是表明他只有合口字。例如興山o韵曷末薛諸韵字，薛是兼有開合口的；但是此地排在末韵後，那麼薛韵僅只合口就不言而喻了。

6. 韵按等分的比較少，還是分別注出。不過某處兼有某韵的一等與三等或是二等與三等時，就單寫韵名，並取一等或二等的位置。例如各地in韵往往兼有庚韵二三等的字，庚仍列在耕前；oŋ（或uŋ）兼有東韵一三等的字，東仍排在冬前。

各個單字逐一按次排列，簡直就是分別與古音比較。在這樣繁雜的情形下，就不得不用些符號來表明，下面就是常用符號的例：

1. 古聲韵調全同的字並排寫，無號，如武昌in韵tɕ母陰平'京荆'。

2. 古異調的中間加"、"號,如漢口ï韵ts母去聲'土、事'①。

3. 古聲母不同的加","號,如嘉魚ï韵s母陰平'斯,施'。

4. 古韵母不同的加";"號,如黃陂i韵tɕ'母陰去'器;氣'。

5. 古攝不同的加"‖"號,如浠水in韵n母陰平'林‖鄰‖陵‖靈'。

6. "、"可以包括"、","；"可以包括",","‖"可以包括"；"；例如大冶'思'與'似'同音,兩字古音既不同聲又不同調,中間只加","號;京山'余''愚'同音,兩字古音聲韵都不同,中間只加";"號;麻城'序''系'同音,兩字古音攝,韵,聲,調都不同,中間只加"‖"號。

7. 廣韵集韵無地位的字加方括弧爲別,如'[那]''[爹]'。如果無地位字跟別的字同音,則無地位字列於最後,在它前面加‖號,如武昌"沒有"的'沒'與'梅'同音,就寫作'梅‖[沒]'。

8. 古今音的比較中往往有許多例外,遇有例外字,在右下角就其例外之點注明古音來源,如'賜'字古屬心母,在英山依例應讀爲sï,但實際讀tsʻï。'賜'字的右下角就注上個小'心'字。

9. 某字有兩讀或多讀的,在右下角注個小'1'或'2'等字樣。

10. 白話讀音在字下加單橫線,文言讀音下加雙橫線,如'下','下'。

11. 如某字城鄉讀音不同,則在右下角加括弧注'城'或'鄉'字。

12. 有音無形的詞用方框代表,另在右下角注明意義,如武昌u韵kʻ母去聲'□(跛足行貌)'。

象聲詞及語助詞等有值無類的一概不錄入同音字表。

F. 音韵特點

根據同音字表,把各地音韵結構及古今音比較上的特徵,分條寫成"音韵特點",以下列各項爲子目,分述:

---

① 廣韵'士'屬止韵,'事'屬志韵,事實上止志兩韵只是一個韵母的兩種聲調。我們只把止韵認作之韵的上聲,志韵認作之韵的去聲。説詳總説明調查用字表。

1. 聲母
2. 韵母開合
3. 韵尾 ⎫
4. 主要元音 ⎬ 這兩項往往併爲"韵母"一項。
5. 聲調

G. 讀物——會話或故事等

讀物有總理遺囑,狐假虎威故事,會話或故事。分地報告中只錄會話或故事,其他兩種錄入於綜合報告。

讀物的注音概以寬式音標爲主,必要時加注嚴式音標,條例如下:

1. 字音如因連讀或其他關係臨時發生變化,即照變音寫出,隨後加括弧注出正常的音,如浠水'漢口'xaŋ(xan)kʻou,嘉魚'耕田'kən dien(tʻien);有時在括弧中正常的音前加"<"號,表明是由某音來的,如襄陽'怎麼'tsəm(<tsən mo)。

2. 聲調有變化時,類值都寫,類號在直線之左,值號在直線之右,如大冶'二哥'zï˩˦ ko˦。

3. 説話時往往把本來不是捲舌韵字變成捲舌,就在正常字音後加一個r表明,如鄖西'樣兒'ianr。(參見總説明第二節論元音段)

4. 聲母或韵尾失落時,全音仍舊寫出,但在失落的部分加括弧,如嘉魚'還有'xa(i)iou,蒲圻'羊樓洞'ioŋ n(ou)(dʻ)ʌŋ。

發音人大多數是在武漢讀書的學生,在武漢總住過些時候,會話時總不免多少帶些武漢的成分,所以有時就有與鄉音不一致的現象發生。遇到這一類的情形只好把有問題的音後面加一個問號(?)以示區別。

一. 武昌（城內）

A. 發音人履歷

發音人	1a	1b
年齡	17 歲	16 歲
原籍	武昌城內	武昌城內
職業	學生	學生
教育程度	初中三年	同左
幼時語言環境	在本地私塾讀書	同左
教師方言	本地話	同左
住過的地方	僅武昌本地	同左
曾否學國語	未	未
能否説別處話	不能	不能

二十五年五月十一日吳宗濟記音

B. 聲韵調表

1. 聲母

p 半白　　p' 片平　　m 馬命　　　　f 飛凡

t 多蕩　　t' 同突　　n 南女連宜饒

ts 增狀昭篆　ts' 草柴撑春　　　　　　s 三山熟稅　　ʐ 鋭

tɕ 間漸柱　tɕ' 千件出　　　　　　　　ɕ 西現樹

k 瓜共　　k' 快狂　　　　　　　　　　x 好黃

○ 爾偶煙彎元未用絨若入

2. 韵母

ï 字施;ɯ去　a 八答詫下　o 玻託説火　ɤ 北熱色厄而

i 米地泥吸　ia 佳瞎匣　io 略約覺　　　　　　ie 別帖葉

u 普忽　　ua 刷化話　　　　　　uɤ 國

y 女羽　　ya 靴　　　　　　　　　　　ye 靴決

ai 拜奶菜皆　ei 倍累　　au 保老趙好　ou 否肉初後

　　　　　　　　　　　iau 表了曉　iou 丟友

uai 揣外　　uei 罪鋭歸

an 板亂扇晏感　　ən 本等審更

　　　ien 貶年險減　　　　　　in 稟鄰經行應

uan 專萬　　　　uən 春橫文

　　　yen 全院　　　　　　　　yin 羣永句

aŋ 拜郎桑巷　oŋ 孟洞宋弘弓

iaŋ 兩香江　ioŋ 兄窮

uaŋ 莊光窗

3.聲調

陰平	陽平	上	去
˥	˩	˦	˨
專通	陳急	米比	柱到洞

C. 聲韵調描寫

1.聲母

　　武昌有十八個聲母；依發音部位分爲p,t,ts,tɕ,k,○六組。

　　p組p,p',m,f。p是硬性的,與北平的p(ɓ)不同。

　　t組t,t',n。n是個變值音位,在洪音之前讀n或l不定；在細音之前大致讀n,也有時讀鼻化的l。更有些字兩次讀法不一樣的；如'閙'讀nau,又讀lau。

　　ts組有舌尖前音ts,ts',s與舌尖後音ʐ。因爲武昌沒有tʂ,tʂ',ʂ,所以把ʐ併入ts組。ʐ母在武昌只有一個'銳'字。國音讀ʐ的字武昌讀n或失去聲母。'銳'字單單讀ʐuei,不知是否受了別處的影響。

　　tɕ組的tɕ,tɕ',ɕ讀開口時是普通的舌面前音；讀合口時就略加舌尖成分,有點舌尖面混合音tʃ等的色彩。

　　k組k,k',x三母讀法與北平同。

　　○包括一切元音起首的音。在開口洪音之前,時常有些字前面加上個ŋ。這個ŋ加在哪一類的字前面是不一定的；而且同是一字,這次加,那次不加的情形又是常有的。所以武昌的ŋ與起首的開元音只能算作一個變值音位的兩種分子。因爲ŋ出現的時候較少,就把它歸入○音位裏。

2.韵母

　　ï只有ŋ一值。ɯ相當於u的開脣。i,u近於標準元音i,u。y相當於i的圓脣,有時受聲母的影響略加舌尖作用。

　　a,ia,ua,ya。a是介乎平均ᴀ與後ɑ之間的。在ia跟ya中,a的部位似乎比較靠前些。

　　o,io。o讀得比較開。

ɤ,uɤ。ɤ很關,舌的部位相當於o而高度都相當於 ʊ,所以uɤ的讀法就像前半圓唇而後半不圓唇的u。

ie,ye。e近標準元音e。i跟y都很短。

ai,uai。ai的起頭不到標準前a那樣開,收尾也不到i那樣閉,可是它的"動程"①比國音的ai還是寬。

ei,uei。ei的e部位有些偏央,尤其是在uei中顯明。

au,iau。au起於後ɑ終於開 ʊ 的部位。在iau中,a略偏前。

ou,iou讀法近國音。

an,uan。a是平均ᴀ。

ien,yen。e是開ɛ。

ən,uən。ə是相當短的。在uən中,它只能算作一個過渡音,只在u作起首音時才顯一點。

in,yin。i讀得很開。yin韵的主要元音不是i而是y,i只是從y到n中間的一個過程。

aŋ,iaŋ,uaŋ。a是後ɑ;在iaŋ中部位略靠前;在uaŋ中音程較短。

oŋ,ioŋ。o閉而唇圓。ioŋ的i不圓唇。

3.聲調

陰平通常是高平調(55)。有時略低,成半高平調(44)。寬式一律用高平調號(˥55)。

陽平由"半低"降至"低"再升至"中"(213),寬式用低降升調號(˩313)。兩陽平字連在一起或一個陽平字跟別的字連在一起,就很容易變成低平調(˩11)。

上聲是中降調(˥42)。

去聲由"半低"升至"高"(25),寬式用高升調號(˧35)。

---

① "動程"一詞指複元音發音時舌位移動的距離而言。以後用此名詞,意義皆同。

D. 與古音比較

1. 聲母

古聲組及影響條件	古母今讀 發音方法及影響條件	全清 塞	次清 塞	全濁 塞 平	全濁 塞 仄	次濁	清 擦	濁 擦 平	濁 擦 仄
幫組	幫組	幫：p	滂：pʻ	並：pʻ	並：p	明：m			
	非組					微：u(1)	非／敷：f	奉：f	奉：f
端組 泥	一二等 洪／三四等 細	端：t	透：tʻ	定：tʻ	定：t	泥：n　来：n			
精組		精 {ts／tɕ}	清 {tsʻ／tɕʻ}	從 {tsʻ／tɕʻ}	從 {ts／tɕ}		心 {s／ɕ}	邪 s(2) {tɕʻ；ɕ}	邪 {s／ɕ}
莊組	內轉／外轉	莊（照二）：ts	初（穿二）：tsʻ	崇（牀二）：tsʻ {s；tsʻ；ɕ}	崇（牀二）{ts；s(3)／ts}		生（審二）：s		
知組		知 {ts／ts；tɕ(4)}	徹：tsʻ	澄 {tsʻ／tsʻ；tɕʻ}	澄：ts				
章組	今開 今合／合／合	章（照三）{ts；tɕ(4)／ts}	昌（穿三）{tsʻ；tɕʻ／tsʻ}	船（牀三）{s／tsʻ；tɕʻ}	船（牀三）{s／ɕ}		書（審三）{s／s；ɕ}	禪 {ts，s／ts；ɕ}	禪 {s／s；ɕ}

古聲組及影響條件	今開合	古等組及影響條件	全清塞（見/影）	次清塞（溪）	全濁塞·平（羣）	全濁塞·仄（羣）	次濁（日/疑/喻）	清擦（曉）	濁擦（匣 平/仄）
日母	今開	止（附質）					○ [n;i⁽⁵⁾]（日）		
日母		其他					y（日）		
見組曉	開	一等	k	kʻ				x	x
見組曉	開	二等	k, tɕ	kʻ, tɕʻ			○（疑）	x, ɕ	x, ɕ
見組曉	開	三四等	tɕ	tɕʻ	tɕʻ	tɕ	○, i [n,i⁽⁶⁾]（疑）	ɕ	ɕ
見組曉	合	一二等	k	kʻ	*	*	u（疑）	x	x
見組曉	合	蟹止合三四等	k	kʻ	kʻ	k	ʔ（疑）	x	x
見組曉	合	通舒	k	kʻ	tɕʻ	k	y（疑）	ɕ	*
見組曉	合	其他	tɕ	tɕʻ	tɕʻ	tɕ		ɕ	ɕ
影組	開	一等	○				i [喻：i]（喻）		
影組	開	二等	○, i				*（喻）		
影組	開	三四等	i				u（喻）		
影組	合	一二等	u; ○⁽⁶⁾				i（喻）		
影組	合	蟹止合三四等	u				y（喻）		
影組	合	通	i						
影組	合	其他	y						

2. 韵母

第 一 表

摄＼声母·呼	一 帮系	一 端系	一 见系	二 帮系	二 泥组	二 知莊	二 见系	三四 帮系	三四 端系	三四 莊組	三四 知章/知组	三四 日母	三四 见系
果	*	o	o	a	a	a	a,ia	*	ie	*	ɣ	ɣ	ie,ia
(遇)	*	*				*				*			
蟹	*	ai	ai	ai	ai	ai	ai,ia	ei,i	i	*	ï	*	i
止		*			*	*		i,ei	i;ï[1]	ï	ï	ɣ	i
效	au	au	au	au	au	au	au,iau	iau	iau	*	au	au	iau
流	ou	ou	ou			*		ou,u	iou	ou	ou	ou	iou
咸	*	an	an	an	*	an	an,ien	ien	ien	*	an	an	ien
山	*	an	an	aŋ	*	an	an,ien	ien	ien	*	an	an	ien
宕	aŋ	aŋ	aŋ			uaŋ	aŋ,iaŋ	*	iaŋ	uaŋ	aŋ	aŋ	iaŋ

攝列	開 三四 見系	開 三四 日母	開 三四 知組章	開 三四 莊組	開 三四 端系	開 三四 幫系	開 二 見系	開 二 知組莊	開 二 泥組	開 二 幫系	開 一 見系	開 一 端系	開 一 幫系
深	in	ue	ue	ue	in	in		*				*	*
臻	in	ue	ue	ue	in	in		*	ue	io·ue	ue	ue	io·ue
曾	in	ue	ue	*	in	in		*			ue	ue	*
梗	in	*	ue	*	in	in	in·ue	ue	ue	io·ue	ue	*	*
(通)				*	in			*			o	*	
咸入	ie	*	ɤ	*	ie	*	a,ia	a	*	a	o	a	*
山入	ie	ɤ	ɤ	*	ie	ie	a,ia	a	*		o	a	*
宕入	io	io	o	*	io	*	io	o	*	o	o	o	o
深入	i	y	ï	ɤ	i	*		*				*	
臻入	i	ɤ	ï	ɤ	i	i		*			*	ɿ	*
曾入	i	*	ï	ɤ	i	i		*	*		ɤ	ɤ	ɤ
梗入	i	*	ï	*	i	i	ɤ	ɤ	ɤ	ɤ		*	
(通入)			*	*	*			*			ɤ	*	

第二表

（全表為「合」口呼）

攝	一 幫系	一 端系	一 見系	二 幫系	二 莊組	二 見系	三四 幫系	三四 泥組	三四 精組	三四 莊組	三四 知章組	三四 日母	三四 見系
果	o	o	o	*	*	ua			*	*			ye,ya
遇	u	ou	u				u	y	y	ou	y	y	y
蟹	ei	ei;uei[2]	uei,uai			uai,ua	ei	*	uei	*	uei	*	uei
止		*			*		i·ei·uei[3]	ei	uei	uai	uei	*	uei
（效）		*			*					*			
（流）		*			*					*			
咸	an	*	uan	*	*		an			*	*		
山	an	an;uan[4]	uan	*	uan	uan	an;uan	ien	yen	*	uan	yen	yen
宕		*	uaŋ		*		aŋ;uaŋ			*			uaŋ

攝別	一·幫系	一·端系	一·見系	二·幫系	二·莊組	二·見系	三四·幫系	三四·泥組	三四·精組	三四·莊組	三四·知章組	三四·日母	三四·見系
（深）臻	ue	ue	uen		*		uen；ue	ue	yin	*	uen	yin	yin
曾		*	oŋ	*	*		oŋ	*	*	*	oŋ	ioŋ	yin，ioŋ
梗	oŋ	oŋ	oŋ	*	*	ʂo，uen	*	oŋ	oŋ	*	*	ioŋ	oŋ，ioŋ
通	o		o	*	*		oŋ	*	*	oŋ	oŋ	*	
咸入	o	o	o	*	*	ua	a	ie	ie	*	o	*	ye
山入	*	o		*	ua		a；ua	ie	ie	*	o	o	
宕入	*	*	o	*	*		o		*	*	*	*	
（深入）臻入	n	no	n	*	*		u	n	i	*	y	y	y
曾入	*	*	ʊn	*	*		*	i	y	*	*	*	y
梗入	*	*		*	*	ʊn	*	*	*	*	o	*	y
通入	u；ŋ [5]	no	n	*	*		u；ŋ [5]	ou	ou	ou	ou	ou	iou；y [6]

3.聲調

今值 今類 影響條件 古類		陰 平	陽 平	上	去
平	清	˥			
	濁		˩		
上	清			˩	
	次 濁			˩	
	全 濁				˥
去	清				˥
	濁				˥
入	清		˩		
	次 濁		˩		
	全 濁		˩		

附注:

　　聲母:—

　　(1)爲與古音比較方便計,本表把高元音i,u,y(或ʮ,ʯ)從○中分出。所以本表内○只代表無輔音聲母的開口洪音。以後各分地報告均同,不另注。

　　(2)止攝'詞,辭'二字沒有調查,這一項音讀只代表'隨'字等。以後各分地報告同此者不另注。

　　(3)崇母(牀二)仄聲在止攝讀擦音,在其他各攝中讀塞擦音。以後各分地報告同此者不另注。

　　(4)看"音韵特點"聲母第三條。

　　(5)看"音韵特點"聲母第六條。

　　(6)疑影兩母合口一等果攝字讀○,其他讀u。以後各分地報告同此者不另注。○或有作ŋ的。

韵母:一

(1)止攝開口端系字,端泥兩組讀i,精組讀ï。以後各分地報告均同,不另注。i或有作ei,ai的。

(2)看"音韵特點"開合第一條。

(3)在這一系聲母下,凡有開合之分的,微母讀合,其他讀開。以後各分地報告同此者不另注。

(4)看"音韵特點"開合第一條。

(5)明母字讀oŋ,其他讀u。

(6)見組字讀y,曉影兩組iou。

E. 同音字表

今調	陰平ㄱ	陽平ㄩ	上ㄋ	去ㄟ
今韵		ï;ɯ(kʻ後)		
廣韵		祭‖脂;之;支‖緝‖質‖職‖昔(均開口)		
p pʻ m f			〔m̩〕(ㅣ媽)	
t tʻ n			〔n̩〕(ㅣ家)	
ts tsʻ s	之;知,支‖隻入 師;思;斯,施	只上‖執‖質‖直值植,殖禪‖擲 遲‖秩澄入‖赤 時‖十‖實‖食蝕‖石	子 恥;此 矢;使,始	自,致,至;字,志;智,翅審‖姪入 滯澄‖次;伺心;刺,賜心 世‖四,示;似,寺,士、事,試,市;是‖式飾入
ẓ				
tɕ tɕʻ ɕ				
k kʻ x				去魚
○				

今調	陰平˥	陽平˩	上˧	去˥
今韵	i			
廣韵	祭;齊‖脂;之;支;微‖緝‖質;迄;術‖職;昔;陌三;錫			
p p' m f	批	鼻去‖必,弼‖逼‖碧;壁 僻,闢並入	比;彼 鄙痞幫 米	秘泌幫
t t' n		的,笛 堤提 泥‖梨;離,宜‖立‖栗;律‖力‖逆;歷	底 禮‖你,李里裏	帝,弟、第,隸來‖地 例
tɕ tɕ' ɕ	妻,棲心‖期臺 西,溪溪,奚ㄒ匣;攜匣合‖希	集,急級,及‖吉‖極‖積;激 齊‖其;奇‖緝‖七;乞,迄曉入‖戚,喫 泣溪入,吸‖息‖席	己;幾 起 璽徙支心	祭;計繼‖忌;寄,技妓;季合 器;氣 細,系‖戲
○	衣依	夷;疑;移;遺合‖噎屑‖邑‖一,逸‖亦	以,矣	藝‖意;義議‖憶入

今調	陰平 ㄱ	陽平 ㄴ	上 ㄴ	去 ㄱ
今韵	u			
廣韵	模;虞‖尤‖沒;物‖屋;沃			
p		不		步
p‘		勃並入‖卜幫入,撲,僕瀑並入	譜幫,普	
m				
f		服	府,腐奉	父、附‖婦負
k	孤	骨		故
k‘		哭;酷	苦	[□](跛足行貌)
x		狐乎‖忽	虎	戶
○	烏	吾;無‖物‖屋	五;武	務‖戊侯明

今韵	y			
廣韵	魚;虞‖緝‖術;物‖職‖昔‖屋三;燭			
t				
t‘				
n			女,呂旅‖履脂開	
tɕ	豬,諸,車	橘‖菊;局	聚去,主	著,巨;柱,住,拘俱平、句
tɕ‘	樞,區	除‖出;屈‖曲	處;取、娶去	去;趣
ɕ	書,虛;須	徐‖戌恤	暑鼠,許	序;樹‖壻齊
○		如,魚,於影,餘余;儒,愚,于‖入‖鬱‖域‖疫役	與;羽	遇‖玉入

今調	陰平˥	陽平˩	上˥	去˥
今韵	a			
廣韵	麻二‖合;盍;洽;狎;乏‖曷;鎋;黠;月			
p p' m f	巴 [媽] 	八,拔 麻 法‖髮	把 馬 	
t t' n	 他歌 拉入	答‖達 踏;塔 拿‖納;臘‖辣	打庚 [哪]₁	大泰 [那]
ts ts' s	 沙	雜‖扎;軋影入 插‖察 刹穿入;殺	 撒入	乍 詫
k k' x				 下

今韵	ia			
廣韵	麻二;戈三‖佳‖洽;狎‖鎋;黠(均開口)			
tɕ tɕ' ɕ	家;珈‖佳 	甲;狹帖匣 恰 霞‖狹;匣‖瞎	假(放˩,真˩)	
○	鴉	牙‖鴨‖[伢]		

今調	陰平ㄱ	陽平ㄐ	上ˇ	去ㄱ
今韵	ua			
廣韵	麻二‖佳;夬‖鎋;黠(均合口)			
ts tsʻ s		刷		
k kʻ x	瓜	刮 華‖滑		掛 化‖畫;話
○	蛙	挖	瓦	

今韵	ya			
廣韵	戈三(合口)			
tɕ tɕʻ ɕ	靴			

今調	陰平┐	陽平┙	上┘	去┐
今韵		o		
廣韵		歌;戈—‖合;盍‖曷;末;薛‖鐸;覺;藥		
p p' m f	波,玻滂 坡	剥;縛奉藥 婆 末‖莫	跛、播去 剖侯 麽(‖事)	
t t' n	多	 脱‖託 羅;騾‖洛落珞	 妥	舵 [那]₂
ts ts' s		作;桌,捉;酌 説	左 所魚	做,坐
k k' x	歌;鍋	鴿‖割‖各;郭 闊 何‖合;盍‖喝;活‖鶴;霍	果 火	個;過 禍
○	窩	鵝‖惡;握	我	

今調	陰平˥	陽平˩	上˨	去˦
今韵		io		
廣韵		覺;藥(均開口)		
t t' n		 略,虐		
tɕ tɕ' ɕ		角覺;爵,嚼,脚 確;雀精 學;削		
○		若,約		

今韵		ɤ		
廣韵		麻三‖脂;之;支‖葉‖薛‖緝‖櫛‖質‖德;職‖陌二;麥(均開)		
p p' m f		北‖百,白 迫幫入,拍 麥Ⅲ[没](I得,無也) 		
t t' n		得德 忒,特定入 熱‖勒	 惹	
ts ts' s		則‖責Ⅲ[這]₂ 徹,澈澄入‖側照入,測‖澤擇宅澄入 蛇‖涉‖舌,設‖澀‖瑟‖色		[這]₁
k k' x		格;革 刻 黑‖赫		
○		而‖日‖厄	爾	貳

今調	陰平 ˥	陽平 ˩	上 ˩	去 ˥
今韵	uɤ			
廣韵	德‖麥（均合口）			
k kʻ x		國 或‖獲		

今韵	ie			
廣韵	麻三‖葉;業‖帖‖薛;月;屑			
p pʻ m f		別 撇 滅	瘪入	
t tʻ n	［爹］	 鐵 聶‖孽;列;桌;劣		 帖入
tɕ tɕʻ ɕ	嗟 些	接‖傑;節,結;絶 刼見‖切 邪‖脅;協‖竭見	 寫	 謝
○		爺‖葉;業‖謁	也野	

今調	陰平「	陽平」	上ˇ	去「
今韵	ye			
廣韵	戈三;麻三‖薛;月;屑(均合口)			
tɕ tɕʻ ɕ	 靴	拙;掘;決 茄開;瘸‖缺 薛開‖穴		
○		閱;月,越曰		

今韵	ai			
廣韵	哈;泰;皆;佳;夬(均開口)			
p pʻ m f	[□](手病名) 	 埋 	擺 買 	拜 派 賣
t tʻ n		 台 	 乃;奶	待、代;帶‖[□](在也) 泰 賴
ts tsʻ s	齋 	 柴 		再,在;寨 菜;蔡
k kʻ x	該;皆 開 	 偕見,諧;鞋‖還(￤有)刪合	改;解 	蓋;介界戒,械匣 概見,愾 亥;害
○	哀		矮	愛‖艾

今調	陰平 ˥	陽平 ˧˥	上 ˧˩	去 ˥˧
今韵	uai			
廣韵	泰;皆;佳;夬‖脂;支(均合口)			
ts ts' s			揣	帥
k k' x	懷		塊去	怪 會(‖計)見
○	歪曉			外

今韵	ei			
廣韵	祭;灰;泰;廢;齊‖脂;支;微			
p p' m f	卑;悲;碑 披;丕 飛	梅‖靡上‖[□](‖有,無也) 肥	每	敝;倍;貝‖臂,被 佩 廢,肺
t t' n			屢虞去	對;兌 內‖類;累;彙喻

今調	陰平ㄱ	陽平ㄴ	上ㄴ	去ㄱ
今韵	uei			
廣韵	灰;泰;祭;齊‖脂;支;微(均合口)			
ts	追,錐			罪;最;綴
tsʻ		垂		脆‖悴從,粹心
s		隨		歲;稅‖遂;睡瑞
ʐ				銳喻
k	龜;歸			桂
kʻ				
x	灰	回	毀	會‖彗喻;惠‖諱
○	威	維惟;危,爲;微,圍	委	衛‖位,餒;未,畏

今韵	au			
廣韵	豪;肴;宵			
p	包		保	暴曝
pʻ		袍;跑		
m				貌
f				
t	刀		倒	到
tʻ		桃		
n		牢;饒	老	鬧
ts	昭			皂;趙,照
tsʻ			草;炒	糙造
s	稍去		掃	紹
k	高		稿;攪	告
kʻ				
x		毫	好	
○				奧

今调	陰平┐	陽平◢	上◣	去┐
今韵	iau			
廣韵	肴;宵;蕭‖幽			
p p' m f	貓明平		表	謬
t t' n		條 燎;聊	了	釣 跳
tɕ tɕ' ɕ	消,囂;蕭	肴淆	較 巧 小;曉	叫 孝,校効;笑
○	妖	堯	舀	要

今調	陰平 ㄱ	陽平 ㄴ	上 ㄴ	去 ㄱ
今韻	ou			
廣韻	模;魚;虞‖侯;尤‖没‖屋;沃;燭			
p				
p‘				
m		謀	某畝	
f			否	
t	都	都端平‖讀;篤	賭肚‖斗	杜‖鬥
t‘		圖‖頭‖突‖秃		
n		奴‖柔‖鹿;陸六,肉;綠,辱	努	漏
ts	周	卒‖竹;足,囑	祖‖走	奏
ts‘	初	鋤‖綢,愁‖族從入;促,觸	楚‖丑	助牀
s		蕭,縮‖續,屬	手	素;數‖獸,壽
k				够
k‘			口	
x		侯		後候
○	歐		偶	

今調	陰平┐	陽平⌄	上⌄	去┐
今韵	iou			
廣韵	尤;幽‖屋三;燭			
t	[丟]			
tʻ				
n		牛	紐	
tɕ	糾上		九	就,舅
tɕʻ	秋	囚,求球		
ɕ	修,休	畜		
○		由猶游‖育;欲	有友	幼,又

今韵	an			
廣韵	覃;談;咸;銜;鹽;凡‖寒;山;刪;仙;桓;元			
p			板	辦扮;半
pʻ				盼;判,叛並
m		[蠻](很也)		慢
f		凡‖煩	反	范‖飯
t	端		短	旦;緞
tʻ	貪‖攤	談		歎
n		南;藍‖難;然	染	亂
ts	沾		斬‖展	暫;站‖棧
tsʻ	餐		慘‖剷,産審	
s	三;衫‖山	蟬	陝	扇
k	干		感;敢	
kʻ				
x		含;銜‖寒		漢
○	安			暗‖晏

今調	陰平 ˥	陽平 ˧˩	上 ˋ	去 ˥
今韵	uan			
廣韵	桓;山;删;仙;元(均合口)			
ts	專			
tsʻ		船		
s	删開;閂			算
k	官觀;鰥		管	貫;慣
kʻ			款,皖匣	
x			緩匣	唤,换
○	彎	玩去,完丸匣;頑	碗、腕去	

今韵	ien			
廣韵	咸;銜;鹽;嚴;添‖山;删;仙;元;先(均開口)			
p	邊		貶	辨、便;辮
pʻ				徧幫,片
m			勉	面
f				
t			典	店‖電
tʻ	天			
n	研疑平	廉‖連聯;年		驗;念‖戀
tɕ	間		減‖剪;繭	監;漸‖諫;件;建;見
tɕʻ	謙‖千			
ɕ	仙;掀;先	鹹;嫌‖閑;賢	險	陷‖限;憲;現;縣合
○	煙	嚴‖言	眼;演	厭‖晏;硯

今調	陰平 ㄱ	陽平 ㄙ	上 ㄟ	去 ㄟ
今韵	yen			
廣韵	仙;元;先(均合口)			
tç				轉知,倦
tç'		全		
ç	宣;軒開;喧	弦開;玄	癬開;選	
○		鉛,緣;元,園	軟;阮,遠	院

今韵	ən			
廣韵	侵‖痕;臻;真;魂;諄;文‖登;蒸‖庚;耕;清			
p	崩		本	
p'		彭		
m		門		
f	分			奮
t			等	頓
t'	吞			
n		壬‖人;倫‖能;仍	忍‖冷	認;論
ts	臻‖增;徵‖争;貞,偵徹		[怎]	鄭,政正
ts'	撑	沉‖陳,臣;存‖成誠		
s	森,深‖身申‖生	晨‖繩	審	盛
k	跟		亘去	更
k'			肯	
x		恒	很匣	恨
○	恩			硬

今調	陰平 ㄏ	陽平 ㄟ	上 ㄟ	去 ㄟ
今韵	uən			
廣韵	魂;諄;文‖庚二（均合口）			
ts ts‘ s	椿,春			
k k‘ x	坤　昏	橫		
○	温	聞文		問

今韵	in			
廣韵	侵‖真;欣‖蒸‖庚;耕;清;青（均開口）			
p p‘ m f	兵	貧‖平評;瓶　民‖萌	稟　品　敏	並　命
t t‘ n	丁ˊ	林‖鄰‖陵‖靈		定　聽　令
tɕ tɕ‘ ɕ	侵清,今‖津,巾;斤‖京荆;經　欽‖親‖清,輕　心‖新‖星腥			晉進;近‖静,勁　信‖興‖杏,幸;性姓
○	音‖因‖英	銀‖凝‖盈;營合;螢匣合	隱‖影	印‖應

今調	陰平˥	陽平˩	上˥	去˧
今韵	yin			
廣韵	諄;文‖清;庚三;青(均合口)			
tɕ 均				
tɕ' 傾	羣	頃		
ɕ 勳	旬,脣,純	迥匣		
○	云	允尹‖永	閏;運‖孕蒸	

今韵	aŋ			
廣韵	唐;江;陽			
p 幫;邦				
p'	旁			
m	忙			
f 方	房防			
t			蕩
t'	堂		
n	郎	朗‖‖[嚷]	讓
ts 張,章		長(生˥)	
ts' 倉;昌			
s 桑;商	常		上尚
k 綱剛			
k'			
x			項、巷

今調	陰平 ˥	陽平 ˩	上 ˩	去 ˥
今韵	ian			
廣韵	江;陽			
t tʻ n	丁青	 娘		
tɕ tɕʻ ɕ	江;將 香	 詳祥	講 搶,强羣	 像邪 象
○		洋楊	仰	樣

今韵	uaŋ			
廣韵	唐;陽			
ts tsʻ s	椿;莊 窗	 牀		撞;狀
k kʻ x	光	 狅 黄皇	廣	 曠;況曉
○	汪	王	往	旺

今調	陰平˥	陽平˩	上˥	去˥
今韵	oŋ			
廣韵	登‖庚二;耕‖東;冬;鍾;‖屋			
p				
p‘		朋		
m		木;目	母侯	孟‖夢
f	風;封			奉
t	東			洞
t‘	通	同		
n		農;隆;龍	攏	
ts	中;鍾		總	衆
ts‘	充	崇;從	寵	
s	鬆;嵩;松			送;宋;誦
k	公功;弓;恭			共
k‘	空		恐	
x		弘‖宏‖紅洪		
○	翁			

今韵	ioŋ			
廣韵	庚三‖東三;鍾			
tɕ				
tɕ‘		窮		
ɕ	兄‖胸	雄熊喻		
○		榮‖絨;融;茸		用

F. 音韻特點

1. 聲母

(1)ts與tʂ不分。古精莊知章各組的洪音混,全讀ts等,如'足'='竹'='燭'tsou,'促'='綢'='鋤'tsʻou,'思'='施'='師'sï。

(2)不分尖團。古精組見系①的細音全讀tɕ等,如'節'='結'tɕie,'須'='虛'ɕy。

(3)知章兩組合口在遇攝與臻攝入聲中全讀tɕ等,如'樹'ɕy,'出'tɕʻy;在臻攝舒聲中牀禪兩母讀tɕ等,其他各母讀ts等;如'唇'ɕyin,'純'ɕyin,'椿'tsʻuən,春tsʻuən;此外全讀ts等,如'垂'tsʻuei,'稅'suei,'篆'tsuan。

(4)見系二等開口在蟹攝②與梗攝入聲中不顎化,如'界'kai,'赫'xɤ;在其他各攝中不定;如'攪'kau,'巧'tɕʻiau,'更'kən,'幸'ɕin。

(5)泥來兩母洪細音全混,如'南'='藍'nan,'泥'='離'ni。

(6)日母字在今開口各韻中大致讀n,如'然'nan,'柔'nou;惟遇o,oŋ兩韻失聲母,如'若'io,'絨'ioŋ;今合口全失聲母,如'軟'yen,'閏'yin,'人'y。

(7)疑影兩母開口洪音失聲母,如'艾'ai,'奧'au,'晏'an,'硬'ən。

(8)疑母三四等開口音讀n或失聲母不定,如'宜'ni,'驗'nien,'義'i,'嚴'ien。

2. 開合

(1)蟹攝與山攝舒聲合口端系字,端泥兩組讀開,如'對'tei,'亂'nan;精組仍讀合,如'罪'tsuei,'算'suan。

(2)臻攝舒聲合口端系字全讀開,如'頓'tən,'論'nən,'存'tsʻən。

(3)來母三四等合口字除在遇攝中仍保持合口外(如'呂'ny),其他都讀開口;如'類'nei,'戀'nien,'律'ni。

---

① 見系細音與精組有對當關系的只有見溪羣曉匣五母。疑影喻在此應除外。以後各報告皆同此,不另注。

② '佳'字因韻母變化,各地皆顎化。後不另注。

(4)山通兩攝入聲精組三四等合口字讀開,如'絕'tɕie,'足'tsou。

(5)通攝入聲知系字讀開口,如'竹'tsou,'熟'sou,'辱'nou。

3. 韵母

(1)模韵端系字與魚虞兩韵莊組字都讀ou,與流攝字混,如'肚'='斗'tou,'鋤'='愁'tsʻou。(入聲沒,屋,沃,燭韵端系莊組字同。)

(2)魚虞兩韵知見系字全讀y,如'柱'='巨'tɕy,'儒'='餘'y。(入聲術韵同。)

(3)蟹一三等合口與止攝合口的端系字,端泥組讀ei,如'兌'tei,'累'nei;精組讀uei,如'罪'tsuei,'隨'suei。

(4)止攝日母字讀ɤ,不捲舌,如'二'ɤ。

(5)山咸舒聲元音在介音i,y之後讀e,如'減'tɕien,'玄'ɕyen。

(6)山入合口知系字讀o,不讀uɤ(開口ɤ),如'説'so。

(7)深臻曾梗全收n[①]尾;如'稟'pin,'貧'pʻin,'崩'pən,'更'kən。

(8)通入明母字讀oŋ;如'木'moŋ。

(9)通三入(屋三燭)的見系字,見組讀y,如'菊'tɕy;曉影兩組讀iou,如'畜'ɕiou,'欲'iou。

4. 聲調

(1)不分陰陽去[②]如'四'sïꜛ='士'sïꜛ=事sïꜛ。

(2)無入聲。古入聲全歸陽平,如'失'˰sï='實'˰sï=時˰sï。

G. 會話

1　a：niˇ tsaiˉ naˇ kʻ(u)aiˇ tiˑ aˑ?
　　你　在　哪　塊　的　阿?

---

① 這裏面當然是除去讀如通攝字的幾個字;如'朋,孟,兄'等。此後各報告中同,不另注。

② 所謂"陽去",此地包括古去聲的濁音與上聲的全濁音。此後各報告中用此名詞皆同,不另注。

1 b：oˋ tɕʻyˋ kʻɤˊ maiˋ toŋˉ ɕiˈ。
　　我　出　去　買　東　西。

a：niˋ tɕiˊ sïˋ xueiˋ naiˊ tiˈ? niˋ tsaiˊ naˋ maiˋ moˋ toŋˉ ɕiˈ?
　　你　幾　時　回　來　的? 你　在　那　買　麼　東　西?

b：oˋ tsaiˉ uˋ ɕinˉ　　niˈ maiˋ tiˈ moˋ feiˋ tsauˋ toŋˉ ɕiˈ。
　　我　在　吳　興(?)　裏　買　的　麼　肥　皂　東　西。

a：maiˋ feiˋ tsauˋ aˈ? xauˋ aˈ，niˋ xaiˋ tsaiˉ sənˈ moˈ tiˉ
　　買　肥　皂　阿? 好　阿，你　還　在　什　麼　地

　　faŋˉ tɕʻyˊ uanˋ nəˈ meiˋ iouˋ neˈ?
　　方　去　玩　了　沒　有　呐?

b：meiˋ iouˋ。
　　沒　有。

a：niˋ tɕiaˉ niˈ iouˋ ɕieˈ sənˈ moˈ nənˋ neˈ?
　　你　家　裏　有　些　什　麼　人　呐?

b：eˋ，xaiˋ iouˋ fuˉ tɕʻinˈ，moŋˋ tɕʻinˈ aˈ，xaiˋ iouˋ tsouˋ
　　誒，還　有　父　親，母　親　阿，還　有　祖

　　moŋˋ，tsaiˉ tɕiouˉ sïˉ tɕiˋ koˈ ɕioŋˉ tiˈ。
　　母，再　就　是　幾　個　兄　弟。

a：xanˉ kʻouˋ tiˉ faŋˉ iouˋ ɕieˉ sənˈ moˈ xauˋ uanˋ tiˈ tiˉ
　　漢　口　地　方　有　些　什　麼　好　玩　的　地

　　faŋˈ?
　　方?

b：iouˋ，sauˉ ueiˋ。puˋ koˉ moˋ tsɤˊ koˈ tsoŋˉ sanˉ koŋˉ
　　有，稍　微。不　過　麼　這　個　中　山　公

　　yenˋ aˈ，tsaiˉ tɕiouˉ sïˉ moˋ，naˉ tiˉ faŋˈ tɕʻiaŋˉ moˋ sïˉ
　　園　阿，再　就　是　麼，那　地　方　像　麼　事

　　tsɤˊ koˈ iˋ yenˋ，　　naˉ iˋ kʻuaiˋ aˈ，tsoŋˉ sanˉ mənˋ
　　這　個　怡　園(?)，那　一　塊　阿，中　山　門

naˈ kʻ(u)aiˇ aˈ·。
那　塊　阿。

a：tsoŋˈ sanˈ koŋˈ yenˈ naˈ niˈ· iouˇ ɕieˈ· moˇ toŋˈ ɕiˈ· saˈ·?
　　中　山　公　園　那　裏　有　些　麼　東　西　煞?

b：tʻaˈ tsueiˈ yˇ tɕinˈ ɕiouˇ tɤˈ· xənˇ xauˇ nəˈ·，tɕʻiaŋˈ moˇ sïˈ
　　他　最　如　今　修　得　很　好　了，像　麼　事

　　xuaˈ tsʻauˇ toŋˈ ɕiˈ· aˈ· ieˇ manˇ toˈ。tsueiˈ yˇ tɕinˈ kənˈ
　　花　草　東　西　阿　也　蠻　多。最　如　今　更

　　xaiˇ ueiˈ ɕieˈ uˇ aˈ·，tɕʻiouˇ tsïˈ· toŋˈ ɕiˈ·。
　　還　餵　些　物　阿，雀　子　東　西。

a：tʻinˈ souˇ uˇ yeˇ niˈ·，ɕiauˇ tɤˈ· puˇ ɕiauˇ tɤˈ·，pʻiˇ taˈ nəˈ·，
　　聽　説　五　月　裏，曉　得　不　曉　得，閣　大　了，

　　ɕiauˇ tɤˈ· puˇ ɕiauˇ tɤˈ·?
　　曉　得　不　曉　得?

b：ɕiauˇ tɤˈ·。——ɕiauˇ tɤˈ·。tsueiˈ yˇ tɕinˈ tɕʻiouˇ tsʻaŋˇ xaiˇ
　　曉　得。——曉　得。最　如　今　球　場　還

　　tʻiauˇ tsɤˇ pienˈ naiˇ n(i)auˈ·。
　　掉　這　邊　來　了。

a：tʻiauˇ tsɤˇ pienˈ naiˇ nəˈ·。tʻaˈ naˈ pienˈ sïˈ sənˈ· moˈ· tiˈ
　　掉　這　邊　來　了。他　那　邊　是　什　麼　地

　　faŋˈ?
　　方?

b：naˈ pienˈ sïˈ tsɤˇ koˈ· kuaŋˇ poˇ tienˈ tʻaiˈ，xanˈ kʻouˇ sïˈ
　　那　邊　是　這　個　廣　播　電　台，漢　口　市

　　tiˈ·。
　　的。

a：tsɤˇ niˈ· iouˇ ɕieˈ sənˈ· moˈ· niˈ·? uˇ tsʻaŋˈ tsɤˇ niˈ· iouˇ ɕieˈ
　　這　裏　有　些　什　麼　呢? 武　昌　這　裏　有　些

səṇ˥˩ moˀ˥˩ niˀ˥˩?
什 麼 呢?

b： uˋ tsʻaŋˀ tɕiouˋ sïˀ tsɤˋ koˀ˥˩ tso˥ tau˥ tɕʻienˀ naˀ˥˩, xaiˋ iouˋ
武 昌 就 是 這 個 卓 刀 泉 呐, 還 有

tsɤˋ xoŋˋ sanˀ, noˋ tɕiaˀ sanˀ, ɕinˀ tɕinˀ tso˥ nəˀ˥˩ koˀ˥˩ uˋ
這 洪 山, 珞 珈 山, 新 近 做 了 個 武

xanˀ ta˥ ɕioˋ.
漢 大 學。

a： niˋ uˋ tsʻaŋˀ xanˀ iaŋˋ xanˀ kʻouˋ sanˀ tɕʻɤˋ ti˥ faŋ˥ uanˋ
你 武 昌 漢 陽 漢 口 三 處 地 方 玩

koˀ˥˩ nəˀ˥˩ ɕieˀ səṇ˥˩ moˀ˥˩ ti˥ faŋ˥? xaiˋ iouˋ səṇ˥˩ moˀ˥˩ ti˥
過 了 些 什 麼 地 方? 還 有 什 麼 地

faŋ˥ kʻɤˋ uanˋ koˀ˥˩ tiˀ˥˩ saiˀ˥˩?
方 去 玩 過 的 煞?

b： xanˀ kʻouˋ tɕiouˋ sïˀ moˋ sïˀ tsoŋˀ (s)anˀ koŋˀ yenˋ naˀ˥˩,
漢 口 就 是 麼 事 中 山 公 園 呐,

naˀ iˋ tai˥ uanˋ nəˀ˥˩ xaˀ˥˩, xanˀ iaŋˋ tɕiouˋ sïˀ tai˥ kueiˀ
那 一 帶 玩 了 下, 漢 陽 就 是 待 歸

yenˋ sïˀ aˀ˥˩ kʻɤˋ koˀ˥˩ xueiˋ.
元 寺 阿 去 過 回。

故事

oˋ ɕienˀ tsaiˀ aˀ˥˩, soˋ iˋ koˀ˥˩ ɕiauˀ xuaˀ. iˋ koˀ˥˩ nauˋ ɕienˀ
我 現 在 阿, 説 一 個 笑 話。 一 個 老 先

səṇˀ tʻa˥ iouˋ sïˀ koˀ˥˩ nyˋ ɕyˀ. tʻa˥ ta˥ nyˋ ɕyˀ sïˀ koˀ˥˩ maˋ tsïˀ˥˩,
生 他 有 四 個 女 婿。 他 大 女 婿 是 個 麻 子,

ɤˋ nyˋ ɕyˀ sïˀ koˀ˥˩ paiˀ tsïˀ˥˩, sanˀ nyˋ ɕyˀ sïˀ koˀ˥˩ poˋ tsïˀ˥˩, tsɤˋ
二 女 婿 是 個 pai 子, 三 女 婿 是 個 跛 子, 這

koˑ —— sïˉ nyˇ ɕyˉ sïˉ koˑ ɕiaˇ tsïˑ.
個 —— 四 女 婿 是 個 瞎 子。

tsɤˇ koˑ taˉ nyˇ ɕyˉ……t'aˉ……. iouˇ iˇ t'ienˉ t'aˉ nauˇ ɕienˉ
這 個 大 女 婿……他……。 有 一 天 他 老 先

sənˉ tsoˉ nouˇ sïˉ sueiˉ souˉ tiˑ sïˉ xouˇ neˑ, t'aˉ sïˉ koˑ nyˇ
生 做 六 十 歲 壽 的 時 候 勒, 他 四 個 女

ɕyˉ touˉ tauˉ tɕ'iˇ n(i)auˑ. t'aˉ taˉ nyˇ ɕyˉ t'aˉ iauˉ tsoˉ saŋˉ
婿 都 到 齊 了。 他 大 女 婿 他 要 坐 上

ueiˉ. tɕ'iˇ yˇ sanˉ koˑ nyˇ ɕyˉ touˉ puˇ k'ənˇ. tsaiˉ tiˉ ɤˇ koˑ
位。 其 餘 三 個 女 婿 都 不 肯。 再 第 二 個

nyˇ ɕyˉ iauˉ tsoˉ saŋ ueiˉ eˑ, tɕ'iˇ yˇ sanˉ koˑ ieˇ puˇ k'ənˇ.
女 婿 要 坐 上 位 誒, 其 餘 三 個 也 不 肯。

nauˉ naŋˉ tsənˉ tsï puˇ tɕyeˇ tiˑ sïˉ xouˇ neˑ, naˉ koˑ nauˇ
鬧 嚷 爭 執 不 決 的 時 候 呐, 那 個 老

ɕienˉ sənˉ soˇ:"niˇ mənˑ naiˇ soˇ, meiˇ koˑ nənˇ soˇ sïˉ tɕyˉ
先 生 説:你 們 來 説, 每 個 人 説 四 句

xuaˉ." əˑ, taˉ nyˇ ɕyˉ t'aˉ tɕiouˉ soˇ, t'aˉ soˇ:"maˇ tsïˉ maˇ
話。" ə, 大 女 婿 他 就 説, 他 説:麻 只 麻

tauˉ oˇ tiˑ mienˉ aˑ tɕiaŋˉ naiˇ iˇ tinˉ tsoˉ tsïˉ ɕienˉ, tsïˉ iouˇ
到 我 的 面 阿 將 來 一 定 做 知 縣, 只 有

tsïˉ ɕienˉ kuanˇ pɤˇ ɕinˉ, mɤˇ tɤˇ pɤˇ ɕinˉ kuanˇ tsïˉ ɕienˉ." t'aˉ
知 縣 管 百 姓, 没 得 百 姓 管 知 縣。 他

pənˉ naiˇ naiˑ koˑ, t'aˉ soˇ t'aˉ tsoˉ kuanˉ aˑ. t'aˉ naiˑ koˑ nauˇ
本 來 那 個, 他 説 他 做 官 阿。 他 那 個 老

ɕienˉ sənˉ tɕiouˉ soˇ:"tsïˉ ɕienˉ inˉ kaiˉ tsoˉ saŋˉ t'ouˑ." t'aˉ
先 生 就 説:知 縣 應 該 坐 上 頭。 他

tɕiouˉ iauˉ naŋˉ tsɤˇ koˑ taˉ nyˇ ɕyˉ tsoˉ saŋˉ t'ouˑ. t'aˉ ɤˇ nyˇ
就 要 讓 這 個 人 女 婿 坐 上 頭。 他 二 女

çy˥ t'a˥ iou˥ pu˩ k'ən˩, t'a˥ so˩ : "xai˩ iou˩ o˩ so˩ ne˥˨." t'a˥ so˩:
婿　他　又　不　肯，　他　説：還　有　我　説　呐。　他　説：

"çia˩ tsï˩ çia˩ n(i)au˥˨ o˩ ti˥ ien˩ a˥˨。 o˩ çia˩ tsï˥˨ çia˩ tɤ˥˨ k'u˩,
瞎　只　瞎①　了　我　的　眼　阿。 我　瞎　子　瞎　得　苦，

tçiaŋ˥ nai˩ i˩ tin˥ tso˥ tsï˥ fu˩, tsï˩ iou˩ tsï˥ fu˩ kuan˩ pɤ˩ çin˩,
將　來　一　定　做　知　府，　只　有　知　府　管　百　姓，

e˩ tsï˥ fu˩ kuan˩ tsï˥ çien˥, mɤ˩ tɤ˩ tsï˥ çien˥ kuan˩ tsï˥ fu˩."
呃　知　府　管　知　縣，　沒　得　知　縣　管　知　府。

t'a˥ pən˩ nai˩ tsɤ˩ ko˥˨ iou˩ pi˩ tsï˥ çien˥ ta˩ i˩ tçi˩ nə˥˨, tsɤ˩
他　本　來　這　個　又　比　知　縣　大　一　級　了，　這

ko˥˨ t'a˥ nau˩ çien˥ sən˥ tçiou˩ iau˩ tsɤ˩ ko˥˨ ɤ˩ ny˩ çy˥ tso˥ saŋ˥
個　他　老　先　生　就　要　這　個　二　女　婿　坐　上

t'ou˥˨。 san˥ ny˩ çy˥ t'a˥ iou˩ pu˩ k'ən˩, t'a˥ so˩: "xai˩ iou˩ o˩."
頭。　三　女　婿　他　又　不　肯，　他　説：還　有　我。

t'a˥ tçiou˩ so˩ a˥˨: "pai˥ tsï˥˨ sou˩ uan˩ tsï˥˨ çi˩ a˥˨, tçiaŋ˥ nai˩ i˩
他　就　説　阿：pai˥ 子　手　腕　子　細　阿，　將　來　一

tin˥ (i)au˥ tso˥ xuan˩ ti˥, tsï˩ iou˩ xuan˩ ti˥ kuan˩ tsï˥ fu˩ a˥˨,
定　要　做　皇　帝，　只　有　皇　帝　管　知　府　阿，

mɤ˩ tɤ˩ tsï˥ fu˩ kuan˩ xuan˩ ti˥." t'a˥ tçiou˥ pi˩ tsɤ˩ ko˥˨ tsï˥ fu˩
沒　得　知　府　管　皇　帝。"　他　就　比　這　個　知　府

iou˥ iau˥ ta˥ i˩ tçi˥ nə˥˨。 xau˩, na˥˨ ko˥˨ nau˩ çien˥ sən˥ t'a˥
又　要　大　一　級　了。　好，　那　個　老　先　生　他

tçiou˥ tç'in˩ san˥ ny˩ çy˥ tso˥ kau˥ t'ou˥˨。 na˥ sï˥ ny˩ çy˥ t'a˥ iou˥
就　請　三　女　婿　做　高　頭。　那　四　女　婿　他　又

so˩, t'a˥ so˩: o˩ tsɤ˩ ko˥˨ po˩ tsï˥˨ i˩ tsou˩ i˩ k'u˥ əL, tçiaŋ˥
説，　他　説：我·這　個　跛　子　一　走　一　k'u˥ 呃，　將

_____

①　從此地起，發音人自己把故事上的人物説得前後不合了。

naiↄ iↄ tin˧ iau˧ tsoˊ xuaŋↄ ti˧ ti˩ fu˧ a˩，tsïↄ iouↄ fu˧ kuanↄ
來　一　定　要　做　皇　帝　的　父　阿，只　有　父　管

tsïↄ，mˠↄ kˠↄ tsïↄ kuanↄ fu˧。"……
子，　没　得　子　管　父。……

二. 漢口

A. 發音人履歷

發音人	2a	2b
年齡	17 歲	16 歲
原籍	漢口	漢口
職業	學生	學生
教育程度	初中	初中
幼時語言環境	在本地小學讀書	同左
教師方言	本地	本地
住過的地方	武昌二年	同左
曾否學國語	未	未
能否説別處話	不能	能説黃陂話

二十五年五月五日吳宗濟記音

B. 聲韵調表

1. 聲母

p	半敗	p'	盼婆	m	門		f	法
t	多代	t'	他同	n	南連年逆忍			
ts	子棧篆	ts'	促愁船			s	三沙睡	z̩ 鋭
tɕ	節結局猪	tɕ'	七求缺出			ɕ	小曉樹
k	歌共	k'	看狂	ŋ	我哀		x	化恨

○ 而窩堯若未園以永絨閏入

2. 韵母

ï	此石	a	巴答殺家	o	婆脱作何	ɤ	麥特蛇革而
i	彼栗西邑	ia	佳家	io	略覺		ie 滅爹謝葉
u	步忽	ua	刷瓜話			uɤ 國	
y	女菊						ye 拙靴

ai	敗代在鞋	ei	卑内罪	au	包到趙考	ou	畝杜初口
				iau	表條消妖	iou	牛囚欲
uai	帥怪外	uei	追桂委				

an	板南算暗			ən	分等沉耕		
		ien	邊念减言			in	稟丁旬應
uan	篆官萬			uən	坤横		
		yen	選軟			yin	均永閏

aŋ	邦堂倉巷	oŋ	目通宋弘
iaŋ	娘講	ioŋ	兄絨
uaŋ	莊光		

3.聲調

陰平	陽平	上	去
ㄱ	ㄟ	ㄥ	ㄱ
專	牀七納白	楚武	倍菜謝

C. 聲韵調描寫

1.聲母

漢口聲母,按音位定爲十九個;更依發音部位,分p,t,ts,tɕ,k,○六組。

p組p,pʻ,m,f。f在u韵中有時唇齒的接觸極鬆,聽起來有些像x。

t組t,tʻ,n。n是個變值音位,在洪音之前讀n或l不定;在細音之前大致全讀n,只偶爾讀成鼻化的l。一字這次讀n那次讀l的也數見不鮮。

ts組的ts,tsʻ,s三個舌尖前音比北平的ts,tsʻ,s部位靠後一點。ʐ是個舌尖後音。在漢口,這一母下僅有一個'銳'字。

tɕ組的tɕ,tɕʻ,ɕ在開口中韵前讀成普通的舌面前音,不過遇i爲主要元音時部位特別偏前。如在合口韵前這三個音又都加上一點舌尖的作用,音色就近乎舌尖面混合音tʃ,tʃʻ,ʃ了。

k組k,kʻ,ŋ,x。ŋ讀得極弱,有時候,舌根並碰不到軟顎,實際就是鼻化的ɤ給人家一個ŋ的印像。更有些時候,舌根簡直一些也不動,鼻音也沒有了,全音就變作喉閉塞ʔ。

○的開口洪音只有o與ɤ。此外有高元音i,u與y。

2.韵母

ï只與ts,tsʻ,s拼,所以只有ɿ一讀。因聲母的關係(見上),它的部位也比北平的ɿ靠後。

i在p,t兩組聲母後讀得鬆一點;在tɕ組後或無聲母時比較緊,有時前面似乎還有個j存在。

u比標準元音u開。

y實際是帶舌尖作用的圓唇前高元音，用嚴式音標當寫作yʮ。

a,ia,ua。a單獨時部位平均，在ia中近前a，在ua中近後ɑ，但都不到極端。

o,io。o都是很開的，有時簡直近於ɔ。

ɤ,uɤ。ɤ相當於標準元音o的開唇，只在無聲母時讀得更關一點。前面配上一個介母u，部位又受影響而偏後些。

ie,ye。e在ie中較關，在ye中較開。

ai,uai。ai在"動程"比北平的ai長，約自a至e。（北平æe）。

ei,uei。ei的起始在p組聲母與u後是偏央的e，音色暗，在t,ts兩組聲母後是很清楚的e，音程也比較長。

au,iau。a與a,ia韵的a同。u極鬆。

ou,iou。o實際讀ɔ，在uɔi中比在uɔ中短。u開。

an,uan。a普通讀成前a，只是與k組聲母相拼時偏後些。介音u遇ts,ts',s時偶有變作ʮ的。

ien,yen。e都讀成開ɛ。

ən,uən。讀法與北平同。

in,yin。兩個都是開ɪ。不過yin的主要元音並不是i而是y，y與y韵的y同，i不過是由y到n之間的一個過程。

aŋ,iaŋ,uaŋ。a的讀法分別與a,ia,ua韵同。

oŋ,ioŋ。o都比標準元音o關。

3. 聲調

陰平由"半高"升至"高"（45），寬式用高平調號（˥55）。

陽平由"半低"降至"低"再升至"中"（213），寬式用低降升調號（˪313）。

上聲是中降調（˯42）。

去聲是高升調（˦35）。

D. 與古音比較

1. 聲母

古母分類及發音方法影響條件 ＼ 今聲母分讀及影響條件	全清塞	次清塞	全濁塞（平）	全濁塞（仄）	次濁	清擦	濁擦（平）	濁擦（仄）
幫組	幫：p	滂：pʻ	並：pʻ	並：p	明：m			
非組					微：u	非／敷：f	奉：f	
端組泥（一二等・三四等）	端：t	透：tʻ	定：tʻ	定：t	泥：n　來：n			
精組（洪）	精 ts	清 tsʻ	從 tsʻ	從 ts		心 s	邪 s	邪 tsʻ,ɕ
精組（細）	精 tɕ	清 tɕʻ	從 tɕʻ	從 tɕ		心 ɕ	邪 ɕ	
莊組（內轉・外轉）	莊（照二） ts	初（穿二） tsʻ	崇（牀二） tsʻ	崇 ts;s／ts		生（審二） s	ts	ts;tɕ
知組（梗二等韻其他・今開・今合）	知 ts；tɕ [1]	徹 tsʻ；tɕʻ	澄 tsʻ;tɕʻ	澄 ts;tɕ				
章組（今開・今合）	章（照三） ts；tɕ [1]	昌（穿三） tsʻ；tsʻ;tɕʻ	船（牀三） s；ts:tɕ			書（審三） s；s;ɕ	禪 tsʻ,s／ts;ɕ	禪 s／s;ɕ

發音方法及影響條件 古母今讀 古聲組及影響條件			全清塞	次清塞	全濁塞		次濁	清擦	濁擦	
					平	仄			平	仄
日母	今開	止（附質）					○			
		其他					n·i⁽²⁾			
	今合						y			
見組曉	開	一等	k	k‘				x		x
		二等	k·tɕ	k‘·tɕ‘				x·ɕ		x·ɕ
		三四等	tɕ	tɕ‘	tɕ‘	tɕ	ŋ·i	ɕ		ɕ
	合	一二等	k	k‘	k‘	k	u；○	x	匣	x
		蟹止合 三四等	k	k‘	*	*	u	x		x
		通舒	k	k‘	tɕ‘	k	?	ɕ		*
		其他	tɕ	tɕ‘	tɕ‘	tɕ	y	ɕ		ɕ
			見	溪	羣	羣	疑	曉		
影組	開	一等	ŋ							
		二等	ŋ·i							
		三四等	i				喻 i			
	合	一二等	u；○				*			
		蟹止合 三四等	u				u			
		通	i				i			
		其他	y				y			
			影				喻			

2. 韵母

第一表

攝別＼聲母/等/呼	開 一等 幫系	開 一等 端系	開 一等 見系	開 二等 幫系	開 二等 泥組	開 二等 知莊組	開 二等 見系	三四 幫系	三四 端系	三四 莊組	三四 知章組	三四 日母	三四 見系
果	*	o	o	a	a	a	a；ia̠	*	ie	*	ɤ	ɤ	ie
(遇)										*			
蟹	*	ai	ai	ai	ai	ai	ai,ia	ei,i	i	*	ï	*	i
止	au	*	au		*	*	au,iau	i,ei	i;ï	ï	ï	ɤ	i
流	ou	ou	ou					ou·u;iau	iou	ou	ou	ou	iou
效	au	au	au	au	au	au	au,iau	iau	iau	*	au	au	iau
咸	*	an	an	an	*	an	an,ien	ien	ien	*	an	an	ien
山	*	an	an	an	*	an	an,ien	ien	ien	*	an	an	ien
宕	aŋ	aŋ	aŋ	aŋ	*	uaŋ	aŋ,iaŋ	*	iaŋ	uaŋ	aŋ	aŋ	iaŋ

摄列	开 一			二				三 四					
声母	帮系	端系	见系	帮系	泥组	知组庄	见系	帮系	端系	庄组	知组章	日母	见系
深		*	ue			*		in	in	ue	ue	ue	in
臻	*	ue	ue			*		in	in	ue	ue	ue	in
曾	uoŋ·ue	ue				*		in	in	*	ue	ue	in
梗	*	*		uoŋ·əŋ	ue	ue	əŋ·in	in	in	*	ue	*	in
(通)						*				*			
咸入	*	a	o	a	*	a	a,ia	*	ie	*	ɤ	*	ie
山入	*	a	o	a	*	a	a,ia	ie	ie	*	ɤ	ɤ	ie
宕入	o	o	o	o	*	o	o,io	*	io	*	o	io	io
深入		*				*		*	i	ɤ	ï	y	i
臻入		*				*		i	i	ɤ	ï	ɤ	i
曾入	ɤ	ɤ	ɤ			*		i	i	ɤ	ï	*	i
梗入	ɤ	*		ɤ	*	ɤ	ɤ	i	i	*	ï	*	i
(通入)		*				*				*			

第 二 表

攝＼（呼·等·聲母）	合												
	三　四							二			一		
	見系	日母	知章組	莊組	精組	泥組	幫系	見系	莊組	幫系	見系	端系	幫系
果	ye				*			ua	*	*	o	o	o
遇	y	y	y	ou	y	y	u		*	*	u	ou	u
蟹	uei	*	uei	*	ei	*	ei	uai, ua	*	*	uei, uai	ei	ei
止	uei	*	uei	uai	ei	ei	ei;i;uei		*	*	*	*	
（效）				*					*		*	*	
（流）				*					*		*	*	
咸		*	*	*	ien		an		*		*	*	an
山	yen	yen	uan	uan	ien	ien	an;uan	uan	uan	*	uan	an	*
宕	uaŋ	yen	yen	*		ien	aŋ;uan	uan	*		uaŋ		*

呼 / 等 / 声母 / 摄别	合 一 帮系	合 一 端系	合 一 见系	合 二 帮系	合 二 庄组	合 二 见系	合 三四 帮系	合 三四 泥组	合 三四 精组	合 三四 庄组	合 三四 知章组	合 三四 日母	合 三四 见系
（深）	ue	ue	uen		*	ʃo；uen	uen；ue	ue	ui	*	*		yin
臻	ue		ioŋ	*	*		ioŋ	ioŋ		*	yin	yin	yin
曾	ioŋ	ioŋ	ioŋ		*	ua	ioŋ	ioŋ	ioŋ	ioŋ	yin	ion	yin，ion
梗	o	o	o	*	ua	ua	a	ie	ie	*	on		on，ion
通	n	o	o		*		a；ua	ie		*	o	*	ye
咸入		ou	n	*	*	*	o	o	y	*			y
山入		*	ɤn		*	*	u	y	y	*	o	*	y
宕入			n		*	ɤn		y			y		y
（深入）	u		n		*					*			
臻入	u	ou	yn		*		u；ŋ(1)	y	y	*	y	*	y
曾入		*	ɤn	*		*							y
梗入	u	*	yn		*		u	y	*	*	y	*	y
通入	u；ŋ(1)	no	n		*		ioŋ(1)	no	ou	ou	ou	ou	iou；y(2)

3.聲調

古類 \ 影響條件 \ 今值類		陰 平	陽 平	上	去
平	清	﹁			
	濁		﹨		
上	清			﹨	
	次 濁			﹨	
	全 濁				∕
去	清				∕
	濁				∕
入	清		﹨		
	次 濁		﹨		
	全 濁		﹨		

附注：

聲母：—

(1)知章兩組合口在遇臻兩攝中讀tɕ等；其他讀ts等。

(2)日母今開（除止攝與質韵字）逢o,oŋ韵讀i-；其他讀n。

韵母：—

(1)通入幫系,明母字讀oŋ；其他讀u。

(2)通三入(屋三,燭)見系字,見組讀y,曉影兩組讀iou。

E. 同音字表

今調	陰平 ˥	陽平 ˩	上 ˩	去 ˥
今韻	ï			
廣韻	祭‖脂;之;支‖緝‖質‖職‖昔（均開口）			
p				
pʻ				
m				
f				
t				
tʻ				
n				
ts	之;知,支‖隻入	置去‖執‖姪,質‖直值植,殖禪‖擲	子	自,致,至;字,志;翅審
tsʻ		遲‖秩澄入‖赤	恥;此	滯澄‖次;伺心;賜心
s	師;思,斯,施	時‖十‖實‖食蝕‖石	矢;使,始	世‖四,示;似,士、事,試,市;是‖式飾入
ʐ̩				
tɕ				
tɕʻ				
ɕ				
k				
kʻ				
ŋ				
x				
○				

今調	陰平 ㄱ	陽平 ㄩ	上 ㄴ	去 ㄱ
今韵	i			
廣韵	祭;齊‖脂;之;支;微‖緝‖質;迄;職‖昔;陌三;錫(均開口)			
p		必‖逼‖碧;壁	比;彼	
pʻ		弼並入‖僻,闢並入	鄙痞幫,丕平	
m			米	秘泌幫
f				
t		的,笛	底	帝₁,弟、第‖地
tʻ		堤提		
n		梨;離‖立‖栗‖力‖逆;歷	禮‖你,李里 裏理	例;麗隸‖痢
tɕ		緝清,集,急,級,及,吸曉‖疾,吉‖極‖積;激	己;幾	祭;計繼‖紀上、記,忌,寄;技妓;季合
tɕʻ	妻,棲心,溪‖期羣	齊;其旗;奇‖七;乞‖戚,喫	起	器;氣
ɕ	西,奚兮匣;攜匣合‖希	習‖恤合‖息‖席	洗‖喜;璽支心	系‖戲;遂脂邪合
○	衣依	夷;疑;宜,移;遺合‖噎屑‖邑‖一,逸‖憶‖亦	以,矣	藝‖義議

今調	陰平 ˥	陽平 ˩	上 ˦	去 ˥
今韵	u			
廣韵	模;虞‖尤‖没;物‖屋;沃			
p		不		步₁
pʻ		勃並‖卜幫入,僕曝瀑並入	譜幫,普	步₂ 並
m				
f		服	府,腐奉	父、附‖婦負
k	孤	骨		故
kʻ		哭;酷	苦	
ŋ				
x	乎匣	狐‖忽	虎	户
○	烏	吾;無‖物‖屋	五午;武	務‖戊侯明

今韵	y			
廣韵	魚;虞‖緝‖術;物‖職‖昔‖屋三;燭			
t				
tʻ				
n		律	女	
tɕ	猪;拘俱	橘‖菊;局	主	著,巨;聚,柱、住,句,颶
tɕʻ	摳,區	除‖出;屈‖曲		
ɕ	書,虚;須	徐‖戌	暑鼠,許	序;樹
○		如,魚,於影,餘余、與上;儒,于‖入‖鬱‖域‖疫役	吕来;羽	遇

今調	陰平 ˥	陽平 ˩	上 ˩	去 ˥
今韻	a			
廣韻	麻二‖合;盍;洽;狎;乏‖曷;鎋;黠;月			
p	巴	八,拔	把	
p'				怕
m	[媽]	麻	馬碼	
f		法‖髮		
t		答搭‖達	打庚	大泰
t'	他歌	踏;塔		
n	拉入	拿‖納;臘‖辣癩	[哪]	[那]
ts		雜;閘‖扎		乍
ts'		插‖察		詫
s	沙	殺;刹穿	撒入	
k	家			
k'				
ŋ				
x				下

今韻	ia			
廣韻	麻二‖佳‖洽;狎‖鎋(均開口)			
tɕ	家‖佳	甲,匣匣;挾帖匣	假1(真‖,‖借)賈	假2(放‖)
tɕ'		恰		
ɕ		霞‖狹‖瞎		下
○	鴉	牙‖鴨‖[伢]		

今調	陰平 ˥	陽平 ˩	上 ˩	去 ˥
今韵	ua			
廣韵	麻二‖佳;夬‖鎋;黠(均合口)			
ts ts' s		刷		
k k' ŋ x	瓜	刮 華划‖滑	［垮］(倒塌)	掛 化‖畫;話
○	蛙	挖	瓦	

今調	陰平ㄱ	陽平ㄩ	上ㄟ	去ㄟ
今韵	o			
廣韵	歌;戈一‖合;盍‖曷;末;薛‖鐸;覺;藥			
p	波,玻滂	剝;縛奉藥	跛	
p'	坡	婆		
m		末‖莫‖没没	麽(‖事)	
f				
t	多			舵
t'		馱‖脱‖託	妥	
n		羅;騾‖洛		
ts		作,昨;桌,捉;酌	左	做;坐
ts'				
s		説2	所魚	
k	歌哥;鍋	鴿‖割‖各;郭	果	個;過
k'		闊	可	課
ŋ		鵝‖惡;握‖沃沃	我	
x		何‖合;盍‖喝;活‖鶴;霍	火	禍
○	窩			

今調	陰平 ㄱ	陽平 ㄴ	上 ㄥ	去 ㄱ
今韵	io			
廣韵	覺;藥			
t tʻ n		略,虐		
tɕ tɕʻ ɕ		覺;脚 確;雀精 學;削		
○		若,約		

今調	陰平ㄱ	陽平ㄥ	上ㄱ	去ㄱ
今韵		ɤ		
廣韵		麻三‖脂;之;支‖葉‖薛‖緝‖櫛‖德;職‖陌二;麥（均開口）		
p		北‖百,白		
p'		泊並鐸‖迫幫入,拍		
m		麥		
f				
t		得德		
t'		忒,特定入		
n		熱	惹	
ts		則‖責		［這］
ts'		徹,澈澄入‖側照入,測‖澤宅擇澄入		
s		蛇‖涉‖舌,設‖濕‖瑟‖色		
k		格;革		個2歌
k'		刻		去魚
ŋ		厄		
x		黑‖赫		
○		而‖日	爾	貳二

今調	陰平┐	陽平╯	上╰	去┐
今韵	uɤ			
廣韵	德(合口)			
k kʻ ŋ		國		
x		或		

今韵	ie			
廣韵	麻三‖葉;業;帖‖薛;月;屑			
p pʻ m f		別 撇 滅	癟入	
t tʻ n	爹	帖‖鐵 聶‖列,辇;臬;劣		
tɕ tɕʻ ɕ	嗟 些	接;刼‖傑;竭;節,結;絶 切 脅;協‖薛	寫	謝
○		葉;業‖謁	也野	夜

今調	陰平 ㄱ	陽平 ㄥ	上 ㄥ	去 ㄱ
今韵	ye			
廣韵	戈三‖薜;月;屑(均合口)			
tɕ		拙;掘;決		
tɕʻ		缺		
ɕ	靴	説;穴		
○		閲;月,越曰		

今韵	ai			
廣韵	咍;泰;皆;佳;夬(均開口)			
p				拜;敗
pʻ				派
m		埋	買	
f				
t				待、代;帶
tʻ		臺		泰
n		來	乃;奶	賴
ts	齋			再,在
tsʻ		柴	彩	菜;蔡
s				寨牀
k	該;皆偕,諧匣		改;解	概;蓋;介界戒,械匣
kʻ	開			愾
ŋ	哀		矮	愛;艾
x		孩;鞋‖還(‖是)删合		亥;害

今調	陰平 ˥	陽平 ˩	上 ˩	去 ˥
今韵	uai			
廣韵	泰;皆;夬‖脂;支(均合口)			
ts				
tsʻ			揣	
s				帥
k				怪
kʻ			塊去	會(丨計)見;快
ŋ				
x		懷		
○	歪曉			外

今韵	ei			
廣韵	祭;灰;泰;廢‖脂;支;微			
p	卑;悲;碑			敝;背,倍;貝‖臂,被
pʻ	披			配,佩並
m		梅	靡	
f	飛	肥		廢,肺
t				帝齊;對;兌
tʻ				
n				內‖類;累
ts				罪;最‖悴
tsʻ				脆‖粹心
s				歲

今調	陰平 ┐	陽平 ┘	上 ∨	去 ┐
今韵	uei			
廣韵	灰;泰;祭;齊‖脂;支;微(均合口)			
ts	追,錐			
tsʻ		垂		
s		隨支邪		稅‖睡瑞
ẓ				鋭
k	龜;歸			桂
kʻ				
ŋ				
x	灰	回	毀	會;惠;彗喻‖諱,彙喻
○	威	維惟;危,爲;圍	委	位;未,畏

今調	陰平ㄱ	陽平ㄩ	上ㄥ	去ㄱ
今韵	au			
廣韵	豪;肴;宵			
p pʻ m f	包	袍;跑	保	抱 貌
t tʻ n	［撈］	桃 牢;饒	倒 老	到 套 鬧
ts tsʻ s	遭;昭 操		早‖［找］ 草;炒 掃	趙,照 糙造 紹
k kʻ ŋ x		毫	稿;攬 考 好	告 奧 號

今調	陰平 ㄱ	陽平 ㄐ	上 ㄥ	去 ㄱ
今韵	iau			
廣韵	肴;宵;蕭‖幽			
p p' m f		苗貓	表	謬
t t' n	挑	條 燎;聊	了	釣 跳
tɕ tɕ' ɕ	教 消;蕭	喬 淆餚	巧 小;曉	教;叫 孝,校効;笑
○	妖	堯	舀	要

今調	陰平 ˥	陽平 ˩	上 ˩	去 ˥
今韵	ou			
廣韵	模;魚;虞‖侯;尤‖没‖屋;沃;燭			
p p' m f		 謀 	剖 某畝 否	
t t' n	都	讀;篤 圖‖頭‖突‖禿 奴‖柔;鹿;六陸,肉;綠,辱	賭肚‖斗 努	杜鬥 路‖漏
ts ts' s	周 初,鋤牀	卒‖竹;足,燭囑 愁‖族從入,促,觸 蕭,縮,熟;續,屬	走 楚‖丑	做‖就尤從 助牀‖奏 素;數‖獸
k k' ŋ x	 歐	 侯	 口 偶	 候後

今韵	iou			
廣韵	尤;幽‖屋三;燭			
t t' n		 牛	 紐	
tɕ tɕ' ɕ	秋 休	囚,求球	糾	就,舅
○		由猶,尤‖欲	有	幼‖育入

今調	陰平┐	陽平↙	上↘	去┐
今韵	an			
廣韵	覃;談;咸;銜;鹽;凡‖寒;山;删;仙;桓;元			
p			板	辦;半
pʻ		[蠻](|好)		盼;判,叛並
m				慢
f	翻	凡	反	范‖飯
t			短	旦
tʻ	貪	談		歎
n		南;藍‖難;然	染‖暖	亂
ts	沾		斬‖綻去;展	暫‖棧
tsʻ	餐	殘	慘‖剷,産審	
s	三;衫‖山	蟬	陝	扇;算
k	干		感;敢‖桿‖[趕]	
kʻ				看
ŋ	安			暗‖岸
x		含‖寒		漢

今調	陰平 ˥	陽平 ˩	上 ˥	去 ˥
今韵	uan			
廣韵	桓;山;刪;仙;元(均合口)			
ts	專			篆,倦羣
tsʻ		船		
s	閂			
k	官觀;鰥			貫;慣
kʻ			皖匣	
ŋ				
x	歡		緩匣	唤,换
○	彎	完丸匣	碗	萬

今韵	ien			
廣韵	咸;銜;鹽;嚴;添‖山;刪;仙;元;先			
p	邊		貶	辨;辯
pʻ		便		偏幫,片
m				
f				
t			點‖典	店
tʻ	天			
n	研疑平	廉;鮎‖連聯;年		驗;念‖戀
tɕ	監‖間		減‖剪;繭	漸‖諫;件;建;見
tɕʻ	謙‖千	鉗‖錢;全		
ɕ	仙鮮;先	銜;嫌‖賢	險‖癬	陷‖限;憲;現;縣合
○	煙	嚴‖言	眼;演	厭‖晏;硯

今調	陰平┐	陽平╲	上╲	去┐
今韵	yen			
廣韵	仙;元;先(均合口)			
tɕ tɕʻ ɕ	軒掀開;宣心合;暄	弦開;玄懸	選心合	
○		緣沿鉛;元,園	軟;阮,遠	院

今韵	ən			
廣韵	侵‖痕;臻;真;魂;諄;文‖登;蒸‖庚;耕;清			
p pʻ m f	崩 分	 彭 門 	本 	 奮
t tʻ n	 吞 	 壬‖人;倫‖能;仍	等 忍‖冷	頓 認
ts tsʻ s	臻;真‖增;徵‖争,貞,偵徹 撐 森,深‖身申‖生	 沉‖陳,臣;存‖成誠 晨‖繩	[怎] 審	鄭,政正 盛
k kʻ ŋ x	跟‖耕 恩 	 恒	亘 懇‖肯 很狠	更 硬 恨

今調	陰平 ˥	陽平 ˩	上 ˦	去 ˥
今韵	uən			
廣韵	魂;文‖庚二(均合口)			
k kʻ ŋ x	坤 昏	 橫		
○	溫	聞文	穩	問

今韵	in			
廣韵	侵‖真;欣;諄‖蒸‖庚;耕;清;青			
p pʻ m f	冰 [乒]	 貧‖平;瓶 民‖名	稟 品 敏	並 命
t tʻ n	丁	 停 林‖鄰‖陵‖靈	頂	 聽 令
tɕ tɕʻ ɕ	侵清,今‖津,巾;斤‖京荊;經 欽‖親‖輕 心‖新‖星腥	 秦‖情 尋‖旬‖行;形		進晉;近‖靜,勁 信‖杏;幸;性姓
○	音‖因‖鶯;英	銀‖凝‖盈;營合	隱‖影	印‖應

今調	陰平 ˥	陽平 ˧˥	上 ˩	去 ˥
今韵	yin			
廣韵	諄;文‖清;庚三(均合口)			
tɕ	均			
tɕʻ	椿,春‖傾	唇;羣‖瓊	頃	
ɕ	勳	純	迴匣	
○		雲	允尹‖永	閏;運‖孕蒸

今韵	aŋ			
廣韵	唐;江;陽			
p	邦			
pʻ		旁		
m		忙		
f	方	房防		放
t	當			蕩
tʻ		堂		
n		郎	朗	讓
ts	張		長	
tsʻ	倉			
s	桑;商	常		尚上
k	剛綱			
kʻ				
ŋʻ				
x				巷

今調	陰平┐	陽平╯	上╰	去┐
今韵	iaŋ			
廣韵	江;陽(均開口)			
t tʻ n		娘	兩	
tɕ tɕʻ ɕ	江 香	詳祥	講;蔣 想	 像象
○		洋陽	仰	樣

今韵	uaŋ			
廣韵	江;陽;唐			
ts tsʻ s	椿;莊 窗	牀		撞澄
k kʻ ŋ x	光	狂 黃		曠;況曉
○	汪	王	往	望,旺

今調	陰平˥	陽平˨	上˦	去˧
今韻	oŋ			
廣韻	登‖庚二;耕‖東;冬;鍾;‖屋			
p pʻ m f	 風;封	朋 萌‖木;目 	 母侯 	碰 孟‖夢 奉
t tʻ n	東 通 	 同 農;隆;龍	 統去 攏	洞 弄
ts tsʻ s	中;鍾鐘 充 鬆;嵩;松	 崇 	總 寵 	衆 送;宋;誦
k kʻ ŋ x	公工功;弓;恭 空₁(‖中) 	 弘‖宏‖紅	 恐 	共 空₂(‖當)
○	翁			

今調	陰平┐	陽平┘	上┘	去┐
今韵	ioŋ			
廣韵	庚三;青‖東三;鍾(均合口)			
tɕ tɕʻ ɕ	兄‖胸	窮 熊雄喻		
○		榮;螢匣‖絨,融;茸		用

F. 音韵特點

1. 聲母

(1)不分ts跟tʂ,古精組知系的洪音全讀ts等,如'三'san,'柴'tsʻai,'陝'san,'篡'tsuan。

(2)尖團不分,古精組見系的細音都顎化,全讀tɕ等;如'千'tɕʻien='謙'tɕʻien,'須'ɕy='虛'ɕy。

(3)知章兩組的合口音在遇臻兩攝中讀tɕ等,如'書'ɕy,'春'tɕʻyin,'出'tɕʻy;其他全讀ts等,如'船'tsʻuan,'稅'suei。

(4)見系二等開口字在蟹攝與梗攝入聲中不顎化,如'介'kai,'厄'ŋɤ;其他則不定,如'講'tɕiaŋ,'巷'xaŋ,'硬'ŋen,'杏'ɕin。

(5)泥來兩母洪細音全混,如'奴'nou='鹿'nou,'念'nien='戀'nien。

(6)日母除'兒''口'等讀ɤ外,其他:今開口韵多讀n,與泥來混,如'肉'nou='六'nou,'然'nan='南'nan;但遇單元音o則失聲母讀i,如'若'io,'絨'ioŋ;今合口一律失聲母讀y,如'人'y,'閏'yin。

(7)疑影兩母開口洪音都讀ŋ,如'艾'ŋan,'暗'ŋan。

(8)疑母三四等開口讀n或失聲母不定,如'逆'ni,'業'ie。

2. 開合

（1）古合口端系一等字全讀開，如‘最’tsei，‘短’tan，‘論’nən。

（2）古合口端系三四等字在遇攝與臻攝入聲中（今純y韵），仍保持合口，如‘女’ny，‘徐’çy，‘律’ny，‘戌’çy；其他全變開口，如‘歲’sei，‘類’nei，‘戀’nien，‘絶’tçie，‘旬’çin，‘倫’nən。

（3）通入知系字今讀開；如‘燭’tsou，‘竹’tsou，‘肉’nou。

3. 韵母

（1）模韵端系與魚虞兩韵莊組字都讀ou，與流攝字混，如‘杜’＝‘鬥’tou，‘鋤’＝‘愁’ts'ou。（入聲没，屋，沃，燭的端系莊組字同。）

（2）魚虞韵的知系字讀y，與見系字混；如‘著’tçy＝‘句’tçy，‘儒’y＝‘餘’y。（入聲術韵同。）

（3）蟹攝合口一三等（灰，泰，祭）與止攝合口的端系字都讀ei，如‘對’tei，‘歲’sei，‘類’nei。

（4）止攝日母字讀ɤ，不捲舌，如‘貳，二’。

（5）咸山兩攝舒聲的主要元音在i與y之後變e；如‘滅’tçien，‘玄’çyen。

（6）山入合口知系字讀o（開口ɤ），如‘説’so。

（7）深，臻，曾，梗的舒聲都收n尾；如‘森’sən，‘貧’p'in，‘徵’tsən，‘名’min。

（8）通入明母字讀oŋ，如‘木’moŋ。

（9）通三入（屋三，燭）見系字，見組讀y，如‘菊’tçy，‘玉’y；曉影兩組讀iou，如‘畜’çiou，‘育’çiou。

4. 聲調

（1）不分陰陽去，如‘士’siꜛ＝‘四’siꜛ＝‘事’siꜛ。

（2）入聲全歸陽平，如‘白’ ꜒pɤ，‘辣’ ꜕na，‘德’ ꜕tɤ。

G. 會話

2 a：niꜜ çinꜛ moꜜ sïꜛ?
　　你　姓　麼　事?

2 b：ɕin˥ tsaŋ˥。
     姓　張。

a：ni˩ ɕin˥ tsaŋ˥ aˑ, ni˩ —— ni˩ u˩ ni˩ tɕy˥ na˩ ni˩?
　你　姓　張　阿，你 —— 你　屋　裏　住　那　裏?

b：tɕy˥ xan˥ kʻou˩。
　住　漢　口　。

a：tɕy˥ xan˥ kʻou˩ aˑ, ni˩ fu˥ tɕʻin˥ tsou˥ mo˩ aˑ?
　住　漢　口　阿，你　父　親　做　麼　阿?

b：fu˥ tɕʻin˥ tsou˥ koŋ˥。
　父　親　做　工。

a：tɕin˥ nien˩ tɕi˩ ta˩ nien˩ tɕi˥ niˑ?
　今　年　幾　大　年　紀　呢?

b：ŋo˩ aˑ, ŋo˩ tɕin˥ nien˩ sï˩ nou˩ sei˩。
　我　阿，我　今　年　十　六　歲。

a：tɕy˥ tsoŋ˥ xua˩?
　住　中　華　?

b：ei˥。
　欸。

a：tɕi˩ nien˩ tɕi˩?
　幾　年　級?

b：ɤ˥ saŋ˥。
　二　上。

a：ɤ˥ saŋ˥ a?
　二　上　阿?

b：ei˥。
　欸。

a：ni˩ mən˥ na˥ ɕien˥ sən˥ tɕiau˥ təˑ xa(i)˩ xau˩ pu˩ xau˩?
　你　們　那　先　生　教　得　還　好　不　好?

b：kʻoˇ təˑ，tsouˉ sïˉ iˇ kəˑ souˉ ɕioˇ ɕienˉ sənˉ。
可　得，　就　是　一　個　數　學　先　生。

a：souˉ ɕioˇ ɕienˉ sənˉ。
數　學　先　生。

b：iouˇ tienˇ paˇ puˇ taˉ xauˇ。
有　點　把　不　大　好。

a：tsɤˉ iˇ tsauˉ aˑ，—— tsɤˉ iˇ tsauˉ kʻauˇ tɤˇ xənˇ puˇ
這　一　遭　阿，——　這　一　遭　考　得　狠　不

xənˇ?
狠?

b：kʻauˇ tɤˇ xənˇ souŋˉ tɤˇ xənˇ məˑ。
考　得　很　鬆　得　很　嘞。

a：xoˇ sïˇ xauˇ puˇ xauˇ niˑ?
火　食　好　不　好　呢?

b：xoˇ sïˇ ieˇ xaiˇ kʻoˇ təˑ xauˇ。
火　食　也　還　可　得　好。

a：kʻoˇ təˑ aˑ，ŋoˇ mənˑ niˇ paiˉ ɤˇ ɕiaŋˇ kʻɤˉ uanˇ uanˑ。
可　得　阿，我　們　禮　拜　日　想　去　玩　玩。

b：kʻoˇ təˑ，kʻoˇ təˑ。
可　得，　可　得。

a：niˇ iauˉ tənˇ ŋoˇ tiˑ aˑ!
你　要　等　我　的　阿!

b：xauˇ。
好。

a：niˇ niˇ paiˉ ɤˇ niˇ iouˇ kʻoŋˉ aˑ?
你　禮　拜　日　你　有　空　阿?

b：niˇ paiˉ ɤˇ iouˇ kʻoŋˉ。
禮　拜　日　有　空。

a：tauˑ pauˈ pinˈ t'aŋˈ uanˈ kanˈ puˈ saŋˈ tauˈ xanˈ k'ouˈ k'ɤˈ
　　到　抱　冰　堂　玩　趕　不　上　到　漢　口　去

uanˈ。
玩。

b：aˈ——xanˈ k'ouˈ naˈ tauˈ tsoŋˈ sanˈ koŋˈ yenˈ niˑ。
　　阿——漢　口　那　到　中　山　公　園　呢。

a：tauˈ tsoŋˈ sanˈ koŋˈ yenˈ——eiˑ——mənˈ k'ouˈ iouˈ koˈ
　　到　中　山　公　園——欸——門　口　有　個

tɕiaŋˈ kaiˈ sïˈ tiˑ ɕiaŋˈ。
蔣　介　石　的　像。

b：k'oˈ təˑ，k'oˈ təˑ——niˈ iauˈ tsaiˈ naˈ niˈ təŋˈ ŋoˈ。
　　可　得，可　得——你　要　在　那　裏　等　我。

a：ŋoˈ tsaiˈ ɕiaˈ uanˈ təŋˈ niˈ——xauˈ puˈ xauˈ?
　　我　在　下　？　等　你——好　不　好?

b：saŋˈ uˈ sïˈ tienˈ tsoŋˈ auˑ。
　　上　午　十　點　鍾　噢。

a：saŋˈ uˈ sïˈ tienˈ tsoŋˈ……
　　上　午　十　點　鍾……

b：eiˈ……
　　欸……

a：niˈ——niˈ iauˈ k'ɤˈ təˑ nəˑ。
　　你——你　要　去　得　勒。

b：m̩。
　　嘸。

a：ŋoˈ mənˑ k'anˈ niauˈ，xaiˈ sïˈ tsaiˈ k'anˈ tienˈ inˈ。
　　我　們　看　了，還　是　再　看　電　影。

b：k'oˈ təˑ。
　　可　得。

a： tau˥ sï˥ kai˥ kʼan˥ pʼien˥ i˩ a˩˨。
　　 到　世　界　看　便　宜　阿。

b： e˩˨ ……
　　 唉 ……

a： tsən˥ tsan˥ sï˥ tien˩ tsoŋ˥ a˩˨。
　　 陣　暫　四　點　鍾　阿。

b： ŋo˩ mən˩˨ tsou˩, u˩ tien˩ tsoŋ˥ tu˥ iau˥ tɕin˥ ɕio˩ tʼaŋ˩ nə˩˨。
　　 我　們　走，五　點　鍾　都　要　進　學　堂　了。

a： ni˩ mən˩˨ iou˩ mei˩ iou˩ tsï˥ ɕi˩——ni˩ tɕin˥ tʼien˥ iou˩
　　 你　們　有　沒　有　自　習——你　今　天　有

　　 mei˩ iou˩ tsï˥ ɕi˩?
　　 沒　有　自　習?

b： ŋo˩ mən˩˨ tso˩ tʼien˥ mei˩ iou˩ tsï˥ ɕi˩ sa˩˨, ŋo˩ mən˩˨ tɕin˥
　　 我　們　昨　天　沒　有　自　習　煞，我　們　今

　　 tʼien˥ faŋ˥ tɕia˩ sa˩˨。
　　 天　放　假　煞。

a： tau˥ tɕi˩ xau˥ iou˩ tsï˥ ɕi˩ ni˩˨?
　　 到　幾　號　有　自　習　呢?

b： tɕin˥ tʼien˥ iou˩ tsï˥ ɕi˩。
　　 今　天　有　自　習。

a： ŋo˩ mən˩˨ tsï˥ ɕi˩ kai˩ niau˩˨,——ŋo˩ mən˩˨ tsən˥ tsan˥ uan˩
　　 我　們　自　習　改　了，—— 我　們　陣　暫　晚

　　 saŋ˥——uan˩ saŋ˥ tɕʼi˩ tien˩ tsoŋ˥ tsï˥ pu˩ tau˥ pa˩ tien˩
　　 上——晚　上　七　點　鐘　至　不　到　八　點

　　 pan˥ tsoŋ˥, tsai˥ iau˥ tsau˩ saŋ˥ tʼou˩˨ nəu˩ tien˩ tsoŋ˥ tsï˥
　　 半　鐘，再　要　早　上　頭　六　點　鐘　至

　　 tɕʼi˩ tien˩ tsoŋ˥。
　　 七　點　鐘。

b：ŋoˇ mənǀ· tsauˇ saŋˉ xaiˇ iouˇ tsauˇ tsʻauˉ。
　　我　們　早　上　還　有　早　操。

a：ŋoˇ mənǀ· ieˇ iouˇ tsauˇ tsʻauˉ，xauˇ——tsənˉ puˇ tsauˇ niǀ·，
　　我　們　也　有　早　操，　好——真　不　早　呢，

　　ŋoˇ mənǀ· tauˉ ɕiouˇ tʻaŋˇ kʻɤˉ auǀ·。
　　我　們　到　學　堂　去　噢。

b：ŋoˇ mənǀ· kaiˇ tʻienˉ tsaiˉ tɕienˉ。
　　我　們　改　天　再　見。

三. 漢陽（城內）

A. 發音人履歷

發音人	3a	3b
年齡	18 歲	17 歲
原籍	漢陽城內	漢陽城內
職業	學生	學生
教育程度	中學	中學
幼時語言環境	在本鄉及漢口讀書，教師方言不一，但家人都說漢陽話	同左
住過的地方	漢口五年	漢口五年
曾否學國語	未	未
能否説別處話	能説漢口話	能説漢口話

二十五年五月七日丁聲樹、楊時逢記音

B. 聲韵調表

1. 聲母

p	半白	pʻ	盼婆	m	門	f	飛	
t	到達	tʻ	太同	n	南藍硯認			
ts	早昭篆	tsʻ	倉沉船			s	三山熟	ẓ 鋭
tɕ	節件柱	tɕʻ	秋羣春			ɕ	小匣書	
k	歌共	kʻ	開狂	ŋ	惡偶	x	好灰	

○ 窩而言未軟以院絨

2. 韵母

ï	字失；ɯ去	a	八塔沙下	o	莫妥説可	ɤ	北惹責黑二
i	碧梨七邑	ia	佳下	io	略確	ie 別爹刧
u	步婦骨屋	ua	刷話		uɤ 國獲	
y	女出疫				ye 決靴	

ai	敗帶在矮	ei	敝雷隨	au	毛桃炒好	ou	某肚足口
				iau	表條巧	iou	紐畜
uai	帥懷	uei	綴歸				

an	滿短斬暗			ən	本等沉肯		
		ien	貶典減晏全			in	稟定巾應行
uan	專換			uən	横問		
		yen	玄軟			yin	春永閏

aŋ	旁朗長巷	oŋ	木同種宏
iaŋ	量祥	ioŋ	窮兄
uaŋ	窗狂		

3. 聲調

陰平	陽平	上	去
˧	˩	˨	˥
邊	窮得納白	丑武	柱怕飯

C. 聲韵調描寫

1. 聲母

　　上表十九聲母是按音位定的。茲分p,t,ts,tɕ,k,○六組述其音值。

　　p組p,pʻ,m,f。p比<u>北平</u>的p(ɓ)硬。

　　t組t,tʻ,n。n是個變值音位,共有n,l或ĩ三值。三者中n出現的次數最多,l與ĩ只偶爾聽到。

　　ts組的ts,tsʻ,s三母在開口韵前讀普通的舌尖前音;在合口韵前部位特別偏後,略有捲舌的傾向。z̦母只有一個'銳'字。

　　tɕ組的tɕ,tɕʻ,ɕ三音舌面部位平均。

　　k組k,kʻ,ŋ,x。ŋ是很弱的,有時差不多失落。

　　○包括純元音起首的音。開口洪音前也偶有喉閉塞ʔ出現。

2. 韵母

　　ï只與ts,tsʻ,s配,所以僅有ŋ一讀。ɯ相當於u的不圓唇,只有去字白話音韵母如此。

　　i在p,t兩組聲母後讀得較鬆;在tɕ組後或無聲母時較緊。

　　u關,但嘴唇不太圓。

　　y讀成舌尖面混合的圓唇元音,舌面的成分多些,舌尖的成分少些。

　　a,ia,ua:a的部位平均,在i後略偏前,在u後略偏後。

　　o,io:o比標準元音o開一點。

　　ɤ,uɤ:ɤ相當於o的開唇,但無聲母時讀得很關。

　　ie,ye:e近標準元音e。

ai,uai:ai在末尾有時到ɪ,有時只到e。

ei,uei:e的部位偏央。用嚴式音標,這個複元音可以寫作əɪ。

au,iau:a是後ɑ,u開。

ou,iou:o比o韵更開,差不多可以寫作ɔ。

an,uan:a是平均ᴀ。

ien,yen:e是開ᴇ。

ən,uən:ə是平均的央元音。在uən中,它並不變短。

in,yin:i與i韵同,但在yin中音程極短。

aŋ,iaŋ,uaŋ:a讀同a,ia,ua韵的a。

oŋ,ioŋ:o開,在k組聲母後或無聲母時,o或讀成uo。

3. 聲調

陰平由"半高"升至"高"(45),寬式用高平調號(˥55)。

陽平由"半低"降至"低"再升至"中"(213),寬式用低降升號(˩313)。

上聲是中降調(˕42)。

去聲是高升調(˩35)。

D. 與古音比較

1. 聲母

古聲母組及影響條件 \\ 古聲母發音方法及聲母分讀		全清塞	次清塞	全濁塞 平	全濁塞 仄	次濁	清擦	濁擦 平	濁擦 仄
幫組		幫:p	滂:pʰ	並:pʰ	並:p	明:m			
非組						微:u	非/敷:f	奉:f	
端組泥		端:t	透:tʰ	定:tʰ	定:t	泥:n 來:n			
精組	一二等 洪	精:ts	清:tsʰ	從:tsʰ	從:ts		心:s	邪:s	邪:s
精組	三四等 細	精:tɕ	清:tɕʰ	從:tɕʰ	從:tɕ		心:ɕ	邪:tɕʰ·ɕ	邪:ɕ
莊組	內轉	莊(照二):ts	初(穿二):tsʰ	崇(牀二):tsʰ	崇(牀二):ts;s		生(審二):s		
莊組	外轉				崇(牀二):ts				
知組	梗二等韻 其他	知:ts ts;tɕ[1]	徹:tsʰ ts;tɕʰ[1]	澄:tsʰ	澄:ts				
知組					澄:ts;tɕ				
章組	開	章(照三):ts ts;tɕ	昌(穿三):tsʰ ts;tɕʰ	船(牀三):s ts;tɕʰ	船(牀三):s ts;tɕ		書(審三):s s;ɕ	禪:s ts';s	禪:s s;ɕ
章組	合							ts';s tɕ';ɕ	s;ɕ

古聲母組及影響條件	發音方法及影響條件 →	全清塞	次清塞	全濁塞		次濁	清擦	濁擦	
古聲母 →	古母今讀 ↓	見 / 影	溪	羣（平）	羣（仄）	日 / 疑 / 喻	曉	匣（仄）	匣（平）
日母	今開 止(附質)					○			
日母	今開 其他					n;i[2]			
日母	今合 其他					y			
見組 曉	開 一等	k	k‘	tɕ‘	tɕ	ŋ	x	x	
見組 曉	開 二等	k, tɕ	k‘, tɕ‘	*	*	ŋ, i	x, ç	x, ç	
見組 曉	開 三四等	tɕ	tɕ‘	k‘	k	n, i	ç	ç	
見組 曉	合 一二等	k	k‘	tɕ‘	k	u; ○	x	x	
見組 曉	合 蟹止咍	k	k‘	tɕ‘	tɕ	u	x	x	
見組 曉	合 通舒(三四等)					?	ç	*	
見組 曉	合 其他	tɕ	tɕ‘			y	ç	ç	
影組	開 一等	ŋ							
影組	開 二等	ŋ, i; ○[3]				i			
影組	開 三四等	i				*			
影組	合 一二等	u; ○				u			
影組	合 蟹止咍	u				i			
影組	合 通舒(三四等)	i				y			
影組	合 其他	y							

2. 韵母

第 一 表

（呼：開）

攝	一 帮系	一 端系	一 见系	二 帮系	二 泥组	二 知莊組	二 见系	三四 帮系	三四 端系	三四 莊組	三四 知章	三四 日母	三四 见系
果	*	o	o	a	a	a	a,ia	*	ie	*	ɤ	ɤ	ie
（遇）										*			
蟹	*	ai	ai	ai	ai	ai	ai,ia	ei,i	i	*	ï	*	i
止								ei,i	i;ĭ	ï	i	ɤ	i
效	au	au	au	au	au	au	au,iau	iau	iau	*	au	au	iau
流	ou	ou	ou					ou,u	iou	ou	ou	ou	iou
咸	*	an	an		*	an	an,ien	ien	ien	*	an	an	ien
山	*	an	an	an	*	an	an,ien	ien	ien	*	an	an	ien
宕	aŋ	aŋ	aŋ	aŋ		uaŋ	aŋ,iaŋ	*	iaŋ	uaŋ	aŋ	aŋ	iaŋ

攝＼等・聲母	一 幫系	一 端系	一 見系	二 幫系	二 泥組	二 知莊組	二 見系	三四 幫系	三四 端系	三四 莊組	三四 知章組	三四 日母	三四 見系
深		*						in	in	ue	ue	ue	in
臻	*	ue	ue			*		in	in	ue	ue	ue	in
曾	ɦo·ue	ue	ue		ue	*		in	in	*	ue	ue	in
梗	*	*		ɦo·ue	ue	ue	un·in·ue	in	in	*	ue	*	in
（通）	*	*		*	*	*		*		*			
咸入	*	a	o	*	*	a	a,ia	*	ie	*	ɤ	*	ie
山入	*	a	o	a	*	a	a,ia	ie	ie	*	ɤ	ɤ	ie
宕入	o	o	o	o	*	o	o,io	*	io	*	o	io	io
深入	*	*		*	*	*		*	i	ɤ	ï	y	i
臻入	*	*		*	*	*		i	i	ɤ	ï	ɤ	i
曾入	ɤ	ə	ɤ	ɤ	*	*		i	i	ɤ	ï	ɤ	i
梗入	*	*		ɤ	*	ɤ	ɤ	i	i	*	ï	*	i
（通入）	*	*		*		*					*	*	

第 二 表

合

攝 ＼ 呼等聲母	一 幫系	一 端系	一 見系	二 幫系	二 莊組	二 見系	三四 幫系	三四 泥組	三四 精組	三四 莊組	三四 知章組	三四 日母	三四 見系
果	o	o	o	*	*	ua			*				ye
遇	u	ou	u		*		u	y	y	ou	y	y	y
蟹	ei	ei	uei,uai	*	*	uai,ua	ei	*	ei	*	uei	*	uei
止		*			*		ei,i;uei	ei	ei	uai	uei	*	uei
(效)		*			*					*			
(流)		*								*			
咸	an	*		*	*		an	ien	ien	*	*		
山	an	an	uan	*	uan	uan	an;uan	ien	ien	*	uan	yen	yen
宕	*	*	uaŋ		*	uaŋ	aŋ;uaŋ						uaŋ

攝列	合 三四 見系	日母	知章組	莊組	精組	泥組	幫系	合 二 見系	莊組	幫系	合 一 見系	端系	幫系
（深）	yin	*	*	*	in	ue	en	ʂo；uen	*	*	uen	ue	ue
臻	yin	yin	yin	*	*	*	oŋ	*	*	*	ʂoŋ	ue	ʂoŋ
曾	yin·ioŋ	yin	yin	*	oŋ	oŋ	oŋ	*	*	*	ʂoŋ	*	*
梗	oŋ·ioŋ	ioŋ	oŋ	oŋ	oŋ	oŋ	oŋ	*	*	*	o	ʂoŋ	o
通	ye	*	o	*	ie	ie	a	ua	ua	*	o	o	*
咸入	*	*	*	*	*		a；ua	ua	ua	*	o	*	*
山入	y	*	y	*	y	i	o	*	*	*	u	o	*
宕入	y							uɤ		uɤ	uɤ		ou
（深入）	y	*	y	*	y	i	u	n	y	*	n	*	n
臻入		*	y	*	y						uɤ		*
曾入	y			*	*	*	u	*	*	*	uɤ	*	*
梗入								uɤ		uɤ	u		ou
通入	iou；y[2]	ou	ou	ou	ou	ou	u；oŋ[1]				u	ou	u；oŋ[1]

3.聲調

古類 \ 影響條件 \ 今類 今值	陰平	陽平	上	去
平　清	˥			
平　濁		˩		
上　清			˩	
上　次濁			˩	
上　全濁				˥
去　清				˥
去　濁				˥
入　清		˩		
入　次濁		˩		
入　全濁		˩		

附注：

聲母：—

（1）知章兩組合口在遇臻（包括舒入聲）兩攝中讀tɕ等；其他讀ts等。

（2）日母今開逢單元音o（宕入通舒）讀i；其他讀n。（止攝質韵讀○除外）。

（3）宕入（覺）讀○，其餘ŋ，i不定。

韵母：—

（1）通入幫系字明母讀oŋ；其他讀u。

（2）通三入（屋三，燭）見系字，見組讀y，曉影兩組讀iou。

E. 同音字表

今調	陰平 ˥	陽平 ˧˩	上 ˥	去 ˥
今韵	ï; ɯ(kʻ後)			
廣韵	祭‖脂;之;支‖緝‖質‖職‖昔(均開口)			
p pʻ m f				
t tʻ n				
ts	之;知,支‖隻入	執‖姪,質‖直值植,殖襌‖擲	子;只	自,致,至;字,痔,志;翅審
tsʻ		遲;持‖秩澄入‖赤	恥;此	次;刺,賜心
s	師;思,斯,施	時;十‖實‖食蝕‖石‖〔什〕(麼)	死,矢;使,始	世‖四,示;伺,似,士、事,試,市;是‖式飾入
ẓ				
tɕ tɕʻ ɕ				
k kʻ ŋ x				去魚
○				

今調	陰平 ˥	陽平 ˩	上 ˩	去 ˥
今韻		i		
廣韻		祭;齊‖脂;之;支;微‖緝‖質;迄;術‖職‖昔;陌三;錫		
p p' m f		必‖逼‖碧;壁 弼並入‖僻,闢並入 靡上	比;彼 鄙痞幫 米	 秘泌幫
t t' n		的,笛 堤提 梨;疑‖離,宜‖立‖栗;律‖力‖逆;歷	底 禮‖履;你,李里裏理	帝,弟、第‖地 例;麗隸
tɕ tɕ' ɕ	妻,棲心‖期羣 西,溪溪‖奚兮匣‖希	緝清,集,急,及,吸曉‖吉‖極‖積;激 齊‖其;奇‖七;乞迄曉‖戚,喫 恤心術‖息媳‖席	己;幾 起 洗	祭;計繼‖忌;寄,技妓;既;季合 器;氣 細,系‖戲;遂邪脂合
○	衣依	夷;移;遺合‖噎屑‖邑‖一,逸‖憶‖亦	以,矣	藝‖意;義蟻

今調	陰平˥	陽平˩	上˥	去˥
今韵	u			
廣韵	模;虞‖尤‖没;物‖屋;沃			
p		不		步
p		菩‖勃並入‖卜幫入，撲，僕曝瀑並入	譜幫，普	
m				
f	夫	服	府，腐奉	附‖婦負
k	孤	骨		故
kʻ		哭;酷	苦	
ŋ				
x		胡狐乎‖忽	虎	戶
○	烏	吾;無‖物‖屋	五;武	務‖戊侯明

今韵	y			
廣韵	魚;虞‖緝‖術;物‖職‖昔‖屋三;燭			
t				
tʻ				
n			女	
tɕ	猪,諸;拘俱	橘‖菊;局	主	著,巨;聚,柱,句
tɕʻ	樞,區	除‖出;屈‖曲	取,娶去	
ɕ	書,虛;須	徐‖戌	暑鼠,許	序;樹
○		如,魚,於影,餘余、與上;儒,于‖入‖鬱‖域‖疫役	呂來;雨羽	預;遇

今調	陰平 ˥	陽平 ˩	上 ˧	去 ˥
今韵	a			
廣韵	麻二‖合;盍;洽;乏‖曷;鎋;黠;月			
p p' m f	巴 [媽] 	八,拔 法‖髮發	把 馬 	
t t' n	 他歌 拉入	答搭‖達 踏;塔 拿‖納;臘‖辣	打庚 [哪]	大泰 [那]
ts ts' s	 沙	雜;閘‖札 插‖察 撒薩;刹穿;殺		 詫
k k' ŋ x				 下

今調	陰平┐	陽平╲	上╲	去┐
今韵		ia		
廣韵		麻二‖佳‖洽;狎‖鎋(均開口)		
tɕ tɕʻ ɕ	家‖佳	甲;狹帖匣 恰 霞‖狹;匣;狹₁帖‖瞎	假	<u>下</u>
○	鴉	牙‖鴨‖[伢]		

今韵		ua		
廣韵		麻二‖佳;夬‖鎋;黠(均合口)		
ts tsʻ s		刷		
k kʻ ŋ x	瓜	刮 滑		掛 化‖畫;話
○	蛙	挖	瓦	

今調	陰平 ˥	陽平 ˩	上 ˥˩	去 ˩˥
今韵	o			
廣韵	歌;戈一‖合;盍‖曷;末;薛‖鐸;覺;藥			
p p' m f	波 坡玻	剥;縛 婆 末‖莫	 〔麽〕	
t t' n	多	 脱‖託 羅;騾‖洛	 妥	舵
ts ts' s		作;桌,捉;酌 説	左 所魚	做;坐 磋
k k' ŋ x	歌哥;鍋 棵	鴿‖割‖各;角;郭 闊 鵝‖惡 何‖合;盍‖喝;活‖鶴;霍	果 可	個;過 禍
○	窩	握‖沃沃	我疑開	

今調	陰平˥	陽平˩	上˦	去˥
今韵	io			
廣韵	覺;藥			
t tʻ n		略,虐		
tɕ tɕʻ ɕ		覺;脚 確;雀精入 學;削		
○		若,約		

今調	陰平 ㄱ	陽平 ㄴ	上 ㄴ	去 ㄱ
今韵		ㄚ		
廣韵		麻三‖脂;之‖支‖葉‖薛‖緝‖櫛‖德;職‖陌二;麥(均開口)		
p		北‖百,白		
p'		泊並鐸‖迫幫入,拍		
m		麥‖[沒]		
f				
t		得德		
t'		忒,特定		
n		熱‖勒	惹	
ts		則‖澤宅擇;摘,責		[這]
ts'		徹,澈澄入‖側照入,測		
s		蛇‖涉‖舌,設‖澀‖瑟‖色		社
k		格;革		
k'		刻		
ŋ		厄		
x		黑‖赫		
○		而‖日	爾	貳二

今調	陰平ㄱ	陽平Ⅴ	上Ⅴ	去ㄱ
今韻	uɤ			
廣韻	德‖麥(均合口)			
k		國		
k'				
ŋ				
x		或‖獲		

	陰平	陽平	上	去
今韵	ie			
廣韵	戈三;麻三‖葉;業;帖‖薛;月;屑			
p		別	癟入	
p'		撇		
m		滅		
f				
t	［爹］			
t'		帖鐵		
n		列孼;臬;劣		
tɕ		接;刼‖傑;竭;節,結;絕		
tɕ'		茄‖切		
ç	些	邪‖脅;協拹₂‖薛	寫	謝
○		葉;業‖孼	也野	

今調	陰平 ˥	陽平 ˩	上 ˩	去 ˥
今韵	ye			
廣韵	戈三‖薛;月;屑(均合口)			
tɕ tɕʻ ɕ	靴	拙;掘;決 缺 穴		
○		閱;月,越曰		

今韵	ai			
廣韵	咍;泰;皆;佳;夬(均開口)			
p pʻ m f		埋	擺 買	拜;敗 派
t tʻ n		來	乃;奶	待、代;帶 泰 賴
ts tsʻ s	齋	柴		再,在 菜;蔡 寨𣎴
k kʻ ŋ x	該;皆偕 開 哀 □(同也)	〔捱〕 孩;諧;鞋‖還(‖是)刪合	改;解 矮	概;蓋;介界戒,械匣 愾 愛;艾 亥;害

今調	陰平┐	陽平┘	上ˇ	去┐
今韵	uai			
廣韵	泰;皆;佳;夬‖脂;支(均合口)			
ts				
tsʻ			揣	
s				帥
k				怪
kʻ			塊去	會(‖計)見;快
ŋ				
x		懷		
○	歪曉			外

今韵	ei			
廣韵	祭;齊;灰;泰;廢‖脂;支;微			
p	卑;悲;碑			敝;倍;貝‖臂,被;備
pʻ	披;丕			配,佩並
m		迷;梅煤		
f	飛	肥		廢,肺‖費
t				對;兌
tʻ				替
n		雷		屢虞‖內‖類;累
ts				罪最
tsʻ				脆‖悴從,粹心
s		隨		歲

今調	陰平˥	陽平˧	上˩	去˥
今韵	uei			
廣韵	灰;泰;祭;齊‖脂;支;微(均合口)			
ts	追,錐			綴
tsʻ	吹	垂		
s				稅‖睡瑞
ẓ				銳
k	龜;歸			桂
kʻ				
ŋ				
x	灰	回	毀	會;惠;彗‖諱
○	威	維惟;危,爲;微,圍	委;尾	衛‖位;未,畏

今調	陰平˥	陽平˩	上˥˩	去˥
今韵	au			
廣韵	豪;肴;宵			
p	包		保	報
p'		袍;跑		
m		毛		貌
f				
t			倒	到,道
t'		桃		
n		牢;饒	老	鬧
ts	昭		早	皂造;趙,照
ts'			草;炒	
s			掃;少	紹
k			稿;攬	告
k'				
ŋ				奧
x		毫	好	

今調	陰平⌐	陽平˩	上˥	去˩
今韵	iau			
廣韵	肴;宵;蕭			
p p' m f		苗貓	表	
t t' n	挑	條 燎;聊瞭,堯	了	釣,掉 跳
tɕ tɕ' ɕ	消;蕭	喬 潃餚	巧 曉	叫 孝,校効;笑
○	妖		舀	要

今調	陰平┐	陽平┘	上┘	去┐
今韵	ou			
廣韵	模;魚;虞‖侯;尤‖沒‖屋;沃;燭			
p				
p'				
m			某畝	
f			否	
t	都	讀;篤	賭肚‖斗	杜‖鬥
t'		圖‖頭‖突‖禿	土	
n		奴‖柔‖鹿;六陸,肉;綠,辱	努	路‖漏
ts	周	卒‖竹;足,燭囑	走	做;助‖奏;就尤從
ts'	初	愁‖族從入;促,觸	楚‖丑,醜	
s	收	肅,縮,熟;俗續,屬		素;數‖瘦,獸
k				
k'			口	
ŋ	歐		偶	
x		侯		候後

今韵	iou			
廣韵	尤;幽‖屋三;燭			
t	［丟］			
t'				
n		牛	紐	
tɕ	糾上			就,究,舅
tɕ'	秋	囚,求		
ɕ	休	畜		
○		由猶遊,尤‖育;欲	有	幼

今調	陰平 ㄱ	陽平 ㄥ	上 ㄴ	去 ㄱ
今韵		an		
廣韵		覃;談;咸;銜;鹽;凡‖寒;山;刪;仙;桓;元		
p			板	扮,辦;半
pʻ				盼;判;叛並
m		〔蠻〕	滿	慢
f		凡	反	范‖飯
t			短	旦,但
tʻ	貪	談		歎
n		南;藍‖難;然	染‖暖	亂
ts	沾		斬‖展	暫‖棧
tsʻ	餐	蟬	慘‖剗,産審	
s	三;衫‖山;刪		陝	扇;算
k	干;間		感;敢	
kʻ				看
ŋ	安			暗
x		含;鹹‖寒		漢

今調	陰平 ㄱ	陽平 ㄴ	上 ㄴ	去 ㄱ
今韵	uan			
廣韵	桓;山;删;仙;元(均合口)			
ts	專			篆,倦睪仙
ts'		船		
s	門			
k	官觀;關			貫;慣
k'				
ŋ				
x		緩皖匣		唤,换
○	彎	玩去,完丸匣;頑	碗;晚	萬

今韵	ien			
廣韵	咸;銜;鹽;嚴;添‖山;删;仙;元;先			
p	邊		貶	變,辨、便;徧,辮
p'				片
m			免	面
f				
t			點‖典	店
t'	天	田		
n	研疑平	廉‖連聯;年		驗;念‖硯;戀
tɕ	監‖間		減‖剪;繭	漸‖諫;件;建;兄
tɕ'	謙‖遷;千	鉗‖錢;前;全		
ɕ	仙鮮;先	鹹‖銜;嫌;閑;賢	險‖癬	陷‖限;憲;現;縣合
○	煙	嚴‖言	眼;演	厭‖晏

今調	陰平┐	陽平↙	上↘	去┐
今韵	yen			
廣韵	仙;元;先(均合口)			
tç tç' ç	軒掀開;喧;宣仙合心	弦開;玄懸		
○		緣沿鉛;元,園	軟;阮,遠	院

今韵	ən			
廣韵	侵‖痕;臻;真,魂;諄‖文‖登;蒸‖庚;耕;清			
p p' m f	崩 分	 彭 門 	本 	 奮
t t' n	 吞 	 壬‖人;倫‖能;仍	等 忍‖冷	頓 認;論
ts ts' s	臻;真‖增;徵‖争;貞,偵徹 撑 森,深‖身申‖生	 沉‖陳,臣;存‖成誠 晨‖繩	［怎］ 審	陳‖鄭,政正 盛
k k' ŋ x	跟‖耕 恩 	 恒	亙去 懇‖肯 很	更 硬 恨

今調	陰平┐	陽平∨	上∨	去┐
今韻	uən			
廣韻	魂;文‖庚二(均合口)			
k				
kʻ	坤			
ŋ				
x	昏	橫		混
○	温	聞	穩	問

今韻	in			
廣韻	侵‖真;欣;諄‖蒸‖庚;耕;清;青			
p pʻ m f	兵	貧‖平;瓶 民‖萌_耕;名;明	稟 品 敏	並 命
t tʻ n	丁 聽	林‖鄰‖陵‖靈	頂	定 令
tɕ tɕʻ ɕ	侵清,今‖津,巾;斤‖京荆;經 欽‖輕;傾合、頃合上 心‖新‖星腥	秦‖情 尋‖旬‖行;形	請	進晉;近‖静,勁;敬 信‖杏;幸;性
○	音‖因‖鶯;英	銀‖盈;營合	隱	印‖應

今調	陰平 ˥	陽平 ˧	上 ˧	去 ˥
今韻	yin			
廣韻	諄;文‖清;庚三;青(均合口)			
tɕ	均		準	
tɕʻ	椿,春	脣;羣‖瓊		
ɕ	勳	純	迵匣	
○		雲‖螢匣	允‖永	閏;運‖孕蒸開

今韻	aŋ			
廣韻	唐;江;陽			
p	幫;邦			
pʻ		旁		
m		忙		
f	方	房防		
t	當$_1$(應丨)			當$_2$(丨作),蕩
tʻ		堂		
n		郎	朗	讓
ts	張		長$_2$(生丨)	丈
tsʻ	倉	長$_1$(丨短)		
s	桑;商傷	常		尚上
k	剛綱			
kʻ				
ŋ				
x				項、巷

今調	陰平 ㄱ	陽平 ㄟ	上 ㄟ	去 ㄱ
今韵	iaŋ			
廣韵	江;陽(均開口)			
t tʻ n		娘	兩	量
tɕ tɕʻ ɕ	江;將 強羣平 香鄉	詳祥	講 想	 像象
○			仰	樣

今韵	uaŋ			
廣韵	江;陽;唐			
ts tsʻ s	椿;莊 窗	牀		撞;狀
k kʻ ŋ x	光	狂 黃		曠;況曉‖礦庚上見
○	汪	王	往	旺

今調	陰平 ˥	陽平 ˩	上 ˩	去 ˥
今韵	oŋ			
廣韵	登‖庚二;耕‖東;冬;鍾‖屋			
p p' m f	 風;封	朋 木;目 		 孟‖夢 奉
t t' n	東 通 	 同 農;隆;龍	 桶;統去 攏	動、洞
ts ts' s	中;鍾 充 鬆;嵩;松	 崇;從 	總;種 寵 	衆;重 送;宋;誦
k k' ŋ x	公工功;弓;恭 空₁ 	 弘‖宏‖紅	 恐 	共 空₁(‖閑)
○	翁			

今調	陰平┐	陽平┙		上┙	去┐
今韵			ioŋ		
廣韵		庚三‖東三;鍾(均合口)			
tɕ tɕʻ ɕ	兄‖胸	窮 熊雄喻			
○		榮‖絨,融;茸			用

F. 音韵特點

1. 聲母

(1)不分ts與tʂ,古精組與知系的洪音都讀ts等;如'三'san,'山'san,'徵'tsən,'船'tsʻuan。

(2)尖團不分,古精組見系的細音都讀tɕ等;如'千'tɕʻien,'均'tɕyin,'心'ɕin,'勳'ɕyin。

(3)知章兩組的合口在遇臻兩攝中讀tɕ等,如'柱'tɕy,'春'tɕʻyin,'出'tɕʻy;在其他各攝中讀ts等,如'篆'tsuan,'稅'suei。

(4)見系二等開口字在蟹攝與梗攝入聲中不顎化,如'矮'ŋai,'諧'xai,'革'kɤ;在其他各攝中不定。如'講'tɕiaŋ,'巷'xaŋ,'鹹'ɕien,xan。

(5)泥來兩母洪細音全混,如'能'='倫'nən,'聶'='列'nie。

(6)日母今開口多半讀n,與泥來混,如'人'='能'nən,'饒'='牢'nau;止攝,宕攝入聲,與通攝舒聲字則失聲母,如'二'ɤ,'若'io,'絨'ioŋ;今合口全失聲母,如'入'y,'軟'yen。

(7)疑影兩母開口洪音全讀ŋ,如'硬'ŋen,'安'ŋan。

(8)疑母三四等開口讀n或失聲母不定,如'宜'ni,'義'i,'硯'nien,'嚴'ien。

2.開合

(1)古合口端系一等字全讀開，如'罪'tsei，'鹿'nou，'短'tan。

(2)古合口精組三四等字，在遇攝與臻攝入聲仍保持合口，如'序'çy，'戌'çy；其他全讀開口，如'隨'sei，'全'tç'ien，'旬'çin。

(3)古合口來母三四等字在遇攝中仍保持合口，如'呂'y；其他全讀開口，如'類'nei，'律'ni，'倫'nən，'六'nən。

(4)通入知系字讀開，如'屬'sou，'竹'tsou，'肉'nou。

3.韵母

(1)模韵端系與魚虞莊組字讀ou，與流攝字混，如'肚'＝'斗'tou，'鋤'＝'愁'ts'ou。（入聲屋沃燭没的端系莊組字同。）

(2)魚虞知見系字全讀y，如'著'tçy＝'句'tçy，'儒'y＝'餘'y。（入聲術韵同。）

(3)蟹合一三等(灰泰祭)與止合的端系字都讀ei，如'兑'tei，'歲'sei，'累'nei。

(4)止攝日母字讀ɤ，不捲舌，如'爾'ɤ。

(5)山咸舒聲元音在i，y之後變e，如'店'tien，'院'yen。

(6)山入合口知系字讀o或ye，如'説'so，'拙'tçye。

(7)深臻曾梗舒聲全收n尾，如'今'tçin，'巾'tçin，'能'nən，'冷'nən。

(8)通入明母字讀oŋ，如'目'moŋ。

(9)通三入(屋三，燭)見系字，見組讀y，如'局'tçy；曉影兩組讀iou，如'畜'çiou，'欲'iou。

4.聲調

(1)不分陰陽去，如'市'si˦＝'試'si˦＝'示'sï˦。

(2)古入聲全歸陽平，如'屋'˨u＝'物'˨u(＝無)。

G. 會話

3　a：ni˩ tçin˥ t'ien˥ xuei˩ nai˩ ti˩ a˦?
　　你　今　天　回　來　的　阿?

3 b： sï˧ ti˩˨。
　　是 的。

a： ni˨˩ xau˨˩ saʴ˨˩ ni˨˩?
　　你 好 煞 你?

b： o˨˩ ɕien˧ tsai˧, o˨˩ iou˨˩ tien˨˩ tɕio˨˩ tɤʴ˩˨ sï˧ iou˨˩ i˨˩ tien˨˩
　　我 現 在， 我 有 點 覺 得 是 有 一 點

　　tsoŋ˧ saŋ˧ foŋ˧, iou˨˩ tien˨˩ pu˨˩ ɕin˧ ɕien˧。
　　重 傷 風， 有 點 不 新 鮮。

a： ni˨˩ ɕien˧ tsai˧ xuei˨˩ nai˨˩ tsən˨˩ xau˨˩, ni˨˩ kan˧ kan˩˨ o˨˩
　　你 現 在 回 來 正 好， 你 看 看 我

　　mən˩˨ tɕien˨˩ tou˩˨ san˧ saŋ˧, tɕi˨˩ xau˨˩ o˩˨, tɕi˨˩ xau˨˩ uan˨˩
　　們 前 頭 山 上， 幾 好 哦， 幾 好 玩

　　o˩˨, ɕien˧ tsai˧ tɕien˧ tou˩˨ san˧ saŋ˧, ni˨˩ kan˧ tɕien˧ mɤ˨˩
　　哦， 現 在 前 頭 山 上， 你 看 見 沒

　　iou˨˩ ti˩˨?
　　有 的?

b： o˨˩, o˨˩ mu˨˩ iou˨˩ kan˧ tɕien˧, tan˧ sï˧ ni˩˨, o˨˩ tɕy˧ tɕia˧
　　我， 我 沒 有 看 見， 但 是 呢， 我 去 家

　　ie˨˩ iau˧ tau˧ o˨˩ ti˩˨ ɕiaŋ˧ ɕia˧ kɤ˧, tau˧ ɕiaŋ˧ ɕia˧ kɤ˧
　　也 要 到 我 的 鄉 下 去， 到 鄉 下 去

　　tɕien˧ i˩˨ tɕien˧ o˨˩ ti˩˨ tsɤ˧ kɤ˩˨ ku˧ ɕiaŋ˧ ti˩˨ koŋ˧ yen˨˩。
　　見 一 見 我 的 這 個 故 鄉 的 公 園。

a： na˧ tɕien˨˩ tou˩˨ san˧ saŋ˧ tɕien˧ tien˧ ne˩˨ ɕia˧ y˨˩ ou˩˨, ta˨˩
　　那 前 頭 山 上 前 天 吶 下 雨 噢， 打

　　sï˨˩ nə˩˨ i˨˩ tiau˧ ta˧ sɤ˨˩, tɕi˨˩ tɕi˨˩ kuai˧ io˩˨, ni˨˩ mɤ˨˩ iou˨˩
　　死 了 一 條 大 蛇， 幾 奇 怪 喲， 你 沒 有

　　kan˧ tau˨˩ pa˩˨? i˨˩ kɤ˩˨ ta˧ ɕy˧ ti˨˩ ɕia˧ pau˨˩ tɕy˨˩ i˨˩ tiau˧
　　看 到 吧? 一 個 大 樹 底 下 跑 出 一 條

sɤˇ naiˇ nə·, peiˉ neiˇ iˇ xaˉ taˇ sïˇ niauˇ, niˇ ɕiauˇ tɤ·
蛇　來　了，　被　雷　一　下　打　死　了，　你　曉　得

sa·?
煞？

b：ɕiauˇ tɤ·, tsɤˉ puˇ koˉ tʰinˉ tɤ· iˇ tsoŋˇ ɕiaŋˉ ɕiaˉ naiˇ ti·
　曉　得，　這　不　過　聽　得　一　種　鄉　下　來　的

nənˇ kauˉ soŋ· oˇ mən· tsɤˉ iˇ xueiˇ sïˉ, puˇ koˉ ni·,
人　告　訴　我　們　這　一　回　事，　不　過　呢，

tɕʰinˉ niˇ nauˇ koˉ a· tsoˇ iˇ tsoŋˇ tɕʰiaˇ ɕi ti· pauˉ kauˉ
請　你　老　哥　阿　做　一　種　詳　細　的　報　告

tɕiˇ ɕioŋˉ tiˉ tʰinˉ.
給　兄　弟　聽。

a：oˇ mən· naˇ ni· tɕienˇ tʰienˉ tsɤˇ uanˇ saŋˉ a· tɕʰiˇ nə· iˇ
　我　們　那　裏　前　天　這　晚　上　阿　起　了　一

tsənˉ taˉ foŋˉ, tɕiouˉ ɕiaˉ yˇ taˇ neiˇ a·, tsənˉ tɕʰiauˇ,
陣　大　風，　就　下　雨　打　雷　阿，　真　巧，

tauˉ tiˉ ɤˉ tʰienˉ tsauˇ saŋˉ iˇ kʰanˉ neˇ san saŋˉ iouˇ iˇ
到　第　二　天　早　上　一　看　呐　山　上　有　一

kʰoˉ tinˇ taˉ ti· ɕyˉ a·, naˉ kʰoˉ taˉ ɕyˉ ni· peiˉ foŋˉ
棵　頂　大　的　樹　阿，　那　棵　大　樹　呢　被　風

tsʰueiˉ tauˇ nə· iˇ kʰanˉ oˇ sïˇ niauˇ iˇ tiauˇ xənˇ taˉ xənˇ
吹　倒　了　一　看　嘍　死　了　一　條　很　大　很

taˉ ti· sɤˇ, naˉ tʰiauˇ sɤˇ a· iouˇ iˇ tsaŋˉ toˉ tsʰaŋˉ a·, tsʰouˇ
大　的　蛇，　那　條　蛇　阿　有　一　丈　多　長　阿，　醜

tɤ· xənˇ neˇ, tsənˉ xɤˇ nənˇ, tʰaˉ mən· souˉ sïˇ moˇ sïˇ
得　很　呐，　真　嚇　人，　他　們　説　是　麼　事

iauˉ kuaiˉ a·, peiˉ neiˇ taˇ sïˇ nə·, niˇ kʰanˉ tsɤˉ koˇ sïˉ
妖　怪　阿，　被　雷　打　死　了，　你　看　這　個　事

tɕʻinꜜ kʻoꜜ ɕiauꜛ puꜜ kʻoꜜ ɕiauꜛ，tsənꜤ sïꜜ kʻoꜜ ɕiauꜛ tɤ· xənꜜ
情　可　笑　不　可　笑，真　是　可　笑　得　很

o·。
哦。

b：kʻoꜜ ɕiauꜛ，tsɤꜜ sïꜜ tsaiꜛ sïꜜ iꜜ tsoŋꜜ ɕiauꜛ xua，puꜜ koꜛ
可　笑，　這　實　在　是　一　種　笑　話，不　過

sïꜛ iꜜ tsoŋꜜ meiꜜ ɕinꜛ ti· ɕiaŋꜤ tʻanꜜ ne·，puꜜ nənꜜ tsoꜛ iꜜ
是　一　種　迷　信　的　鄉　談　呐，不　能　做　一

tsoŋꜜ sïꜛ sïꜜ saŋꜛ ti· tʻanꜜ nənꜛ。
種　事　實　上　的　談　論。

a：naꜛ tɕinꜛ tʻienꜤ o·ꜜ mən· tɕiꜛ naiꜜ nə·ꜜ o·ꜜ mən· ɕiaŋꜤ ni·，
那　今　天　我　們　既　來　了　我　們　鄉　裏，

tauꜛ o·ꜜ mən· u·ꜜ ni· tsoꜛ i· xaꜛ ne·，tauꜛ o·ꜜ mən· u·ꜜ ni·
到　我　們　屋　裏　坐　一　下　呐，到　我　們　屋　裏

kʻɤꜛ uanꜜ i· xaꜛ。
去　玩　一　下。

b：iauꜛ tɕʻinꜜ niꜜ nauꜜ koꜛ tinꜛ iꜜ ko· ɤꜜ tɕʻiꜜ nə·，o·ꜜ tɕiouꜛ
要　請　你　老　哥　定　一　個　日　期　了，我　就

xauꜜ kʻɤꜛ nə·。
好　去　了。

a：naꜛ niꜜ tsɤꜛ sïꜜ xouꜛ iouꜛ kʻoŋꜛ ni·，niꜜ tsənꜛ tsanꜛ kʻɤꜛ ieꜜ
那　你　這　時　候　有　空　呢，你　陣　暫[1]　去　也

kʻoꜜ tɤ·，niꜜ mɤꜜ tɤ· koŋꜤ fu· ne·　niꜜ kʻoꜜ iꜜ ŋaiꜜ tɕiꜛ
可　得，你　沒　得　工　夫　呐　你　可　以　捱　幾

tʻienꜛ，niꜜ tɕiꜛ tsanꜛ kʻɤꜛ ne·　o·ꜜ kʻoꜜ iꜜ tsaiꜛ u·ꜜ ni· yꜛ
天，你　幾　暫　去　呐　我　可　以　在　屋　裏　預

peiꜛ i· tienꜜ toŋꜛ ɕiꜛ，tɕʻinꜜ niꜜ kʻɤꜛ uanꜜ i· xaꜛ，tɕʻi· iꜜ
備　一　點　東　西，請　你　去　玩　一　下，吃　一

tienˇ moˇ tonˉ ɕiˑ, oˇ mənˑ ɕianˉ niˑ tiˑ tʼouˇ tonˉ ɕiˑ niˇ
點　麼　東　西，我　們　鄉　裏　的　土　東　西　你

kʼoˇ iˇ tɕʼiˇ iˑ tienˇ neˑ。
可　以　吃　一　點　呐。

b：naˉ tauˉ puˇ piˇ feiˉ ɕinˉ, oˇ mənˑ tsïˉ tɕiˇ tʼonˉ ɕioˇ, ieˇ
　　那　倒　不　必　費　心，我　們　知　己　同　學，也

sïˉ tʼonˇ ɕianˉ, puˇ piˇ kʼɤˇ tɕʼiˉ。
是　同　鄉，不　必　客　氣。

a：niˇ kʼanˉ oˇ mənˑ tsɤˇ ɕianˉ niˑ niˇ kʼanˉ, uaiˉ mienˉ tsɤˇ
　　你　看　我　們　這　鄉　裏　你　看，外　面　這

ɕieˉ neˑ mɤˇ tɤˇ moˇ toˉ tonˉ ɕiˑ, niˇ yˉ peiˉ tɕiˇ sïˇ
些　呐　沒　得　麼　多　東　西，你　預　備　幾　時

xueiˇ niˑ, taˉ kaiˉ。……
回　呢，大　概。……

b：oˇ taˉ kaiˉ tɕiouˉ sïˉ tsaiˉ ɕiaˉ yeˇ tɕienˉ oˇ tɕiouˉ kʼɤˇ
　　我　大　概　就　是　在　下　月　間　我　就　去

tauˉ——oˇ tsɤˇ koˑ pənˇ ɕianˉ aˑ, iouˇ uanˇ kʼanˉ kʼanˉ
到——我　這　個　本　鄉　阿，遊　玩　看　看

tsɤˇ koˑ kuˉ ɕianˉ iˇ tsoŋˉ nənˇ tɕʼinˉ foŋˉ souˇ, iouˇ puˇ
這　個　故　鄉　一　種　人　情　風　俗，有　不

iouˇ sïˇ moˇ pienˉ tɕʼienˉ tiˑ。
有　什　麼　變　遷　的。

a：niˇ ɕienˉ tsaiˉ tɕiaˇ yˇ iauˉ xueiˇ xanˉ kʼouˇ kʼɤˇ niˑ, oˇ
　　你　現　在　假　如　要　回　漢　口　去　呢，我

mənˇ ɕianˉ niˑ iouˇ iˇ tienˉ sïˉ tɕʼinˇ niˇ kʼoˇ iˇ tauˉ xanˉ
們　鄉　裏　有　一　點　事　情　你　可　以　到　漢

kʼouˇ kʼɤˇ souˇ iˇ souˇ, souˇ oˇ mənˑ ɕianˉ niˑ tsɤˇ ɕienˉ
口　去　説　一　説，説　我　們　鄉　裏　這　現

tsai˧ tʰien˩ ˩aı˩ ie˩ sï˧ xən˩ tsau˧ (n)ie˩ ti˩ , ni˩ tie˧ xa(i)˩
在　田　阿　也　是　很　造　孽　的，你　爹　還

iou˩ koŋ˧ fu˩ ie˩ xuei˩ nai˩ kʰan˧ i˩ kʰan˧ , iou˩ mo˩ toŋ˧
有　工　夫　也　回　來　看　一　看，有　麽　東

çi˩ paŋ˧ o˩ mən˩ i˩ tien˩ maŋ˩ nə˩ , ni˩ kʰan˩ o˩ mən˩
西　幫　我　們　一　點　忙　了，你　看　我　們

çiaŋ ni˩ a˩ , tɕʰien˩ tʰien˧ sou˩ tr˩ xən˩ sau˩ , tsr˩ i˩ tɕʰi˩
鄉　裏　阿，　前　天　收　得　很　少，這　一　起

foŋ˧ mr˩ tsï˩ ie˩ mr˩ tr˩ sou˩ tsʰən˩ , tan˧ sï˧ tsən˩ mo˩
風　麥　子　也　沒　得　收　成，　但　是　怎　麽

pan˧ ni˩ , tɕiaŋ˧ nai˩ o˩ mən˩ tsən˧ pu˩ tr˩ niau˩——xau˩ ,
辦　呢，　將　來　我　們　真　不　得　了——　好，

çien˧ tsai˧ o˩ mən˩ tɕiou˧ tsr˩ iaŋ˩ , ni˩ tɕiou˩——kai˩
現　在　我　們　就　這　樣，你　就——　改

tʰien˧ tau˧ o˩ u˩ ni˩ nai˩ uan˩ ne˩ 。
天　到　我　屋　裏　來　玩　吶。

b: xau˩ , xau˩ , xau˩ , mr˩ iou˩ sï˧ tɕiou˩ nai˩ 。
好，　好，　好，　沒　有　事　就　來。

四. 漢川（麻河渡）

A. 發音人履歷

發音人	4a	4b
年齡	17 歲	19 歲
原籍	漢川麻河渡	同左
職業	學生	同左
教育程度	初中	同左
幼時語言環境	本地私塾	同左
教師方言	本地話	同左
住過的地方	武昌一年	武昌半年
曾否學國語	未	未
能否説別處話	不能	不能

二十五年五月十六日丁聲樹、楊時逢記音

B. 聲韵調表

1. 聲母

p 巴伴白	p' 怕婆	m 門米		f 飛附肺
t 到達大	t' 泰同	n 南年臘力逆		
ts 早在昭直	ts' 倉充從柴		s 三生石	ʐ 人辱
tɕ 節結件莊住	tɕ' 秋齊輕牀船		ɕ 小曉徐書	
k 哥怪	k' 開刻	ŋ 哀硬	x 好恨回	
○ 疑葉危烏如院而日惡窩				

2. 韵母

ï 自施姪食；ɯ而日　a 巴納髮　　o 波窩末郭　æ 蛇涉刻

i 禮義聚邑　　　　ia 家佳鴨瞎　io 略覺學　　　　　ie 也接謁劣

u 烏没沃務　　　　ua 蛙話刮　　　　　　uæ 國或

y 女柱鬱局　　　　ya 刷　　　　　　　yæ 拙決　ye 靴惹

ai 代解敗　　ei 倍肥内隨　　au 保鬧趙攪　　əu 歐愁杜足

iai 介諧　　　　　　　　　　iau 表蕭巧孝　iəu 秋育

uai 怪快懷　uei 歸灰委未

yai 帥揣　　yei 稅垂

an 貪難短范　　　　　　　ən 森臣分更

　　　　ien 監點剪辮　　　　　　　in 林貧情旬

uan 官萬唤　　　　　　uən 坤悶横

yan 悶船軟遠　　　　　　　yin 均仍春閏

aŋ 邦項常防　oŋ 孟風紅木

iaŋ 江祥兩　ioŋ 兄窮絨

uaŋ 光黄王

yaŋ 窗牀讓

3. 聲調

陰平	陽平	上	去	入
˥	˩	˥	˥	˩
剛知天	窮娘食滑	古五兩	蓋近快	急各笛

C. 聲韵調描寫

1. 聲母

漢川有十九個聲母,依發音部位,分爲p,t,ts,tɕ,k,○六組。

p組p,pʻ,m,f四聲母。p,pʻ發音比國音稍强。f的齒唇現象不顯明,摩擦也不强。

t組t,tʻ,n。舌尖部位都不很前。n是跟l的變值音位,讀n的機會比較多。

ts組ts,tsʻ,s,ʐ。ts,tsʻ,s雖是舌尖聲母,但都偏後。ʐ的捲舌程度不穩,常有讀成z的時候。

tɕ組tɕ,tɕʻ,ɕ。摩擦成分不强,部位接觸不寬,時時偏近tʃ等。尤其在y韵或y介母前時,接觸部位更前。

k組k,kʻ,ŋ,x。部位很後,閉塞清楚。x的摩擦也很顯明。

○在i,y韵時略帶摩擦。在u韵前微有喉閉塞,如ʔu。在開口韵時,帶有ɣ聲母。

2. 韵母

ï只有ɿ一值,只跟ts等配,部位稍偏後。ɯ值相當關,只限於無聲母,前略有喉閉塞ʔ。

i,u,y。i韵比較讀得鬆,u近標準u,y寫嚴式是稍鬆的ʏ。

a,ia,ua,ya的a是平均ᴀ,在介母後ᴀ值仍穩定。

o,io的o是較關的o,微有先開後關的趨勢,如oʊ。

æ,uæ,yæ的æ是偏央的前開元音,介於ɐ跟æ之間。

ie,ye的e近標準e。ye的y近ɥ值。

ai,iai,uai,yai的ai是ɐi。i尾很短而關。yai的y帶舌尖音的色彩。

ei,uei,yei的e近標準e。i值平均。

au,iau的a偏央而短,u相當關。

əu,iəu的ə偏後,但不像au的a那樣短。u也是較關的u。

an,uan,yan的a近標準a。n值很穩。yan的a有時稍爲關些。

ien的e是關e,i很短。

ən,uən的ə很短而不明顯,如kən聽起來好像從聲母k就直接到n。uən也好像是un。

in,yin。in的i很短,n有點不穩,常讀成iŋ跟ĩ之間的音。yin的y並不偏後,是很關的y,i很短。

aŋ,iaŋ,uaŋ,yaŋ的a都是較後的a,如ɑ。yaŋ的y很近ɥ。

oŋ,ioŋ的o較關。

3.聲調

陰平由"半高"升至"高",如(45),寬式用高平調號(˥55)。

陽平由"低"升至"中"(13),有時終點稍低如(12)。寬式用低升調號(˩13)。

上聲由"半高"降至"半低",用中降調號(˥42)。

去聲用半高平調號(˦44),調值相當穩。

入聲調值不穩。大致讀中升調(24),有時讀成低升調(13)或升得較低如(12),容易跟陽平混。寬式一律用中升調號(˩24)。

D. 與古音比較

1. 聲母

古聲組及影響條件 \ 發音方法 (古母今讀)	條件	全清塞	次清塞	全濁塞 平	全濁塞 仄	次濁	清擦	濁擦 平	濁擦 仄
幫組		幫:p	滂:pʻ	並:pʻ	並:p	明:m			
非組						微:u	非,敷 } f	奉:f	
端組泥	一二等洪 / 三四等細	端:t	透:tʻ	定:tʻ	定:t	泥 {n / n;y⁽¹⁾}　來 {n / n;y⁽¹⁾}			
精組	洪 / 細	精 { ts / tɕ }	清 { tsʻ / tɕʻ }	從 { tsʻ / tɕʻ }	從 { ts / tɕ }		心 { s / ɕ }	邪 { ɕ / ɕ,tɕʻ }	邪 { s / ɕ }
莊組	今開 / 今合	莊(照二) { ts / tɕ }	初(穿二) { tsʻ / tɕʻ }	崇(牀二) { tsʻ / tɕʻ }	崇(牀二) { ts;s / tɕ }		生(審二) { s / ɕ }		
知組	梗二等韻今開 / 其他今合	知 { ts / tɕ }	徹 { tsʻ / tɕʻ }	澄 { tsʻ / tɕʻ }	澄 { ts / tɕ }				
章組	今開 / 今合	章(照三) { ts / tɕ }	昌(穿三) { tsʻ / tɕʻ }	船(牀三) { s / tɕʻ,ɕ }	船(牀三) { s / ɕ }		書(審三) { s / ɕ }	禪 { ts,s / tɕʻ,ɕ }	禪 { s / ɕ }

古母今讀　發音方法及影響條件	今 開/合	古聲母及影響條件	全清塞 (見/影)	次清塞 (溪)	全浊塞 平 (羣)	全浊塞 仄	次浊 (日/疑/喻)	清擦 (曉)	浊擦 平 (匣)	浊擦 仄
日母	開	止(附質)					○			
日母	合	止(附質)					$z̩,i$			
日母		其他					y			
見組 曉組	開	一等	k	kʻ	tɕʻ	tɕ	$ŋ; ○^{(2)}$	x	匣	x
見組 曉組	開	二等	k, tɕ	kʻ, tɕʻ	*	*	ŋ.i	x, ɕ		x, ɕ
見組 曉組	開	三四等	tɕ	tɕʻ	kʻ	k	n.i	ɕ		ɕ
見組 曉組	合	一二等	k	kʻ	tɕʻ	k	u; ○	x		x
見組 曉組	合	蟹止合三四等	k	kʻ	tɕʻ	tɕ	u	x		x
見組 曉組	合	通舒					ʔ			*
見組 曉組	合	其他	tɕ	tɕʻ			y	ɕ		ɕ
影組	開	一等	$ŋ; ○^{(2)}$				i			
影組	開	二等	$ŋ, i; ○^{(2)}$				*			
影組	開	三四等	i				u			
影組	合	一二等	$u; ○^{(2)}$				i			
影組	合	蟹止合三四等	u				y			
影組	合	通	i							
影組	合	其他	y							

2. 韵母

第 一 表

開

攝 \ 等·聲母	一 幫系	一 端系	一 見系	二 幫系	二 泥組	二 知組莊	二 見系	三四 幫系	三四 端系	三四 莊組	三四 知章	三四 日母	三四 見系
果	*	o	o	a	a	a	a,ia	*	ie	*	æ	ye	ie
（遇）						*				*			
蟹	*	ai	ai	ai	ai	ai	ai,iai,ia	i,ei	i	*	ï	*	i
止	*	*			*	*		i,ei	i;ï	ï	ï	ɯ	i
效	au	au	au	au	au	au	iau	iau	iau	*	au	au	iau
流	ne	ne	ne					n·ne	nei	ne	ne	ne	nei
咸	*	an	an	an	*	an	an,ien	ien	ien	*	an	yan	ien
山	*	an	an	an	*	an	an,ien	ien	ien	*	an	an,yan	ien
宕	aŋ	aŋ	aŋ	aŋ	*	yaŋ	aŋ,iaŋ	*	iaŋ	yaŋ	aŋ	yaŋ	iaŋ

開

攝列	一			二				三四					
	幫系	端系	見系	幫系	泥組	知組莊	見系	幫系	端系	莊組	知章組	日母	見系
深	*	*				*		in	in	uŋ	uŋ	uŋ	in
臻	*	ue	ue		*	*		in	in	uŋ	uŋ	uŋ	in
曾	oŋ·uŋ	ue	ue		*	*		in	in	*	uŋ	yin	in
梗	uŋ·oŋ	uŋ	uŋ	en·in	uŋ	uŋ	en·in	in	in	*	uŋ	*	in
(通)						*				*			
咸入	*	a	o			a	a,ia	*	ie	*	æ	*	ie
山入	*	a	o	a	*	a	ia	ie	ie	*	æ	yæ	ie
宕入	o	o	o	o	*	o	io,o	*	io	*	o	io	io
深入	æ	*	æ			*		*	i	æ	ï	y	i
臻入	*	*			*	*		i	i	æ	ï	ɯ	i
曾入	æ	æ	æ		*	*		i	i	æ	ï	*	i
梗入			æ	æ	æ	æ	æ	i	i	*	ï	*	i
(通入)					*	*				*	*	*	

第 二 表

攝別 \ 等・聲母	合 一 幫系	合 一 端系	合 一 見系	合 二 幫系	合 二 莊組	合 二 見系	合 三四 幫系	合 三四 泥組	合 三四 精組	合 三四 莊組	合 三四 知章組	合 三四 日母	合 三四 見系
果	o	o	o	*	*	ua			*				ye
遇	n	ne	n	*	*		n	y	i	ne	y	y	y
蟹	ei	ei	uei, uai	*	*	uai, ua	ei	*	ei	*	yei	*	uei
止		*		*	*		i, ei, uei	ei	ei	yai	yei	*	uei
(効)		*			*					*			
(流)		*			*					*			
咸	an	an		*	yan		an			*	*		
山	*	*	uan	*	*	uan	an, uan	ien	ien	yan	yan	yan	yan
宕			uaŋ			uaŋ	aŋ, uaŋ	ien	ien	*	yan	yan	uaŋ

攝＼聲母	合　一 幫系	合　一 端系	合　一 見系	合　二 幫系	合　二 莊組	合　二 見系	合　三四 幫系	合　三四 泥組	合　三四 精組	合　三四 莊組	合　三四 知章組	合　三四 日母	合　三四 見系
（深）	*	*	*	*	*	*	*	*	*	*	*	*	nei·ʮ
臻	ue	ue	uen	*	*	uen	uen;ue	ue	iu	*	yin	yin	yin
曾	fɔ	*	fɔ	*	*	fɔ·uen	fɔ	oŋ	oŋ	oŋ	*	ioŋ	yin
梗	fɔ	fɔ	fɔ	*	ya	ua	a	ie	ie	oŋ	yæ	yin	yin·ioŋ
通	o	o	o	*	*	*	o	oŋ	oŋ	oŋ	oŋ	ioŋ	oŋ·ioŋ
咸入	*	*	o	*	ya	ua	a	ie	ie	oŋ	yæ	ioŋ	yæ
山入	n	ne	o	*	*	ua	a;ua	i	i	*	yæ	*	y
若入	*	*	o	*	*	*	o	*	*	*	*	*	y
（深入）	n	*	n	*	*	*	n	i	i	*	y	*	y
臻入	n	ne	æn	*	*	æn	ʂɔ:n⁽¹⁾	*	*	*	ne	*	ne
曾入	*	*	æn	*	æ	*	*	*	*	*	*	ne	ne
梗入	*	*	*	*	*	æn	n	ne	ne	*	ne	ne	ne
通入	ʂɔ:n⁽¹⁾	ne	n	n	*	*	fɔ:n⁽¹⁾	ne	ne	ne	ne	ne	ne

3.聲調

古類 \ 影響條件 \ 今值 \ 今類		陰平	陽平	上	去	入
平	清	˥				
	濁		˧			
上	清			˩		
	次濁			˩		
	全濁				˦	
去	清				˦	
	濁				˦	
入	清					˧
	次濁					˧
	全濁		˧(1)			˧

附注：

1.聲母：——

(1)泥來三四等在遇攝讀y，如'女'y，'呂'y。

(2)疑母開口一等及影母洪音在今o韵讀無聲母，如'鵝'o，'惡'o，'握'o，'窩'o；其他洪音讀ŋ。

2.韵母：——

(1)通入幫系：明母讀oŋ，如'木，目'moŋ；餘讀u，如'僕'pʻu，'服'fu。

3.聲調：——

(1)入全濁一部分歸陽平調，如'直'，'十'，'雜'，'滑'˧。

E. 同音字表

今調	陰平˥	陽平˩	上˩	去˥	入˩
今韻	ï;ɯ(○後)				
廣韻	祭‖脂;之;支‖緝‖質‖職‖昔(均開口)				
p pʻ m f					
t tʻ n					
ts tsʻ s	之;知,支‖ 隻入 師;思;斯, 施	姪‖直值植,殖禪 遲 時‖十‖食‖石	子;只 恥;此 矢;使,始	自,致,至;字,志;翅審 次;伺心;刺,賜心 世‖四,示;似,士、事,試,市;是‖式入	置去‖執‖質‖織‖擲 秩澄‖赤 實‖蝕,識飾
z̩					
tɕ tɕʻ ɕ					
k kʻ ŋ x					
○		而‖日	爾	貳	

今調	陰平 ㄱ	陽平 ㄟ	上 ㄥ	去 ㄱ	入 ㄟ
今韵	i				
廣韵	魚;虞||祭;齊||脂;之;支;微||緝||質;迄;術||職||昔;陌三;錫				
p p' m f		靡上	比;彼 鄙痞幫,丕平 米		必||逼||碧;壁 弼並||僻,闢並 秘泌幫去||密
t t' n		堤提 梨;離	底 禮||履;你,李里理	帝,第,隸來||地 例	的,笛 立||栗;律||力||逆;歷
tɕ tɕ' ɕ	 妻,棲心||期羣 須||西,溪溪,奚兮匣;攜匣合||希	 齊||其;奇 徐||習,泣溪入	己;幾 起 洗||璽||徙支開心	聚||祭;濟,計繼||忌;寄,技妓;季見合 去溪魚,娶趣||器;氣 序||系;戲;遂脂合邪	緝清,集,急,及,吸曉||吉||極||積,激 七;乞,迄曉||戚,喫 戌恤||息||席
○	衣依	夷;疑;宜,移;遺合	以,矣	藝||意;義議	噎屑||邑||一,逸||憶||亦

今調	陰平┐	陽平┤	上┘	去┐	入┤
今韵			u		
廣韵			模;虞‖尤‖没;物‖屋;沃		
p				步	不
p'			譜幫,普		勃並‖卜幫,撲,僕曝瀑並
m					没
f			府,腐奉	附‖負	服
k	孤			故	骨
k'					哭;酷
ŋ					
x		胡狐乎	虎	户	忽
○	烏	吾;無	五;武	務‖戊侯明	物‖屋;沃

今韵			y		
廣韵			魚;虞‖緝‖術;物‖職;昔‖屋;燭		
tɕ	猪,諸;拘俱		主	著,巨;柱、住,句	橘‖菊;局
tɕ'	樞,區	除			出;屈‖曲
ɕ	書,虛;殊禪		暑鼠,許	樹	
○		如,魚,於影,餘余,與上;儒,愚,于	女,呂;羽	遇‖玉入	入‖鬱‖域‖疫役

今調	陰平┐	陽平ㄥ	上ㄥ	去┐	入ㄥ
今韵	a				
廣韵	麻二‖合;盍;洽;乏‖曷;黠;月				
p	巴‖‖[爸]		把		八
p'		拔並入		怕	
m	[媽]		馬		
f					法‖髮
t			打庚	大泰	答搭‖達
t'	他歌				踏;塔
n	拉入	拿	[哪]	[那]	納;臘‖辣
ts		雜		乍	閘‖札
ts'		察入			插
s	沙				殺
k					甲(指甲)
k'					
ŋ		[伢]			
x				下	

今調	陰平 ˥	陽平 ˩	上 ˥˩	去 ˥	入 ˩
今韵	ia				
廣韵	麻二‖佳‖洽;狎‖鎋(均開口)				
tç	家加‖佳		假賈		里
tçʻ					恰
ç		霞		下	狹;匣‖瞎
○	鴉	牙			鴨壓‖軋

今韵	ua				
廣韵	麻二‖佳;夬‖鎋;黠(均合口)				
k	瓜			掛	刮
kʻ					
ŋ					
x		華‖滑		化‖畫;話	
○	蛙		瓦		挖

今韵	ya				
廣韵	鎋(合口)				
tç					
tçʻ					
ç		刷			

今調	陰平 ˥	陽平 ˊ	上 ˋ	去 ˥	入 ˊ
今韵	o				
廣韵	歌;戈一‖合;盍‖曷;末;薛‖鐸;覺;藥				
p	波,玻滂				剝;縛奉
p'	坡	婆			
m			[麼]		末‖没没‖莫
f					
t	多			舵	
t'			妥		脱‖託
n		羅;騾			洛
ts			左	做;坐	作;桌,捉;酌
ts'					
s			所魚		説₂
k	歌哥;鍋		果	個;過	鴿‖割‖各;角(仔);郭
k'			可		闊
ŋ					
x		何‖盍‖活		禍	合‖喝‖鶴;霍
○	窩	鵝	我		惡;握

今調	陰平˥	陽平˧	上˩	去˥	入˧
今韵			io		
廣韵			覺;藥(均開口)		
t tʻ n					略,虐
tɕ tɕʻ ɕ		學			覺;脚 確;雀精 削
○					若,約

今韵			æ		
廣韵			麻三‖葉‖薛‖緝‖櫛‖德;職‖陌;麥(均開口)		
p pʻ m f					北‖百,白 泊並‖鐸‖迫幫,拍 麥
t tʻ n					得德 忒,特定 勒
ts tsʻ s	車	徹入 蛇			則‖責 澈澄‖側照,測‖澤擇澄 涉舌,設‖澀‖瑟‖色
k kʻ ŋ x					格;革 刻 厄 黑‖赫

今調	陰平˥	陽平˩	上˨	去˥	入˩
今韵	uæ				
廣韵	德;麥(均合口)				
k					國
kʻ					
ŋ					
x					或‖獲

今韵	yæ				
廣韵	薛;月;屑				
tɕ					綴,拙;掘;決
tɕʻ					缺
ɕ					説₁;穴
○					熱;閲;月,越日

今調	陰平 ˥	陽平 ˧	上 ˦	去 ˥	入 ˧
今韵	ie				
廣韵	麻三‖葉;業;帖‖薛;月;屑				
p			癟入		
p'					撇
m					滅
f					
t	[爹]				
t'					帖‖鐵
n					聶‖列;臬;劣
tɕ	嗟			[這]	楫接;刼‖傑;竭;節,結;絕
tɕ'					切
ɕ	些	邪	寫	謝	脅;協‖薛
○			也野		葉;業‖孽;謁

今韵	ye			
廣韵	麻三;戈三			
tɕ tɕ' ɕ	靴	茄開;瘸		
○			惹	

今調	陰平 ㄱ	陽平 ㄟ	上 ㄟ	去 ㄱ
今韵	ai			
廣韵	哈;泰;皆;佳;夬(均開口)			
p p' m f		埋	買	拜;敗 派
t t' n		來	乃;奶	待、代;帶 泰 賴
ts ts' s	災;齋	才;柴		再、在 菜;蔡 寨牀
k k' ŋ x	該;皆 開 哀	孩;鞋‖還(ㄧ是)删合	改;解 矮	概;蓋;介界戒,械匣 愾 愛;艾 亥;害

今韵	iai			
廣韵	皆;佳(均開口)			
tɕ tɕ' ɕ	偕,諧匣			介 懈

今調	陰平┐	陽平ㄥ	上ㄥ	去┐
今韵	uai			
廣韵	泰;皆;佳;夬(均合口)			
k				怪
kʻ			塊去	會(l計)見;快
ŋ				
x		懷		壞
○	歪曉			外

今韵	yai		
廣韵	脂;支		
tɕ			
tɕʻ		揣	
ɕ			帥

今調	陰平 ˥	陽平 ˋ	上 ˇ	去 ˥
今韵	ei			
廣韵	祭;灰;泰;廢∥脂;支;微			
p	卑;悲;碑			敝;倍;貝∥被
p'	披			配,佩並
m		梅		
f	飛	肥	匪	廢,肺
t				對;兌
t'				
n				屢虞∥內∥類;累
ts				罪;最
ts'				脆∥悴從,粹心
s		隨		歲

今韵	uei			
廣韵	灰;泰;祭;齊∥脂;支;微(均合口)			
k	龜;歸			桂∥貴
k'				
ŋ				
x	灰	回	毀	會;彗喻;惠∥諱
○	威	維惟;危,爲₁(作∣);微,圍	委	衛∥位;爲₁(因∣)未,畏,彙

今調	陰平 ㄱ	陽平 ㄟ	上 ㄥ	去 ㄱ
今韵	yei			
廣韵	祭‖脂;支(均合口)			
tɕ	追,錐			
tɕʻ		垂		
ɕ			水	稅睡瑞
○				銳喻

今韵	au			
廣韵	豪;肴;宵			
p	包		保	
pʻ		袍;跑		
m	貓明平			貌
f				
t			倒	到
tʻ		桃		
n		牢		鬧
ts	昭		早	造$_1$;趙,照
tsʻ			草;炒	糙造$_2$
s			掃	紹
ʐ		饒		
k	高		稿;攪	告
kʻ				
ŋ				奧
x		毫	好	

今調	陰平 ˥	陽平 ˩	上 ˥	去 ˥
今韵	iau			
廣韵	肴;宵;蕭			
p p' m f		苗貓	表	
t t' n		條 燎;聊	了	釣 跳
tɕ tɕ' ɕ	消,霄;蕭	喬 淆餚	巧 小;曉	較;叫 孝,効校
○	妖	堯	舀	要

今調	陰平˥	陽平˩	上˥	去˧	入˩
今韵	əu				
廣韵	模;魚;虞‖侯;尤‖沒‖屋;沃;燭				
p p' m f		謀	剖 某畝 否,婦奉		
t t' n	都	圖‖頭‖突透入‖禿透入 奴	賭肚‖斗 土 努	杜‖鬥 路‖漏	讀;篤 鹿;陸;綠
ts ts' s	周 初	鋤‖愁 熟	組‖走 楚‖丑	做‖奏 助牀 素;數‖獸,受	卒‖竹;足,燭囑 族從;促,觸 蕭;縮;續,屬
ʐ		柔			肉;辱
k k' ŋ x	歐	侯	偶	够 候後	

今調	陰平ㄱ	陽平ㄟ	上ㄣ	去ㄱ	入ㄟ
今韵	ieu				
廣韵	尤;幽‖屋三;燭				
t t' n	［丢］		紐		
tɕ tɕ' ɕ	秋 休	囚,求	糾	就,舅	畜
○		牛,由猶,尤	有	又;幼	育;欲

今調	陰平˥	陽平˨˩	上˦˨	去˦
今韵	an			
廣韵	覃;談;咸;銜;鹽;凡‖寒;山;删;仙;桓;元			
p			板	扮,辦;半
pʻ				盼;判,叛並
m				慢
f		凡	反	范
t			短	擔‖旦,但
tʻ	貪	談		歎
n		南;藍‖難	暖	亂
ts	沾		斬‖展	暫‖棧
tsʻ	參‖餐		慘‖剷,産審	
s	三;衫‖山	蟬	陝	扇;算
ʐ		然1		
k	干;間		感;敢	
kʻ				看
ŋ	安		眼	暗
x		含;鹹‖寒		漢

今韵	uan			
廣韵	桓;山;删;元(均合口)			
k	官觀;鰥;關			貫;慣
kʻ			款,皖匣	
ŋ				
x			緩匣	唤,换
○	彎	完丸(彈丨)匣	碗	萬

今調	陰平 ˥	陽平 ˧	上 ˩	去 ˥
今韵	yan			
廣韵	鹽‖删;仙;元;先			
tɕ tɕ' ɕ	專 删開;掀軒開;閂;暄	 船 玄	 癣開;選心合	篆,倦
○		然₂;丸(肉│)匣;缘沿 鉛,圓,元,園	染‖軟;阮,遠	院

今韵	ien			
廣韵	咸;衔;鹽;嚴;添‖山;删;仙;元;先			
p p' m f	邊 	 便(│宜) 	貶 	辨;辯 偏幫,片
t t' n	 天 研疑平	 田 廉‖連聯;年,憐	點‖典 	店 驗;念‖戀
tɕ tɕ' ɕ	監‖囝 謙‖千 仙鮮;先;宣	 鉗‖錢;全 衔;嫌‖閑;賢弦	減‖剪;繭 險	漸‖諫;件;建;見 陷‖限;憲;現;縣合
○	煙	嚴‖言	眼;演	厭‖晏;硯

今調	陰平 ˥	陽平 ˩	上 ˥	去 ˥
今韵	ən			
廣韵	侵‖痕;臻;真;魂;諄;文‖登;蒸‖庚;耕;清			
p	崩		本	
pʻ		彭		
m		門		
f	分			奮
t			等	頓
tʻ	吞			
n		倫‖能	冷	論
ts	臻‖增;徵‖争;貞偵		［怎］	鄭,政
tsʻ	撑	沉‖陳,臣;存‖成誠		
s	森,深‖身申‖生	晨‖繩	審‖［什］	盛
ʐ		壬‖人	忍	認
k	跟‖耕			亙;更
kʻ			懇‖肯	
ŋ	恩			硬
x		恒	很	恨

今調	陰平 ㄱ	陽平 ノ	上 ∨	去 ㄱ
今韵	uən			
廣韵	魂;文‖庚			
k				
kʻ	坤			困
ŋ				
x	昏	橫		
○	溫	聞	穩	問

今韵	in			
廣韵	侵‖真;欣;諄‖蒸‖庚;耕;清;青(均開口)			
p	兵		稟	並
pʻ		貧‖平;瓶	品	命
m		民‖名	敏	
f				
t	丁		頂	
tʻ	聽$_1$			聽$_2$
n		林‖鄰‖陵‖靈		令
tɕ	侵清,今‖津,巾;斤‖京荊;經		緊	進晉,盡,近;俊‖靜,勁
tɕʻ	欽‖輕;傾溪合	秦‖情	傾溪合	
ɕ	心‖新;星腥	尋‖旬‖行;形		信;迅‖杏;幸;性姓
○	音‖因‖鶯;英	銀‖凝;盈;營合	隱	印‖應

今調	陰平 ˥	陽平 ˧	上 ˥	去 ˥
今韵	yin			
廣韵	諄;文‖蒸;清;庚(均合口)			
tɕ	均			
tɕʻ	椿,春	羣‖瓊		
ɕ	勳	唇,純	迥匣	
○		雲‖仍‖榮;螢匣	允尹‖永	閨;運‖孕蒸開

今韵	aŋ			
廣韵	唐;江;陽			
p	邦			
pʻ		旁		
m		忙		
f	方	房防		
t				蕩
tʻ				趟
n		郎	朗	
ts	張		長漲	
tsʻ	倉;昌			
s	桑;商	常		尚上
k	綱剛			
kʻ			
ŋ			
x				項、巷

今調	陰平 ㄱ	陽平 ㄱ	上 ㄱ	去 ㄱ
今韵	iaŋ			
廣韵	江;陽(均開口)			
t tʻ n		娘	兩	量
tɕ tɕʻ ɕ	江 香	詳祥	講 想	 像
○		洋	仰	樣

今韵	uaŋ			
廣韵	唐;陽(均合口)			
k kʻ ŋ x	光	狂 黃		逛 曠;況曉
○	汪	王	往	旺

今韵	yaŋ			
廣韵	江;陽(均開口)			
tɕ tɕʻ ɕ	椿;莊 窗	牀		撞;狀
○				讓

今調	陰平┐	陽平ㄥ	上ㄣ	去┤	入ㄥ
今韵	oŋ				
廣韵	登‖庚二;耕‖東;冬;鍾‖屋				
p p' m f	 風;封	朋 萌 		 孟‖夢 奉	 木;目
t t' n	東 通 	 同 農;隆;龍	 桶;統去 攏	動、洞 	
ts ts' s	中;鍾 充 鬆;嵩;松	 崇;從 	總 寵 	眾;種 送;宋;誦	
k k' ŋ x	公功;弓;恭 空 	 弘‖宏‖紅	 恐 	共 	
○	翁				

今韵	ioŋ				
廣韵	庚三‖東;鍾(均合口)				
tɕ tɕ' ɕ	 兄‖胸	 窮 雄熊;喻			
○		絨,融;茸		用	

F. 音韵特點

1. 聲母

（1）不分ts跟tʂ。在漢川古精組及知系的洪音全讀ts等。如'兹'tsï＝'知'tsï，'才'＝'柴'tsʻai，'素'＝'數'səu。

（2）不分尖團。古精組及見系的細音都讀tɕ等。如'節'＝'結'tɕie，'尋'＝'行'ɕin，'序'＝'系'ɕi，'小'＝'曉'ɕiau。

（3）知系今合口全讀tɕ等，如'猪'tɕy，'船'tɕʻyan，'牀'tɕʻyaŋ，'然'yan，'春'tɕʻyin，'閏'yin。

（4）泥來不分。泥來兩母除遇攝魚韵外無論洪細都讀n，如'南'＝'藍'nan，'納'＝'臘'na，'倫'＝'能'nən，'年'＝'連'nien，'林'nin，'娘'niaŋ，'兩'niaŋ。在魚韵失去聲母都讀y，如'女'＝'吕'y。

（5）日母在止攝及質韵，通舒及宕入都讀無聲母，如'而'ɯ，'日'ɯ，'絨'ioŋ，'若'io；在其餘今開口讀z̩，如'饒'z̩au，'柔'z̩əu，'然'z̩an，'壬'z̩ən；今合口讀y，如'然'yan，'讓'yaŋ，'惹'ye。

（6）疑母影母一二等開口在今o韵讀○，如'鵝'o，'惡'o，其餘洪音讀ŋ，如'眼'ŋan，'暗'ŋan，'愛'＝艾ŋai，'恩'ŋən，'硬'ŋən。

（7）疑母三四等開口讀○，n不定，如'藝'i，'牛'iəu，'嚴'ien，'業'ie，但'驗'nien，'臬'nie，'虐'nio，'逆'ni。

（8）見組開口二等在梗攝入聲讀k等，如'格'kæ，'赫'xæ，'厄'ŋæ，其餘讀k，tɕ不定，如'甲'<u>ka</u>，<u>tɕia</u>，'下'<u>xa</u>，<u>ɕia</u>，'鞋'xai，'偕'tɕiai，'孝'ɕiau，'間'<u>kan</u>，<u>tɕien</u>，'耕'kən，'杏'ɕin。

2. 開合

（1）端系一等合口今讀開口，如'杜'təu，'内'nei，'最'tsei，'短'tan，'亂'nan，'存'tsʻən，'突'tʻəu，'族'tsʻəu。三四等合口只泥組在魚韵讀合，如'女，吕'y；其餘全讀開，如'徐'ɕi，'歲'sei，'累'nei，'全'tɕʻien，'劣'nie，'旬'ɕin，'律'ni，'誦'soŋ，'綠'nəu。

（2）日母開口在果咸曾攝及山深入聲，宕攝舒聲，讀合口，如'惹'ye，'染'yan，'仍'yin，'熱'yæ，'入'y，'讓'yaŋ；在山攝舒聲開合兩讀，如'然'ẓan，yan。

3. 韵母

（1）模韵端系，魚虞韵莊組及通入端知系都讀əu，跟流攝洪音混，如'賭'＝'斗'təu，'圖'＝'頭'tʻəu，'禿'təu，'路'＝'漏'nəu，'鋤'＝'愁'tsʻəu，'數'＝'受'səu。

（2）遇攝精組跟蟹攝三四等開口端系，止攝開口端泥組同讀i，如'徐'çi，'聚'tçi，'例'ni，'西'çi，'地'ti，'離'ni。

（3）遇攝三等知系讀y，跟見系混，如'著'＝'句'tçy，'豬'＝'俱'tçy，'書'＝'虛'çy，'如'＝'余'y。

（4）流攝幫系一等讀əu，如'剖'pʻəu，'某'məu，三等讀əu或u不定，如'謀'məu，'否'fəu，但'負'fu。其他聲母字讀əu，iəu，如'透'tʻəu，'幼'iəu。

（5）咸山攝今開口細音，讀ien，如'監'tçien，'眼'ien，'片'pʻien，'點'tien，'連'nien；今合口細音讀yan，如'染'yan，'閂'çyan，'篆'tçyan，'船'tçʻyan，'院'yan。

（6）曾梗攝無論洪細除少數，讀混通攝外，均收n尾，跟深臻混。如'森，深'＝'身'sən，'跟'＝'耕'kən，'林，鄰'＝'陵，靈'nin，'心，新'＝'星'çin，'今，津'＝'京'tçin。

（7）通攝入聲，明母讀oŋ，如'木，目'moŋ；其餘幫系字讀u，如'撲'pʻu，'服'fu。

（8）通入三四等見系讀y，iəu不定，如'菊，局'tçy，'畜'çiəu，'育，欲'iəu。

4. 聲調

（1）不分陰陽去。古去聲全部及上聲全濁都歸去聲，如'對，愛，共，用，近，婦'等字。

（2）有入聲。古入聲清音，次濁，及一部分全濁都歸入聲，如'執，合，帖，絕，麥，曰'等字。但入全濁有一部分歸陽平，如'石，十，食'＝'時'，'習'－'徐'，'滑'－'華'，'活'＝'何'。

G. 會話

4 a： niˇ ɕin˧ moˇ sïˉ aˡˇ?
　　　你　姓　麼　事　阿?

4 b： oˇ ɕin˧ tsʻənˇ noˡ。
　　　我　姓　陳　嘍。

　 a： niˇ——ɕien˧ tsaiˉ tsoˡˇ moˇ sïˉ, niˇ naiˇ?
　　　　 你——現　在　做　麼　事，你　來?

　 b： tsʻïˇ tiˉ təuˇ ɕyˉ aˡˇ。
　　　　 此　地　讀　書　阿。

　 a： niˇ sïˉ naˇ koˡˇ ɕioˇ ɕiauˉ tiˡˇ aˡˇ?
　　　　 你　是　哪　個　學　校　的　阿?

　 b： ɕien˧ tsaiˉ tsaiˉ uˇ tsʻaŋ˧——tsoŋ˧ xuaˇ taˉ ɕioˇ niˡ。
　　　　 現　在　在　武　昌——中　華　大　學　裏。

　 a： tsoŋ˧ xuaˇ təuˇ——kau˧ tsoŋ˧ aˡˇ, tsʻəu˧ tsoŋ˧ aˡˇ?
　　　　 中　華　讀——高　中　阿，初　中　阿?

　 b： tsʻəu˧ tsoŋ˧。
　　　　 初　中。

　 a： niˇ uˉ niˡˇ tsənˇ moˡˇ tɕienˉ ɕieˡˇ sïˇ moˇ ɕinˇ naiˇ niˡˇ?
　　　　 你　屋　裏　怎　麼　這　些　時　沒　信　來　呢?

　 b： in˧ ueiˉ oˇ moˇ taˇ ɕin˧ xueiˇ tɕʻiˉ maˡˇ。
　　　　 因　爲　我　沒　打　信　回　去　嗎。

　 a： eˡˋ, niˇ ɕiauˇ niˇ uˉ niˡˇ ɕienˉ tsaiˉ tiˡˇ tɕʻin˧ ɕinˇ sïˉ tsənˇ
　　　　 誒，你　曉　你　屋　裏　現　在　的　情　形　是　怎

　　 moˡˇ iaŋˉ naˡˇ? ——uˉ niˡˇ ɕyeiˇ tsai˧?
　　　　 麼　樣　啦?　——屋　裏　水　災?

　 b： eˡˋ, moˇ naiˇ zənˇ neˡˇ, iəu˧ moˇ naiˇ ɕin˧, puˡˇ ɕiauˇ təˡˇ
　　　　 誒，沒　來　人　呐，又　沒　來　信，不　曉　得

maꜜ。
嗎。

a：niˇ tiꜜ uˉ niꜜ tɕiaˇ sï˧ naiˇ ɕinˉ tiꜜ xuaˉ niꜜ，niˇ tinˇ xauˇ
你 的 屋 裏 假 使 來 信 的 話 呢， 你 頂 好

paˇ koꜜ ɕinˉ oˇ aꜜ。
把 個 信 我 阿。

b：xauˇ，xauˇ。
好， 好。

a：naˉ sï˧，ɕienˉ tsaiˉ ɕyeiˇ tsaŋˇ tiꜜ saꜜ，ɕyeiˇ tsaˉ aꜜ。
那 是， 現 在 水 漲 的 煞， 水 閘 阿。

b：ɕyeiˇ tsaŋˇ oˇ ieˇ puꜜ ɕiauˇ təꜜ niꜜ。
水 漲 我 也 不 曉 得 呢。

a：ɕienˉ tsaiˉ aꜜ，kʼoŋˇ pʼaˉ ueiˇ ɕienˉ tiꜜ xənˇ neꜜ，ɕienˉ tsaiˉ
現 在 阿， 恐 怕 危 險 的 很 吶， 現 在

tɕiaŋˉ niꜜ ɕyeiˇ tsaŋˇ taˉ iˇ xəuˉ，oˇ mənꜜ naˉ niꜜ ueiˇ
江 裏 水 漲 大 以 後， 我 們 那 裏 圍

tʼienˇ iəuˇ xaiˉ
田 有 害。

b：sï˧ aꜜ。
是 阿。

a：ɕienˉ tsaiˉ naˉ niꜜ tʼəuˇ feiˇ taˉ kaiˉ tsoŋˇ muˉ təꜜ nəꜜ aꜜ?
現 在 那 裏 土 匪 大 概 總 沒 得 了 阿?

b：muˉ təꜜ，moˇ tʼinˉ tɕienˉ ɕyæˇ tʼəuˇ feiˇ。
沒 得， 麼 聽 見 説 土 匪。

a：ɕienˉ tsaiˉ oˇ mənꜜ naˉ niꜜ seiˇ iˇ moꜜ sï˧ məꜜ xənˇ pʼinˇ
現 在 我 們 那 裏 隨 意 麼 事 嚹 很 平

tɕinˉ nəꜜ，oˇ mənꜜ xueiˇ tɕʼiˉ aꜜ iaŋˇ tɕʼyanˇ kʼoˇ iˇ tsəuˇ
靜 了， 我 們 回 去 阿 洋 船 可 以 走，

tɕ'i˦ ts'æ˥ k'o˦ i˦ tsəu˥, k'an˥ ni˥ sï˦ ta˦ tɕ'i˦ ts'æ˥ ta˦ iaŋ˥
汽　車　可　以　走，　看　你　是　搭　汽　車　搭　洋

tɕ'yan˦?
船?

b：o˥ xuei˦ tɕ'i˦ tsəu˥ ta˦ tɕ'i˦ ts'æ˥ k'o˥ tə˩˦。
我　回　去　就　搭　汽　車　可　得。

a：o˥ tɕ'in˦ ni˥ pu˦ iau˥ ta˦ tɕ'i˩˦ ts'æ˩˦, tɕ'i˦ ts'æ˩˦ t'ai˦ kuei˦
我　請　你　不　要　搭　汽　車，　汽　車　太　貴

niau˥, ta˦ iaŋ˦ tɕ'yan˦ pi˥ tɕiau˦ p'ien˦ i˦ ɕie˩˦, o˥ mən˩˦
了，　搭　洋　船　比　較　便　宜　些，　我　們

ɕien˦ tsai˦ tɕiaŋ˥ tɕin˦ tɕi˦ ɕie˩˦。
現　在　講　經　濟　些。

b：au˩˦, k'o˥ tə˩˦, k'o˥ tə˩˦ xau˥。
噢，　可　得，　可　得　好。

a：iau˦ sï˦ o˥ mən˩˦ ta˦ tɕ'i˦ ts'æ˥ ti˩˦ xua˦ ne˩˦——na˦ k'oŋ˥
要　是　我　們　搭　汽　車　的　話　呐——那　恐

p'a˦ tɕin˦ tɕi˦ pi˥ tɕiau˦ nai˦ pu˩˦ tɕi˦。
怕　經　濟　比　較　來　不　及。

b：sï˦ ti˩˦, k'o˥ tə˩˦, o˥ mən˩˦ tɕiəu˦ ta˦ iaŋ˦ tɕ'yan˦。
是　的，　可　得，　我　們　就　搭　洋　船。

a：a˥! xuei˦ tɕ'i˦ o˥ mən˩˦ k'an˦ k'an˥ ɕiaŋ˦ ni˥ tɕ'in˦ ɕin˦ tsən˥
阿！回　去　我　們　看　看　鄉　裏　情　形　怎

mo˩˦ iaŋ˦?
麼　樣?

b：sï˦ ti˩˦, sï˦ ti˩˦。
是　的，　是　的。

a：ni˥ iəu˥ tɕi˥ ko˩˦ ko˥ ko˩˦?
你　有　幾　個　哥　哥?

b：o˅ iəu˅ sï˧ koᵌˑ ko˥ koˑ。
我 有 四 個 哥 哥。

a：ta˧ kai˧ ni˅ ie˅ pu˧ iau˧ tɕin˅, ni˅ tɕin˧ tɕi˧ kʻo˅ i˅ fu˧
大 概 你 也 不 要 緊, 你 經 濟 可 以 負

tan˧ aˑ。
擔 阿。

b：pu˧ nən˧ kəu˧ ouˑ, təu˧ pu˧ sï˧ iˑ iaŋ˧。
不 能 夠 嗽, 都 不 是 一 樣。

a：na˧ sï˧ aˑ, ɕien˧ tsai˧ o˅ mənˑ ɕy˅ tɕia˅ xuei˅ tɕʻi˧ tiˑ sï˅
那 是 阿, 現 在 我 們 暑 假 回 去 的 時

xəu˧ aˑ, o˅ ɕiaŋ˅ kən˧ ni˅ saŋ˧ niaŋ˅ aˑ, ɕy˅ tɕia˅ xuei˅
候 阿, 我 想 跟 你 商 量 阿, 暑 假 回

tɕʻi˧ tiˑ sï˅ xəu˧ niˑ o˅ mənˑ tsou˧ tsï˧ koᵌˑ sï˧ tsï˧ yin˧
去 的 時 候 呢 我 們 組 織 個 識 字 運

toŋ˧ xuei˧。
動 會。

b：xau˅, xau˅。
好, 好。

a：tsï˅ iˑ ɕieˑ ɕiau˅ ŋa˧ mənˑ aˑ, kʻo˅ i˅ səu˧ ɕie˧ ɕiau˅ xai˧
這 一 些 小 伢 們 阿, 可 以 受 些 小 孩

tsïˑ tsï˧ sï˧ aˑ, kʻo˅ pu˧ kʻo˅ i˅ tsʻan˧ tɕia˧ tiˑ niˑ?
子 知 識 阿, 可 不 可 以 參 加 的 呢?

b：sei˅ pien˧ təu˧ kʻo˅ i˅ tsʻan˧ tɕia˧。 pu˧ tsau˅ niau˅, tsai˧
隨 便 都 可 以 參 加。 不 早 了, 再

tɕien˅ naˑ!
見 啦!

a：xau˅, o˅ mənˑ tsai˧ tɕien˧ naˑ。
好, 我 們 再 見 啦。

五. 沔陽(仙桃鎮)

A. 發音人履歷

發音人	5a	5b
年齡	16 歲	17 歲
原籍	沔陽仙桃鎮	同左
職業	學生	學生
教育程度	中學二年	中學三年
幼時語言環境	在本鄉讀書	九歲後常隨父去山東,每年仍回鄉
教師方言	本地話	各地不一
住過的地方	武昌三年	山東,又武昌三年
曾否學國語	未	未
能否説別處話	不會	不會

二十五年五月九日吳宗濟記音

　　兩人原籍同屬一鎮,又自云本地只有一種口音,但是兩人的語音事實上就有許多不同的地方。發音人 5b 小時候常到外鄉去,恐怕是他夾雜外路口音的原故。以下所述,除會話記音外,全以 5a 爲主。

B. 聲韵調表

1. 聲母

p	步包	p'	旁票	m	馬未			
t	底但	t'	泰同	n	羅李奴年			
ts	子助追	ts'	財窗春			s	三生樹
tɕ	漸決	tɕ'	羣秋			ɕ	霞虚
k	哥共	k'	開狂			x	奉好户
○	饒我約未月						

2. 韵母

ï	子失	a	八拿插下	o	白妥作哥	ɤ	得舌而
i	米里戚邑	ia	佳鴉	io	角約		ie	敝爹寫
u	步樹骨屋	ua	刷話				
y	吕恤						ye	靴決

ai	拜代柴改	ei	貝對歲	au	保桃草好	əu	某土足口
iai	介			iau	表跳喬	iəu	紐求
uai	帥懷	uei	錐回				

an	板暖陝漢			ən	彭吞沉更		
		ien	貶典限			in	並林晉應
uan	船凡			uən	春昏		
		yen	倦	yən	均		

aŋ	旁郎常綱	oŋ	朋洞宋宏
iaŋ	娘象	ioŋ	兄胸
uaŋ	狀況		

3. 聲調

陰平	陽平	上	去	入
ㄱ	ㄣ	ㄥ	ㄱ	ㄣ
森	頭白	改穩	歡市萬	説六局

C. 聲韵調描寫

1. 聲母

　　沔陽聲母，今按音位定爲十六個，如上表。以下分組述其音值。

　　p組只有p，pʻ，m三個雙唇音。發音人 5 b另外又有個唇齒音f，5 a把它讀成xu-。不知這個f是本地原有的，或是受外路話的影響而來的。

　　t組t，tʻ，n。n是個變值音位，讀n或l不定。

　　ts組的ts，tsʻ，s。讀法與國音同。

　　tɕ組的tɕ，tɕʻ，ɕ。在開口韵前全讀舌面前音；在合口韵前有時讀成舌尖面混合音。

　　k組k，kʻ，x。x在合口韵前偶有讀f的。

　　○包括喉閉塞ʔ（開口洪音前）及高元音i，u，y。

2. 韵母

　　ï僅有舌尖前音ɿ讀。

　　i近標準元音i。

　　u讀得鬆，嘴唇也不很圓。

　　y沒有i那麼關；有時更受聲母的影響讀舌尖面混合元音。

　　a，ia，ua。a的部位介乎平均ᴀ與後ɑ之間。

　　o，io。通常讀得較開。在k組聲母後或無聲母時o更分化爲uo。

　　ɤ相當於o的開唇。但無聲母時讀得很關，差不多近於ɯ。

　　ie，ye。e是開ɛ。

　　ai，iai，uai。ai的"動程"自æ至ɪ。在iai中，尾音i受介音i的影響變e。uai

的u在ts組聲母後有時變ʮ。

ei,uei,e的部位偏央。介音u在ts組聲母後有時變ʮ。

au,iau。a是後ɑ,u開。

əu,iəu。ə偏後,u不很圓唇。

an,uan。a是前a。介音u在ts組聲母後有時變ʮ。

ien,yen。e同ie,ye韵的e。

ən,uən,yən。ə部位偏前。在yən中,音程很短。

in韵的i是開ɪ。

aŋ,iaŋ,uaŋ。a同a,ia,ua韵的a。介音u在ts組聲母後或變ʮ。

oŋ,ioŋ。o同o,io韵的o。

3. 聲調

陰平由"半高"升至"高"(45),寬式用高平調號(˥55)。

陽平由"低"升至"半低"(12),寬式用低升調號(˩13)。

上聲低降(31),有時由"半低"降至"低"(21),寬式一律用低降調號(˩31)。

去聲中平(33),有時由"半高"降至"中"(43),寬式一律用中平調號(˧33)。

入聲中升(24),有時由"低"升至"半高"(14),寬式一律用中升調號(˧24)。

D. 與古音比較

1. 聲母

古聲母及影響條件 / 古聲組及影響條件	全清塞	次清塞	全濁塞 平	全濁塞 仄	次濁	清擦	濁擦 平	濁擦 仄
幫組（一二等 / 三四等）	幫：p	滂：pʻ	並：pʻ	並：p	明：m			
非組（洪 / 細）					微：m	非 敷 } x	奉：x	
端組 泥（一二等洪 / 三四等細）	端：t	透：tʻ	定：tʻ	定：t	泥：n　來：n			
精組（洪 / 細）	精　ts / tɕ	清　tsʻ / tɕʻ	從　tsʻ / tɕʻ	從　ts / tɕ		心　s / ɕ	邪　s / tɕʻ,ɕ	邪　s / ɕ
莊組（內轉 / 外轉）	莊（照二）：ts	初（穿二）：tsʻ	崇（牀二）：tsʻ / s	崇（牀二）：ts;s / ts		生（審二）：s		
知組（便二等韻 今開/今合，其他 今開/今合）	知：ts	徹：tsʻ	澄：tsʻ	澄：ts				
章組	章（照三）：ts	昌（穿三）：tsʻ	船（牀三）：tsʻ,s	船（牀三）：s		書（審三）：s	禪：tsʻ,s	禪：s

古母今讀 ＼ 發音方法及影響條件 古聲組及影響條件 ＼ 古讀	今讀條件	全清塞	次清塞	全濁塞（平）	全濁塞（反）	次濁	清擦	濁擦（平）	濁擦（反）
（代表古聲母）		見／影	溪	羣	羣	日／疑／喻	曉	匣	匣
日母	開 止（附質）					○			
日母	開 其他					○；i [1]			
日母	合					y			
見組曉	開 一等	k	kʻ	tɕʻ	tɕ	○	x	匣	x
見組曉	開 二等	k, tɕ	kʻ, tɕʻ	*	*	○；i	x, ç	匣	x, ç
見組曉	開 三四等	tɕ	tɕʻ	kʻ	k	i	ç	匣	ç
見組曉	合 一二等	k	kʻ	kʻ	k	u；○	x	匣	x
見組曉	合 蟹止合三四等	k	kʻ	tɕʻ	k	u	x	匣	x
見組曉	合 通舒					?	ç	匣	*
見組曉	合 其他	tɕ	tɕʻ	tɕʻ	tɕ	y	ç	匣	ç
影組	開 一等	○							
影組	開 二等	○；i							
影組	開 三四等	i				i			
影組	合 一二等	u；○				*			
影組	合 蟹止合三四等	u				u			
影組	合 通	i				i, y			
影組	合 其他	y				y			

2. 韵母

第 一 表

摄别	一等 幫系	一等 端系	一等 見系	二等 幫系	二等 泥組	二等 知組莊	二等 見系	三四 幫系	三四 端系	三四 莊組	三四 知組章	三四 日母	三四 見系
果	*	o	o	a	a	a	a,ia	*	ie	*	ɤ	ʔ	ie
(遇)		*				*			*	*			
蟹	*	ai	ai	ai	ai	ai	(i)ai,ia	ei,i	i	*	ï	*	i
止	*	*	ai	ai	ai	ai	ai	i,ei	i;ï	ï	ï	ɤ	i
效	au	au	au	au	au	au	au,iau	iau	iau	*	au	au	iau
流	ne	ne	ne		*	*	au,iau	n,ne	nei	ne	ne	ne	nei
咸	*	an	an	an	*	an	an,ien	ien	ien	*	an	an	ien
山	*	an	an	an	an	an	an,ien	ien	ien	*	an	an	ien
宕	aŋ	aŋ	aŋ	aŋ	*	uaŋ	aŋ,iaŋ	*	iaŋ	uaŋ	aŋ	aŋ	iaŋ

（以上均属「開」呼）

攝 列	開 呼 三四						開 呼 二				開 呼 一		
	見系	日母	知章	莊組	端系	幫系	見系	知莊	泥組	幫系	見系	端系	幫系
深	in	ən	ən	ən	in	in		*				*	
臻	in	ən	ən	ən	in	in		*			ue	ue	*
曾	in	ən	ue	*	in	in		*			ue	ue	o
梗	in	*		*	in	in	in·ue	ue	ue	uo·ue		*	
(通)				*				*				*	
咸入	ie	*	ɤ	*	ie	*	a,ia	a	*	a	o	a	*
山入	ie	ɤ	ɤ	*	ie	ie	a,ia	a	*	a	o	a	*
宕入	io	io	o	*	io	*	o,io	o	o	o	o	o	o
深入	i	y	ï	ɤ	i	*		*				*	
臻入	i	ɤ	ï	ɤ	i	i		*			ɤ	*	ɤ
曾入	i	*	ï	ɤ	i	i		*				ɤ	
梗入	i	*	i	*	i	i	ɤ	ɤ	ɤ	ɤ	ɤ	*	ɤ
(通入)			*	*				*				=	

第 二 表

攝＼聲母	一 幫系	一 端系	一 見系	二 幫系	二 莊組	二 見系	三四 幫系	三四 泥組	三四 精組	三四 莊組	三四 知章組	三四 日母	三四 見系
果	o	o	o	o	*	ua			*				ye
遇	n	ne	n				n	y	y	ne	n	y	y
蟹	ei	ei	uei·uai	*	*	uai·ua	uei	*	ei	*	uei	*	uei
止		*			*		i,ei;uei[1]	ei	ei	uai	uei	*	uei
（效）		*			*					*			
（流）		*			*					*			
咸	an	an	uan	*	uan	uan	uan	ien	ien	*	*	uan	
山	an	an	uan	*	uan	uan	uan	ien	ien	*	uan	yen	yen
宕		*	uaŋ		*	uaŋ	uaŋ						uaŋ

合

下表为沔陽方言韵母与中古音攝、呼、等、声母的对应关系表（表格在原书中横排印刷）。

攝（列）＼呼·等·聲母	合 一 幫系	合 一 端系	合 一 見系	合 二 幫系	合 二 莊組	合 二 見系	合 三四 幫系	合 三四 泥組	合 三四 精組	合 三四 莊組	合 三四 知章組	合 三四 日母	合 三四 見系
（深）	ue	ue	uen	*	*	fio:uen	uen	ue	yaŋ	*	uen	yan	yan
臻	ue	ue	uen	*	*	fio:uen	uen	ue	*	*	uen	yan	yan
曾	fio	fio	fio	*	*	fio	fio	fio	fio	fioŋ	fioŋ	ioŋ	ioŋ
梗	o	*	o	*	*	*	o	ɣ	ie	*	o	*	ye
通	o	ne	o	*	*	fio	ua	y	ɣ	*	n	*	y
咸入	*	*	*	*	*	o	ua	*	*	*	*	*	fio
山入	*	*	o	*	ua	ua	ua	*	*	*	o	*	y
宕入	*	*	o	*	*	o	o	*	*	*	*	*	y
（深入）	n	ne	n	*	*	o	o	ne	ne	ne	ne	ne	ɣˑnei
臻入	n	*	o	*	*	o	*	y	ɣ	*	n	*	ne
曾入	*	*	o	*	*	o	*	y	*	*	o	*	ne
梗入	*	*	n	*	*	ne	ne	ne	ne	ne	ne	ne	ne
通入	fio:iˑn(2)	n	fio:iˑn(2)	*	*	n	fio:iˑn(2)	ne	ne	ne	ne	ne	ne

3. 聲調

古類 \ 影響條件 \ 今值今類		陰平	陽平	上	去	入
平	清	˥				
	濁		ˊ			
上	清			ˋ		
	次濁			ˋ		
	全濁				˧	
去	清				˧	
	濁				˧	
入	清					ˊ
	次濁					ˊ
	全濁		ˊ			ˊ

附注:

　　聲母:—

(1)日母今開逢單元音o讀i-,其他是○。

　　韵母:—

(1)非組字有介音u,其他沒有。

(2)通入幫系字,明母讀oŋ,其他讀u。

E. 同音字表

今調	陰平 ˥	陽平 ˩	上 ˩	去 ˧	入 ˩
今韵	ï;ɯ(kʼ後)				
廣韵	脂;之;支‖緝‖質‖職‖昔(均開口)				
p pʼ m		[m̩](m̩·媽)			
t tʼ n			[n̩](n̩·na)		
ts	之;知,支‖隻入	直	姊;子	自,致,至;字,志;翅審	執‖姪,質‖值植,殖襌
tsʼ		遲	恥;此	次;刺,賜心	秩澄‖赤
s	師;思;斯,施	時‖食蝕‖石	矢;使,始	世‖四,示;似,士,事,試,市;是‖式飾入	十‖實,失
tɕ tɕʼ ɕ					
k kʼ x				去魚	
○					

今調	陰平 ㄱ	陽平 ㄥ	上 ㄥ	去 ㄱ	入 ㄥ
今韵	i				
廣韵	祭;齊‖脂;之;支;微‖緝‖質;迄‖職‖昔;陌三;錫				
p			比;彼		必畢‖逼‖碧;壁
pʻ			鄙幫;丕平		僻,闢並
m			米	秘泌幫	
t			底	第,隸來‖地	的,笛
tʻ		堤提			
n		梨;離	禮‖你,李 里裏	例	立‖栗‖力‖逆疑;歷
tɕ			己;幾	祭;計繼‖忌;寄,技妓;季合	集,急,及‖極‖積;激
tɕʻ	妻,棲心‖期㠀	齊‖其;奇	起	器;氣	七;乞,迄曉‖戚,喫
ɕ	西,溪溪,奚 分匣;攜匣合‖希		喜;徙支心	系‖戲	泣溪,吸‖息‖席
○	衣	夷;疑;宜,移;遺合	以,矣	藝‖意;義議	噎屑‖邑‖一,逸‖憶‖亦

今調	陰平ㄱ	陽平ㄥ	上↘	去ㅓ	入ㅓ
今韵	u				
廣韵	模;魚;虞‖尤‖没;物‖屋;沃				
p				步	不
p'			譜幫,普		勃並‖卜幫,撲,僕曝瀑並
m		無			没
ts	猪,諸		主	著;柱	
ts'					出
s	書;殊禪		暑鼠	樹	
k	孤			故	骨
k'			苦		哭;酷
x		狐乎	虎;府,腐奉	户;父,附‖婦負	忽‖服
○	烏	吾	五,武微	務微	屋;沃

今韵	y				
廣韵	魚;虞‖緝‖術;物‖職‖昔‖屋三;爥(均合口)				
t					
t'					
n			女,吕‖履脂開		律
tç				巨;聚,句	橘‖菊;局
tç'	樞穿,區	除		去	屈‖曲
ç	虚;須	徐	許	序‖遂脂	戍恤‖畜
○		如,魚,於影,餘余;儒,愚	與,羽雨	預	入‖鬱‖域‖疫役‖玉,欲

今調	陰平 ˥	陽平 ˊ	上 ˇ	去 ˋ	入 ˊ
今韻	a				
廣韻	麻二‖合;盍;狎;洽‖曷;鎋;黠(均開口)				
p	巴		把		八
p'		拔並		怕	
m	[媽]		馬		
t			打庚		答搭‖達
t'	他歌	踏透入			塔
n	拉入	拿	[哪]	[那]	納;臘‖辣
ts		雜		乍	閘
ts'	差				插‖察
s	沙		撒入		刹穿;殺
k					甲
k'					
x				下	

今韻	ia				
廣韻	麻二‖佳‖洽;狎‖鎋;黠(均開口)				
tɕ	家‖佳		假		甲
tɕ'					恰
ɕ		霞		下	狹;匣‖瞎
○	鴉	牙			鴨

今調	陰平 ㄱ	陽平 ㄱ	上 ㄱ	去 ㄱ	入 ㄱ
今韵	ua				
廣韵	麻二‖佳;夬‖乏‖鎋;黠;月(均合口)				
ts ts' s					刷
k k' x	瓜	滑		掛 化‖畫;話	刮 法‖髮
○	蛙		瓦		挖

今韵	o				
廣韵	歌;戈一‖合;盍‖曷;末;薛‖鐸;覺;藥‖德‖陌二;麥				
p p' m	波,玻滂 坡	白 婆	剖侯 麼(ㅣ事)		剥;縛奉‖北‖百伯 泊並‖迫幫;拍 末‖莫‖麥
t t' n	多	羅;騾	妥	舵	脱‖託 洛;略藥來
ts ts' s			左 所魚	坐	綴‖作;桌,捉;酌 說
k k' x	歌哥;鍋	何河‖合;盍‖活	果 可	個;過 禍	鴿‖割‖各;郭‖國 闊 喝‖鶴;霍‖或‖獲
○	窩	鵝	我		惡

今調	陰平 ˥	陽平 ˧	上 ˩	去 ˥	入 ˧
今韵	io				
廣韵	覺;藥				
tɕ					角覺;爵,嚼
tɕʻ					碻;雀精
ɕ		學			削
○					若,虐,約

今韵	ɤ				
廣韵	麻三‖脂;之;支‖葉‖薛‖緝‖櫛;質‖德;職‖陌二‖麥(均開口)				
t					得
tʻ					忒,特定
n					劣‖勒
ts				［這］	則;側‖責
tsʻ					撤;徹澄‖測‖澤擇宅澄
s		蛇‖舌			涉‖設‖澀‖瑟‖色
k					格;革
kʻ					刻
x	［□］(這｜,這裏也)				黑赫
○		而	爾	二貳	熱‖日‖厄

今調	陰平 ˥	陽平 ˩	上 ˦	去 ˨	入 ˧
今韵	ie				
廣韵	麻三‖葉;業;帖‖薛;月;屑				
t tʻ n	[爹]				
tɕ tɕʻ ɕ	嗟 些		姐 寫	 謝	接楫‖傑;竭;節,結;絶 刧見‖切 脅;協‖薛
○		爺	野也		葉;業‖謁;孽

今韵	ye				
廣韵	戈三‖薛;月;屑(均合口)				
tɕ tɕʻ ɕ	 靴	 茄開;瘸			拙;掘 缺 穴
○					閲;月,越曰

今調	陰平˥	陽平ˊ	上˩	去˧
今韵	ai			
廣韵	咍;泰;皆;佳;夬(均開口)			
p pʻ m		 埋	 買	拜;敗 派 賣
t tʻ n		 來	 乃;奶	待、代;帶 泰太 賴
ts tsʻ s	齋 	 財;柴 		在 菜;蔡 寨牀
k kʻ x	該;皆;街 開 	 鞋‖還(|有)删	改 	蓋;戒 概見,愾 亥;害
○	哀		矮	愛艾

今韵	iai			
廣韵	皆;佳(均開口)			
tɕ tɕʻ ɕ			解	介界,械匣

今調	陰平┐	陽平ㄥ	上ㄥ	去┤
今韵	uai			
廣韵	泰;皆;佳;夬‖脂;支(均合口)			
ts				
ts'			揣	
ts'				帥
k				怪
k'			塊去	會(╎計)見;快
x		懷		壞
○	歪曉			外

今韵	ei			
廣韵	灰;泰;祭‖脂;之;支;微(均合口)			
p	悲;碑			貝;敝‖卑平,臂,被;備
p'	披		丕平	倍並;配
m		梅‖微		妹‖未‖[□](無也)
t				對,隊
t'				
n			屢虞去	內;銳喻‖類;累;彙喻
ts				罪;最
ts'				脆‖悴從,粹心
s				歲

今調	陰平 ˥	陽平 ˧	上 ˩	去 ˥
今韵	uei			
廣韵	灰;泰;祭;廢;齊‖脂;之;支;微(均合口)			
ts	追,錐			
tsʻ	吹	垂		
s		隨	水	稅‖睡瑞
k	龜;歸			桂
kʻ				
x	灰‖飛非	回‖肥	毀;匪	會;彗喻;廢,肺;惠‖諱
○	威	維惟;危,爲;圍	委	衛‖位;爲;畏

今韵	au			
廣韵	豪;肴;宵			
p	包		保	
pʻ			跑並平	
m				貌
t			倒	到
tʻ		桃		
n		牢		鬧
ts	昭		草;炒	趙,照
tsʻ				糙造
s			掃	紹
k	高		攪	告
kʻ				
x		毫	好	
○		饒		奧

今調	陰平 ˥	陽平 ˩	上 ˩	去 ˥
今韵	iau			
廣韵	肴;宵;蕭			
p			表	
pʻ				[票]
m		貓苗		
t				釣
tʻ		條		跳
n		燎;聊	了	
tɕ	膠		剿	教;叫
tɕʻ		喬	巧	
ɕ	消;蕭	肴洧	小;曉	孝,校
○	妖	堯		要

今调	陰平⌐	陽平⌐	上⌐	去⌐	入⌐
今韵	əu				
廣韵	模;魚;虞‖侯;尤‖没‖屋;沃;燭				
p pʻ m		 謀	 某畝		
t tʻ n	都	讀 頭 奴	賭肚‖斗 上 努	杜‖鬥 路‖漏	篤 突 鹿;陸;祿
ts tsʻ s	周 初 收	 鋤‖愁	走 楚‖丑	做;助‖奏;就尤從 素;數‖獸;受	卒‖竹;足,燭囑,觸穿 族從;促 蕭,縮,熟;續
k kʻ x		 侯	 口 否	够 後候	
○	歐	柔	偶		肉;辱

今韵	iəu				
廣韵	尤;幽‖屋三;燭				
t tʻ n	［丟］	 	 紐		
tɕ tɕʻ ɕ	糾上 秋 休	 囚,求		就,舅	
○		牛,由猶	有友	幼	育;獄

今調	陰平 ㄱ	陽平 ㄱ	上 ㄱ	去 ㄱ
今韵	an			
廣韵	覃;談;咸;銜;鹽‖寒;山;删;仙;桓			
p			板	扮,辦;半
p‘				盼;判,叛並
m			—	慢
t			短	旦,但
t‘	貪	談		歎
n		南;藍‖難|||[□]（|媽,祖母稱）	暖	亂
ts	沾		斬‖展	棧
ts‘	餐		慘‖産審	
s	三;衫‖山	蟬	陝	扇;算
k	干;<u>間</u>		感;敢|||[趕]	
k‘				看
x		含;鹹;銜‖寒;閑		漢
○	庵‖安	然	染	暗

今韵	uan			
廣韵	凡‖桓;山;删;仙;元(均合口)			
ts				篆
ts‘		船		
s	删開			
k	官觀			貫;慣
k‘				
x	歡	凡	緩匣;反	范‖唤,换
○	彎	玩去,完丸匣;頑	皖匣,碗;阮疑三	萬

今調	陰平ㄱ	陽平ㄟ	上ㄥ	去ㄒ
今韵	ien			
廣韵	咸;銜;鹽;嚴;添‖山;删;仙;元;先(均開口)			
p p' m	邊		貶	辨;辮 徧幫,片 面
t t' n	天	廉‖連聯;年	點‖典	店 念‖戀
tç tç' ç	間 謙‖千 仙鮮;先	鉗‖錢前;全 嫌‖賢	減‖揀;剪;繭 險	漸;監‖諫;件;健;見 陷‖限;憲;現;縣合
○	研疑平,煙	嚴‖言	眼;演	驗,厭‖晏;硯

今韵	yen			
廣韵	仙;元;先(均合口)			
tç tç' ç	 軒掀開;宣仙心	 弦開;玄		倦
○		緣沿鉛,員;元,園	軟;遠	院

今調	陰平 ㄱ	陽平 ㄱ	上 ㄱ	去 ㄱ
今韵	ən			
廣韵	侵‖痕;臻;真;魂;諄‖登;蒸‖庚;耕;清			
p	崩		本	
p'		彭		
m		門;聞		問
t			等	頓
t'	吞			
n		倫‖能	冷	論
ts	臻‖增;徵‖爭;貞,偵徹			陣‖鄭,政
ts'		沉‖陳,臣;存‖誠成		
s	森,深‖身申‖生	晨	審‖損	
k	跟‖耕		亙去	更
k'			肯	
x		恒	很	恨
○	恩	人‖仍	忍	任‖認

今韵	uən			
廣韵	魂;諄;文(均合口)			
ts				
ts'	椿,春			
s		唇純‖繩蒸		
k				
k'	坤			
x	昏,分			奮
○	温		穩	

今調	陰平 ˥	陽平 ˩	上 ˥	去 ˧
今韵		yən		
廣韵		諄;文‖清;庚三;青(均合口)		
tɕ	均;軍			
tɕʻ	傾	羣‖瓊	傾	
ɕ	勳	尋侵‖旬		迅
○		云‖榮;營;螢匣	允尹‖永	閏;運‖孕蒸

今韵		in		
廣韵		侵‖真;欣;諄‖蒸‖庚;耕;清;青		
p	兵		稟	並
pʻ		貧‖瓶;平	品	
m		民‖萌耕	敏	命
t	丁			
tʻ				聽
n		林‖鄰‖陵‖靈		令
tɕ	侵清,今‖津,巾;斤‖京荊;經			晉;近‖靜;勁
tɕʻ	欽‖親‖輕	秦‖情		
ɕ	心‖新;星腥	行;形		信‖杏;幸;性姓
○	音陰‖因‖鶯;英	銀‖盈	隱	印‖應

今調	陰平˥	陽平˩	上˨	去˦
今韵	aŋ			
廣韵	唐;江;陽(均開口)			
p p' m	幫;邦	旁 忙		
t t' n	當	郎	黨	蕩
ts ts' s	張 倉 桑;商	常	長,掌	上尚
k k' x	剛綱			槓 項、巷
○				讓

今韵	iaŋ			
廣韵	江;陽(均開口)			
t t' n		娘		
tç tç' ç	江 香鄉	詳祥	講 搶	像象
○			仰	

今調	陰平┐	陽平╱	上↘	去┤
今韵	uaŋ			
廣韵	江;陽;唐			
ts	樁;莊			
ts'	窗	牀		創
s				
k	光			
k'		狂		曠;況曉
x	荒	黃;房防		放
○	汪	王	往	旺

今調	陰平˥	陽平˩	上˨˩	去˦	入˩˥
今韵	oŋ				
廣韵	登‖庚二;耕‖東;冬;鍾‖物‖屋				
p p' m		朋	母侯	孟‖夢	物‖木;目
t t' n	東 通	同 農;隆;龍	桶;統去 攏	洞	
ts ts' s	中;鍾 充 鬆,松	崇;從	總 寵	衆 送;宋;誦	
k k' x	公功;弓;恭 空 風;封	 弘‖宏‖紅;縫	 恐	共 奉	
○	翁				

今韵	ioŋ				
廣韵	庚三‖東;鍾				
tɕ tɕ' ɕ	 兄‖胸兇	窮 熊雄喻			
○		絨,融;茸		用	

F. 音韵特點

1. 聲母

(1)f與xu-不分，古f組字與曉組合口洪音混，全讀xu，如'飛'='灰'xuei，'附'='戶'xu。

(2)ts與tʂ不分，古精組洪音與知系字(除日字)全讀ts等，如'增'tsən，'初'tsʻəu，'樹'su。

(3)尖團不分，古精組見系的細音混，全讀tɕ等，如'錢'='鉗'tɕʻien，'須'='虛'ɕy。

(4)見系二等開口音只在梗攝入聲中不顎化，如'革'kɤ；其他全不定，如'解'tɕiai，'鞋'xai，'陷'ɕien，'銜'xan。

(5)微母字讀m，與明母字混，如'未'='妹'mei，'聞'='門'mən。

(6)泥來兩母洪細音全混，如'納'='臘'na，'娘'='良'niaŋ。

(7)日母字全失聲母，如'饒'au，'若'io，'軟'yen。

(8)疑影開口洪音全失聲母如'我'o，'暗'an。

(9)疑母三四等開口全讀i-，(與泥不混)，'嚴'ien，'牛'iəu。

2. 開合

(1)端系一等古合口字全讀開，如'素'sou，'內'nei，'短'tan，'存'tsʻən。

(2)精組三四等古合口字在遇臻兩攝中仍保持合口，如'徐'ɕy，'旬'ɕyən，'戌'ɕy；其他全讀開口，如'歲'sei，'全'tɕʻien，'足'tsəu。

(3)來母三四等古合口字在遇攝與臻攝入聲中讀合，如'呂'ny，'律'ny；其他則讀開，如'累'nei，'戀'nien，'倫'nən，'六'nəu。

(4)通入知系字讀開，如'竹'tsəu，'熟'səu。

3. 韵母

(1)模韵端系字與魚虞兩韵的莊組字讀əu，與流攝字混，如'杜'=鬥təu，'助'='奏'tsəu。(入聲没屋沃燭的端系莊組字同)。

(2)魚虞兩韵的知見系字，除日母與疑混(全讀y)外，其他仍分，如'柱'

tsu,'句'tɕy,'鼠'su,'許'ɕy。(入聲術韵同)。

(3)蟹合一三等與止合的端系字都讀ei,如'兌'tei,'歲'sei,'類'nei。

(4)止攝日母字讀ɤ,不捲舌,如'爾'ɤ。

(5)山咸舒聲元音在i,y之後變e,如'漸'tɕien,'倦'tɕyen。

(6)山入合口知系字讀o(開口ɤ),如'説'so。

(7)深臻曾梗舒聲全收n尾,如'森'sən,'身'sən,'陵'nin,'名'min。

(8)物韵微母字讀oŋ,如'物'moŋ。

(9)曾梗入聲一二等幫見系字讀o,與宕入混,如'北'='剥'po,'麥'='莫'mo,'國'='各'ko,'獲'='霍'xo。

(10)通入明母字讀oŋ,如'目'moŋ。

(11)通三入見系字讀y,iəu不定,如'畜'ɕy,'育'iəu,'欲'y。

4.聲調

(1)不分陰陽去,如'巨'='句'tɕyˀ。

(2)入聲獨立,但全濁音一部分歸陽平,如'白'꜓po。

G. 會話

5 a： niˇ tɕia꜒ niꞏˑ, niˇ xu꜓ tɕʻinꞏˑ ɕien꜓ tsai꜓ tsai꜓ tɕia꜒ niꞏˑ tsən꜓
　　你　　家　　裏，　你　　父　　親　　現　　在　　在　　家　　裏　　做

　　sənˇ moˇ si꜓ tɕʻin꜔ aꞏˑ?
　　什　　麼　　事　　情　　阿?

5 b：oˇ fu꜓ tɕʻinꞏˑ ɕien꜓ tsai꜓ tau꜓, tau꜓ san꜒ toŋ꜒ kʻɤ꜓ nəꞏˑ.
　　我　　父　　親　　現　　在　　到，　到　　山　　東　　去　　了。

　a：niˇ moŋ꜒ tɕʻinꞏ꜔ aꞏˑ, xu꜓ tɕʻin꜒ təu꜒ xauˇ aꞏˑ?
　　你　　母　　親　　阿，　父　　親　　都　　好　　阿?

　b：təu꜒ xaiˇ xauˇ, tau꜓ xan꜒ kʻəuˇ uai꜒ təu꜒ xaiˇ xauˇ paꞏˑ.
　　都　　還　　好，　到　　漢　　口　　來　　都　　還　　好　　吧。

　a：eꞏˑ, niˇ mənꞏˑ tɕiˇ ti꜒ ɕioŋ꜒ aꞏˑ?
　　誒，　你　　們　　幾　　弟　　兄　　阿?

b：oˇ mənˡ· xənˇ, iəuˇ sanˀ sïˇ koˡ· ti˧ çioŋˀ。
我 們 很， 有 三 四 個 弟 兄。

a：sanˀ sïˇ koˡ· tsïˡ ti˧ çioŋˀ aˡ·, niˇ koˀ koˡ· tsai˧ sənˇ moˇ
三 四 個 子 弟 兄 阿， 你 哥 哥 在 什 麼

ti˧ xuaŋˀ tsəu˧ sïˇ aˡ·?
地 方 做 事 阿?

b：oˇ koˀ koˡ· tai˧ sanˀ toŋˀ təuˇ, təuˇ kauˇ tsoŋˀ。oˀ koˀ koˡ·
我 哥 哥 待 山 東 讀， 讀 高 中。 我 哥 哥

çien˧ tsai˧ aˡ·, t'aˀ tsï ts'oŋˀ çioˇ çiau˧ pi˧ i˧, çien˧ tsai˧
現 在 阿， 他 自 從 學 校 畢 業， 現 在

tai˧ xanˇ k'əuˇ naˇ pienˀ çiauˇ çioˇ tiˡ· taŋˀ ko˧ tçiau˧ yenˇ。
待 漢 口 那 邊 小 學 裏 當 個 教 員。

a：niˇ uˇ niˡ· təuˀ xaiˇ xauˇ paˡ·?
你 屋 裏 都 還 好 吧?

b：oˇ uˇ niˡ·, kanˇ tçiˇ niˇ, təuˀ xaiˇ xauˇ。
我 屋 裏， 感 激 你， 都 還 好。

a：niˇ mənˡ· naˇ tç'iˇ ta˧ xoŋˀ tiˡ· tsənˇ moˇ aˡ·?
你 們 那 起 大 風 的 怎 麼 阿?

b：eˀ, oˇ mənˡ· naˇ tç'iˇ ta˧ xoŋˀ ieˇ səu˧ tauˡ· i˧ çieˀ sənˇ
誒, 我 們 那 起 大 風 也 受 到 一 些 損

sï˧ aˡ·。oˇ mənˡ· naˇ koˀ xuaŋˇ tsï niˇ mien˧ aˡ·, təuˀ pei˧
失 阿。 我 們 那 個 房 子 裏 面 阿， 都 被

t'aˀ ts'eiˀ xuai˧ nəˡ· çieˀ。tan˧ sï˧ xuaŋˇ tsï pei˧ ts'ueiˀ
他 吹 壞 了 些。 但 是 房 子 被 吹

xuai˧ nəˡ· çieˀ aˡ·; eˀ, çiaŋˀ niˡ· çieˀ t'oŋˇ çiaŋˀ tiˡ· aˡ·,
壞 了 些 阿; 誒, 鄉 裏 些 同 鄉 的 阿，

xuaŋˇ tsïˡ· ieˇ səu˧ sənˇ sïˇ。çienˀ niˡ· çieˀ moˇ tsïˡ· aˡ·, kuˇ
房 子 也 受 損 失。 縣 裏 些 麥 子 阿， 穀

aɭ˙, təu˥ səu˧ sən˩ sï˧, pei˧ tsʻuei˥ xuai˧ niau˩, təu˥ tsʻuei˥
阿， 都 受 損 失， 被 吹 壞 了， 都 吹

tau˩ niau˩。 pu˧ tsï˥ ni˩ mən˙ na˥ ti˙ ie˧ sï˧ tsɤ˧ ko˙ iaŋ˧
倒 了。 不 知 你 們 那 底 也 是 這 個 樣

tsï˙?
子？

a： təu˥ pu˧ sï˧ i˧ ko˙ iaŋ˧ tsï˙。
都 不 是 一 個 樣 子。

b： ni˩ tsɤ˧ ko˙ su˩ tɕia˩ sï˧ xəu˧ aɭ˙, y˧ pei˧ xuei˩ pu˧ xuei˩
你 這 個 暑 假 時 候 阿， 預 備 回 不 回

kʻɤ˧ aɭ˙?
去 阿？

a： o˩ y˧ pei˧ xuei˩ kʻɤ˧ ti˙。
我 預 備 回 去 的。

b： ni˩ y˧ pei˧ xuei˩ kʻɤ˧ ti˙ aɭ˙, o˩ mən˙ i˧ nəu˧ xuei˩ kʻɤ˧
你 預 備 回 去 的 阿， 我 們 一 路 回 去

xau˩ pu˧ xau˩ aɭ˙?
好 不 好 阿？

a： xau˩, o˩ mən˙ i˧ nəu˧ xuei˩ kʻɤ˧ tɕiəu˧ sï˧ ti˙。
好， 我 們 一 路 回 去 就 是 的。

b： xau˩, xau˩。
好， 好。

a： ŋ̩˩ na˙, tsəu˧ sï˧ xuei˩ kʻɤ˧ ti˙ sï˧ tɕie˧, pʻiau˧ tɕʻien˩ iau˧
ŋ̩ na˙， 就 是 回 去 的 時 節， 票 錢 要

tɕi˩ to˥ tɕʻien˩ aɭ˙?
幾 多 錢 阿？

b： ta˧ kʻai˧ sï˧ san˥ kʻuai˩ to˥ tɕʻien˩ ti˙ iaŋ˧ tsï˙。
大 概 是 三 塊 多 錢 的 樣 子。

a：oˇ mənˋ suˇ tɕiaˇ xueiˇ kʻɤˉ aˋ, oˇ mənˋ niaŋˇ ənˉ tɕienˇ,
　　我　們　暑　假　回　去　阿，我　們　兩　人　揀，

　　ioˇ iˉ koˉ ɤˉ tsïˋ aˋ, tauˉ məuˇ ɤˉ məuˇ sïˉ n̩ˇ tsaiˉ uˉ
　　約　一　個　日　子　阿，到　某　日　某　時　n̩ˇ　在　屋

　　tiˋ tənˇ oˇ, oˇ kʻɤˉ niˇ naˉ kʻɤˋ.
　　裏　等　我，我　去　你　那　去。

b：kʻoˇ iˇ, tɕiəuˉ sïˉ, tɕiəuˉ sïˉ xuaŋˉ tɕiaˇ iˇ xəuˉ niaŋˇ koˋ
　　可　以，就　是，就　是　放　假　以　後　兩　個

　　ɤˉ tsïˋ, niaŋˋ tʻienˉ tɕiəuˉ sïˉ tiˋ.
　　日　子，兩　天　就　是　的。

a：xuaŋˉ tɕiaˇ, kʻoŋˇ pʻaˉ puˉ nənˉ kəuˇ xuaŋˉ tɕiaˇ. inˉ ueiˉ
　　放　假，恐　怕　不　能　夠　放　假。因　爲

　　oˇ xueiˇ kʻɤˇ nəˋ, uˇ niˋ xaiˇ iəuˇ sənˉ moˇ tɕinˉ tɕʻiˉ aˋ,
　　我　回　去　了，屋　裏　還　有　什　麼　親　戚　阿，

　　pʻoŋˇ iəuˇ tiˋ aˋ, təuˉ iauˉ kʻɤˉ iˉ ɕiaˋ. ⋯⋯
　　朋　友　的　阿，都　要　去　一　下。⋯⋯

b：tsaiˉ uˇ niˋ oˇ kʻoˇ iˇ tənˇ niˇ tɕiəuˉ sïˉ nəˋ.
　　在　屋　裏　我　可　以　等　你　就　是　了。

a：kʻɤˉ iˉ ɕiaˋ, təuˉ iauˉ kʻɤˉ iˉ ɕiaˋ tsïˉ xəuˉ niˋ, kʻanˉ sïˉ
　　去　一　下，都　要　去　一　下　之　後　呢，看　是

　　tauˉ məuˇ sïˉ niˋ, oˇ ioˉ ɕinˉ uaŋˉ tiˋ naˉ koˋ tʻoŋˉ ɕioˇ
　　到　某　時　呢，我　約　姓　王　的　那　個　同　學

　　aˋ, iˉ nəuˉ kʻɤˉ tauˉ n̩ˇ uˇ niˋ xauˇ puˉ xauˇ niˋ?
　　阿，一　路　去　到　n̩ˇ　屋　裏　好　不　好　呢?

b：xauˇ aˋ. niˇ ɕienˉ tsaiˉ xaiˇ iəuˇ moˇ sïˉ aˋ?
　　好　阿。你　現　在　還　有　麼　事　阿?

a：oˇ ɕienˉ tsaiˉ aˋ, xaiˇ meiˇ tɤˉ moˇ sïˉ tɕʻinˋ. puˉ koˉ oˇ
　　我　現　在　阿，還　沒　得　麼　事　情。不　過　我

y꜓ pei꜓ tɕin꜔ tʰien꜔ kʼɤ꜓, kʼɤ꜓ oꜗ xu꜓ tɕʰin꜔ na꜓ ti˙ kʼɤ꜓, oꜗ
預　備　今　天　去，　去　我　父　親　那　底　去，　我

xu꜓ tɕʰin꜔ tsai꜓ kai꜔ saŋ꜓ tsou꜓ maiꜗ maiꜗ sən꜔ i꜓ a˙, oꜗ
父　親　在　街　上　做　買　賣　生　意　阿，　我

tɕiəu꜓ kʼɤ꜓ tʼa꜔ na꜓ ti˙ iəuꜗ tienꜗ sï꜓ kʼɤ꜓ ti˙。 ŋꜗ ɕien꜓ tsai꜓
　就　去　他　那　底　有　點　事　去　的。　你　現　在

y꜓ pei꜓ tau꜓ naꜗ kʼɤ꜓ nə˙?
預　備　到　哪　去　呐?

b：oꜗ——kʼɤ꜓ pʼoŋ꜓ iəuꜗ na꜓ niꜗ kʼɤ꜓ uan꜓ uan꜓。
　　我——去　朋　友　那　裏　去　玩　玩。

六. 天門(乾鎮)

A. 發音人履歷

發音人	6a	6b
年齡	16 歲	16 歲
原籍	天門乾鎮	天門彭市河
職業	學生	同左
教育程度	初中	同左
幼時語言環境	本地私塾讀書	同左
教師方言	本地	同左
住過的地方	武昌二年	武昌二年,漢口三年
曾否學國語	未	未
能否說別處話	不能說	不能說

二十五年五月九日丁聲樹、楊時逢記音

　　發音人 6a 跟 6b 不是一鄉的人,語音却無大差異,惟 6b 在武漢較久,略受武漢語音影響。今以 6a 爲準。

B. 聲韵調表

1. 聲母

p	巴伴白	p'	坡旁	m	門滅未聞	f	飛婦凡房
t	到洞讀	t'	太同	n	南龍戀年劣		
ts	在周爭	ts'	此柴成			s	三商生
tɕ	祭今絕專莊	tɕ'	齊輕頃牀船			ɕ	新現純玄
k	剛果慣更	k'	看客狂哭			x	呼好
○	如柔哀偶窩矣硯絨溫往武女羽元						

2. 韵母

ï 自遲姪失;ɯ去　a 巴納法殺甲　o 波莫合窩惡　ɤ 白蛇劣車而日

i 濟李米亦　ia 霞佳鴨瞎　io 學脚若約　　ie 滅列些雪葉

u 烏婦骨撲　ua 瓜掛刮話　　　　　　　　ue 國

y 魚主須律局　ya 刷　　　　　　　　　　ye 靴決穴曰

ai 拜皆柴矮　ei 梅飛未内罪隨　au 包鬧趙饒　əu 某杜禿愁後辱

iai 解介　　　　　　　　　　　iau 巧消叫堯　iəu 紐秋休牛幼

uai 怪懷外　uei 灰歸威危

yai 揣帥　　yei 追稅瑞

an 貪短算鹹染凡萬　　　　　　ən 門分問倫森臣等更仍

　　　ien 邊年閑眼戀全　　　　　　in 兵侵新旬銀静

uan 官彎換完　　　　　　　uən 坤昏橫溫

yan 專懸倦　yen 緣元軟院　　　　　　yin 均春允閏

aŋ 邦蕩桑剛　oŋ 朋同崇宏

iaŋ 兩江　　ioŋ 兄窮

uaŋ 光王

yaŋ 椿牀

3. 聲調

陰平	陽平	上	去	入
˧˥	˧˩	˦˩	˦˩	˨˩
初開	時十	古五	士蓋近	執笛日

C. 聲韵調描寫

1. 聲母

天門聲母有十七個，依發音部位分爲 p, t, ts, tɕ, k, ○ 六組。

p組 p, pʻ, m, f。在前元音前讀得較強，在後元音前讀得較弱。f的唇齒部位不穩，有時近似雙唇。

t組 t, tʻ, n。部位適中。n跟l是變值音位但讀l的機會很少。n在細音前並無附顎的傾向。

ts組的 ts, tsʻ, s。部位不很前，s摩擦清楚。

tɕ組的 tɕ, tɕʻ, ɕ。部位偏後；遇合口韵母時，則又近似tʃ等。

k組 k, kʻ, x。部位相當偏後。x的摩擦也相當清晰。

○遇開口洪音韵時帶有舌根擦音ɣ。遇i, y韵時略帶j擦音。在u前摩擦比較少，比較近純粹元音。

2. 韵母

ɿ是比較偏後的ɹ。ɰ相當於標準u的不圓唇。

i, u, y。i近標準i，遇tɕ等聲母時，就緊一些。u是相當關的u。y相當於i的圓唇，但稍鬆。

a, ia, ua, ya。a比平均A稍偏後，但不到ɑ。ua的a就又比較後些，像ɑ。

o, io。o很關，有些近 ʊ。

ɤ相當關，無聲母時近ɰ。

ie，ue，ye。e近標準e。ye的e較關。

ai，iai，uai，yai。ai的a很開，但又很短，i尾比較清晰。

ei，uei，yei。ei的e很關而穩定，i尾很短而鬆，嚴式可作eɪ。

au，iau。au的a相當偏後，u很開，近似ɑo。

əu，iəu。əu的ə偏後，u值相當穩。

an，uan，yan。a是平均ʌ，n值穩定。yan總要跟輔音聲母配。

ien，yen。e比較的開，像ɛ。yen只限於無聲母字。

ən，uən。ə的音程相當長，在uən裏ə就較短。n不穩，有時近ŋ。

in，yin。i值相當關而短，n值不清晰，有時像iŋ。yin的i音程很短，n值也不穩。

aŋ，iaŋ，uaŋ，yaŋ。a是平均ʌ，iaŋ的a稍前，uaŋ的a稍後。

oŋ，ioŋ。o在唇音舌尖音聲母後開些，在其他聲母後關些。

3.聲調

陰平由"半高"升至"高"(45)，寬式用高平調號(˥55)。

陽平是低降升調(313)，但常常起點不够高，成213。寬式用低降升調號(˩313)。

上聲是半低平調(˨22)。

去聲是中平調(˧33)。

入聲是低升調(˩13)。

D. 與古音比較

1. 聲母

古聲組及影響條件 ＼ 發音方法及條件		全清 塞	次清 塞	全濁 塞 平	全濁 塞 仄	次濁	清 擦	濁 擦 平	濁 擦 仄
幫組	一二等洪 / 三四等細	幫：p	滂：pʻ	並：pʻ	並：p	明：m			
非組						微：m;u[1]	非/敷：f	奉：f	奉：f
端組泥		端：t	透：tʻ	定：tʻ	定：t	泥 {n / n;y[2]}　來 {n / (n;y)[2]}			
精組	今開 / 今合	精 {ts / tɕ}	清 {tsʻ / tɕʻ}	從 {tsʻ / tɕʻ}	從 {ts / tɕ}		心 {s / ɕ}	邪 {s / tɕʻ,ɕ}	邪 {s / ɕ}
莊組	今開 / 今合	莊(照二) {ts / tɕ}	初(穿二) {tsʻ / tɕʻ}	崇(牀二) {tsʻ / tɕʻ}	崇(牀二) {ts;s / tɕ}		生(審二) {s / ɕ}		
知組	梗二等韻 其他 / 今開 / 今合	知 {ts / tɕ}	徹 {tsʻ / tɕʻ}	澄 {tsʻ / tɕʻ}	澄 {ts / tɕ}				
章組	今開 / 今合	章(照三) {ts / tɕ}	昌(穿三) {tsʻ / tɕʻ}	船(牀三) {s / tɕʻ;ɕ}	船(牀三) {s / ɕ}		書(審三) {s / ɕ}	禪 {tsʻ,s / tɕʻ,ɕ}	禪 {s / ɕ}

古聲母組	條件	全清塞 見/影	次清塞 溪	全濁塞·平 羣	全濁塞·仄(反) 羣	次濁 日/疑/喻	清擦 曉	濁擦·平 匣	濁擦·仄(反) 匣
日母	(今合口及其他) 開					i			
日母	合					○			
日母	其他					y			
見組·曉	開 一等	k	kʻ	tɕʻ	tɕ	○	x	x	x
見組·曉	開 二等	k, tɕ	kʻ, tɕʻ	*	*	○, i	x, ɕ	x, ɕ	x, ɕ
見組·曉	開 三四等	tɕ	tɕʻ	kʻ	k	i, n	ɕ	ɕ	ɕ
見組·曉	合 一二等	k	kʻ	tɕʻ	k	u	x	x	x
見組·曉	合 蟹止合三四等	k	kʻ	tɕʻ	tɕ	u	x	x	x
見組·曉	合 通舒入及其他	tɕ	tɕʻ			?	ɕ	*	*
見組·曉	其他					y	ɕ	ɕ	ɕ
影組	開 一等	○							
影組	開 二等	○, i							
影組	開 三四等	i				喻 i			
影組	合 一二等	u；○ (3)				*			
影組	合 蟹止合三四等	u				u			
影組	合 通	i				喻 i			
影組	合 其他	y				y			

2. 韵母

第 一 表

摄别	一			二				三四					
	帮系	端系	见系	帮系	泥组	知莊组	见系	帮系	端系	莊组	知章	日母	见系
果	*	o	o	a	a	a	a,ia	*	ie	*	ɤ	ɤ	ie
(遇)	*	*				*				*			
蟹	*	ai	ai	ai	ai	ai	ai,iai,ia	ei,i	i	*	ï	*	i
止	*	*				*		i,ei	i;ï	ï	ï	ɤ	i
效	au	au	au	au	au	au	au,iau	iau	iau	*	au	au	iau
流	ne	ne	ne		*	*		u,ne	neu	ne	ne	ne	nei
咸	*	an	an	an	*	an	an,ien	ien	ien	*	an	an	ien
山	*	an	an	an	*	an	ien	ien	ien	*	an	an	ien
宕	aŋ	aŋ	aŋ	aŋ		yaŋ	iaŋ,aŋ	*	iaŋ	yaŋ	aŋ	aŋ	iaŋ

呼	開												
等	三·四等						二等				一等		
聲母＼攝別	見系	日母	知組章	莊組	端系	幫系	見系	知組莊	泥組	幫系	見系	端系	幫系
深	in	ue	ue	ue	in	in		*				*	*
臻	in	ue	ue	ue	in	in		*			ue	ue	*
曾	in	ue	ue	*	in	in		*			ue	ue	uo·ue
梗	in	*	ue	*	in	in	in·ue	ue	ue	uo·ue		*	*
(通)				*									
咸入	ie	*	ɤ	*	ie	*	a,ia	a			o	a	*
山入	ie	ɤ	ɤ	*	ie	ie	ia	a	*	a	o	a	*
宕入	io	io	o	*	o;io[1]	*	io,o	o	*	o	o	o	o
深入	i	y	ï	ɤ	i	*		*				*	ɤ
臻入	i	ɤ	ï	ɤ	i	i		*	*			*	ɤ
曾入	i	*	ï	ɤ	i	i		ɤ			ɤ	ɤ	ɤ
梗入	i	*	ï	*	i	i	ɤ	ɤ	ɤ	ɤ		*	ɤ
(通入)			*										

第 二 表

攝別	一等 幫系	一等 端系	一等 見系	二等 幫系	二等 莊組	二等 見系	合 三四 幫系	合 三四 泥組	合 三四 精組	合 三四 莊組	合 三四 知章組	合 三四 日母	合 三四 見系
果	o	o	o	*	*	ua			*				ye
遇	n	ne	n				n	y	y	ne		y	y
蟹	ei	ei	uei,uai	*	*	uai,ua	ei	*	ei	*	yei	*	uei
止		*		*	*		ei·i	ei	ei	yai	yei	*	uei
(效)		*								*			
(流)		*								*			
咸	an	an	uar		*		an	ien	ien	*	*		
山	*	an	uar		yan	uan	an	ien	ien	*		yan	yan;yen[2]
宕		*	uaŋ·aŋ[3]		*		aŋ		*	*	yan	yan	uaŋ;aŋ[3]

攝別＼聲母·等·呼	一 帮系	一 端系	一 见系	二 帮系	二 庄組	二 见系	三四（合） 帮系	三四 泥組	三四 精組	三四 庄組	三四 知章組	三四 日母	三四 见系
（深）	(4)ʃioːn	ne	n		*	n	(4)ʃioːn	ne	ne	ne	ne	ne	ne」,ý
臻	ue	ue	uen	*	*	uen	ue	ue	in	*	yin	yin	yin
曾	foŋ	*	foŋ	*	*	foŋ	foŋ	foŋ	foŋ	foŋ	*	yin	yin
梗	o	o	o	*	ya	ua	a	ɤ	ie	*	ye	*	yin,ioŋ
通	n	ne	o」,ən	*	*		n	y	i	*	y	ioŋ	ioŋ,ioŋ
咸入	o	o	o	*	ya	ua	a	ɤ	ie	*	ye	*	ye
山入	n	*	o	*	ya	?	a	y	*	*	y	*	y
宕入	o	*	o	*	*		o	y	*	*	*	*	y
（深入）	n	ne	n		*	n	(4)ʃioːn	y	i	*	*	*	y
臻入	n	*	*	*	*	*	*	y	*	*	y	*	y
曾入	n	*		*	*		*	*	*	*	ye	*	ye
梗入	n	*	ne	*	*		*	y	*	*	y	yin	yin
通入	n	ne	ne		*		(4)ʃioːn	ne	ne	ne	ne	ne	yin,ioŋ

3.聲調

古類＼影響條件＼今值類		陰　平	陽　平	上	去	入
平	清	˥				
平	濁		˩			
上	清			˦		
上	次　濁			˦		
上	全　濁				˦	
去	清				˦	
去	濁				˦	
入	清					˩
入	次　濁					˩
入	全　濁		˩(1)			˩(1)

附注：

　　聲母：—

　　(1)微母讀m，但在今u韵讀u，如'未'mei，'聞'mən，但'武'u。

　　(2)泥來兩母三四等均讀n，但在魚韵讀y，如'女，呂'y。

　　(3)影母合口一二等讀u，但在今o，oŋ韵讀〇，如'窩'o，'翁'oŋ。

　　韵母：—

　　(1)宕開入三等端系：來母讀o，如'略'no，餘讀io，如'削'ɕio。

　　(2)山合舒三四等見系：見溪羣曉匣讀yan，疑影喻讀yen，如'倦'tɕyan，'玄'ɕyan，但'元'yen，'院'yen，'遠'yen。

　　(3)宕合舒聲見系：今聲母作k'者有讀開口的傾向，如'曠'k'aŋ，'狂'k'aŋ。

　　(4)通入明母讀oŋ，其餘幫系字讀u。如'木，目'moŋ，'僕'p'u，'服'fu。

　　聲調：—

　　(1)古入全濁今讀陽平及入聲不定。如'十，石，合，滑，協，涉，族'等字今歸陽平，餘歸入聲。

E. 同音字表

今調	陰平 ㄱ	陽平 ㄥ	上 ㄴ	去 ㄴ	入 ㄱ
今韵	ï；ɯ(kʻ後)				
廣韵	祭‖脂；之；支‖緝‖質‖職‖昔(均開口)				
p pʻ m f					
t tʻ n					
ts tsʻ s	之；知,支‖隻入 私,師；思；斯, 施	姪秩‖直值植, 殖襌 遲 時‖十‖實‖食‖ 石	子；只 恥；此 死,矢；使, 始	自,致,至；字,痔, 志；翅審 滯澄‖次 世‖四,示；伺,似, 士,事,試,市；賜, 是‖蝕入,式飾入	執‖質‖擲 失
tç tçʻ ç					
k kʻ x				去魚	
○					

今調	陰平ㄱ	陽平ㄥ	上ㄩ	去ㄟ	入ㄥ
今韵	i				
廣韵	祭;齊‖脂;之;支;微‖緝‖質;迄;術‖職‖昔;陌三;錫				
p p' m f			比;彼 鄙,痞幫 米	秘 泌幫	必畢‖逼‖碧;壁 弼並‖僻闢並
t t' n		堤提 梨;離	底 禮‖你,李里理	帝,弟,第‖地 例;麗隸	的,笛 立‖栗‖力,逆;歷
tɕ tɕ' ɕ	 妻,棲心‖期羣 西,溪溪,奚兮匣;攜匣合‖希	集輯‖極 齊‖其;奇 席	己;幾 起 洗‖璽徙支開心	祭;濟,計繼‖記,忌,寄;季合 器;技妓羣;氣 系‖戲	急,及,吸曉‖吉‖積;激 七;乞,迄曉‖戚,喫 戌恤‖息
○	衣依	夷;疑;宜,移;遺合	已以,矣	藝‖意;義議	噎屑‖邑‖一,逸‖憶‖亦

今調	陰平	陽平	上	去	入
今韵	u				
廣韵	模;虞‖尤‖沒;物‖屋;沃				
p p' m		勃並入‖僕曝瀑並入	譜幫,普	步	不 卜幫,撲
f			府,腐奉	付,父、附‖婦負	服
k k' x	孤 呼	 胡狐乎	 虎	故 戶、護	骨 哭;酷 忽
○	烏污	吾;無	五;武	務‖戊侯明	物‖屋;沃

今韵	y				
廣韵	魚;虞‖緝‖術;物‖職‖昔‖屋三;燭				
tɕ	豬,諸	局	主	著,巨;聚,柱、住,句	橘‖菊
tɕ' ɕ	樞,區 書,虛,須,殊禪	除 徐	 暑鼠,許	去 序;樹‖遂邪脂合	出;屈‖曲
○		如,魚,於影餘余,與上;儒,愚,于‖入日入	女,呂;羽	預;遇	律;鬱‖域‖疫役‖育;玉獄,欲

今調	陰平˥	陽平˩	上˨	去˦	入˥
今韵	a				
廣韵	麻二‖合;盍;洽;乏‖曷;黠;月				
p p' m f	巴 [媽]	拔並入	把 馬	怕	八 法‖髮
t t' n	他歌 拉入	達 拿	打庚 [哪]	大泰 [那]	答搭 踏;塔 納;臘‖辣
ts ts' s	 差 沙	雜		乍	閘‖札,軋影 插‖察 殺
k k' x				下	甲

今韵	ia				
廣韵	麻二‖佳‖洽;狎‖鎋(均開口)				
tɕ tɕ' ɕ	家‖佳 霞‖狹		假₁(真˨)賈	假₂(放˨)	甲,匣匣 恰 瞎
○	鴉	牙‖[伢]			鴨

今調	陰平 ˥	陽平 ˩	上 ˧	去 ˥	入 ˩
今韵	ua				
廣韵	麻二‖佳;夬‖鎋;黠(均合口)				
k	瓜		寡	掛	刮
kʻ			［垮］(倒塌)		
x		滑		化‖畫;話	
○	蛙		瓦		挖

今韵	ya				
廣韵	鎋(合口)				
tɕ					
tɕʻ					
ɕ		刷			

今調	陰平 ˥	陽平 ˩	上 ˨	去 ˦	入 ˩
今韵	o				
廣韵	歌;戈一‖合;盍‖曷;末‖鐸;覺;藥‖德				
p	波,玻滂				剝
p'	坡	婆	剖侯		
m			麽		末‖莫
f					
t	多			舵	
t'			妥		脱‖託
n		羅;騾			洛;略
ts			左	做;坐	作;桌,捉;酌
ts'					
s			所魚		
k	歌哥;鍋		果	個;過	鴿‖割‖各;郭
k'			可		闊
x		何‖合;盍‖活‖或	伙	禍	喝‖鶴;霍
○	窩	鵝	我		惡;握

今韵	io			
廣韵	覺;藥(均開口)			
tɕ				覺角;脚
tɕ'				確;雀精
ɕ	學			削
○				若,虐,約

今調	陰平 ˥	陽平 ˩	上 ˧	去 ˥	入 ˩
今韵			ʅ		
廣韵		麻三‖葉‖薛‖緝‖櫛‖德;職‖陌二;麥			
p pʻ m f		白			北‖百 泊並鐸‖迫幫,拍 麥
t tʻ n					得德 忒,特定 劣‖勒
ts tsʻ s		擇 宅澄入 蛇‖涉‖舌		［這］	澈‖則‖摘,責 徹‖側照,測‖澤澄 設‖澀‖瑟‖色
k kʻ x					格;革 刻 黑‖赫
○		而‖熱日入	惹‖爾	貳	日‖厄

今調	陰平˥	陽平˩	上˩	去˥	入˥
今韵	ie				
廣韵	麻三‖葉;業;帖‖薛;月;屑				
p pʻ m f		瘪入			別 撇 滅
t tʻ n	［爹］				帖‖鐵 聶‖列;臬
tɕ tɕʻ ɕ	嗟 些	絕 邪‖協	 寫	 謝	接;刧‖傑;竭;節,結 切 脅‖薛;雪
○			也野		葉;業‖孽

今韵	ue				
廣韵	德(合口)				
k kʻ x					國

今韵	ye				
廣韵	麻三;戈三‖薛;月;屑(均合口)				
tɕ tɕʻ ɕ	 靴	 茄開;瘸 穴			綴;掘;決 拙照,缺 說
○					閱;月,越曰

今調	陰平 ˥	陽平 ˩	上 ˧	去 ˦
今韵	ai			
廣韵	咍;泰;皆;佳;夬(均開口)			
p pʻ m f		埋	買	拜;敗 派
t tʻ n		來	乃;奶	待、代;帶 泰 賴
ts tsʻ s	災;齋	柴		再,在;寨 菜;蔡
k kʻ x	該;皆偕 開	鞋‖還(‖是)刪	改	蓋;戒,械匣 概見,愾 亥;害
○	哀		矮	愛;艾

今韵	iai			
廣韵	皆;佳(均開口)			
tɕ tɕʻ ɕ			解	介界

今調	陰平 ⌐	陽平 ⌐	上 ⌐	去 ⌐
今韵	uai			
廣韵	泰;皆;佳;夬(均合口)			
k				怪
kʻ			塊去	會(計)見;快
x		懷		壞
○	歪曉			外

今韵	yai			
廣韵	脂;支(均合口)			
tç				
tçʻ			揣	
ç				帥

今韵	ei			
廣韵	祭;灰;泰;廢‖脂;支;微			
p	卑;悲;碑			敝;貝‖臂,被;備
pʻ	披;丕			倍並,配,佩並
m		梅‖靡上;維惟喻;微‖‖[没]		未
f	飛	肥	匪	廢,肺
t				對;隊;兌
tʻ				
n			屢虞去	內‖類;累
ts				罪;最
tsʻ				脆‖焠從,粹心
s		隨		歲

今調	陰平┐	陽平ˊ	上˩	去┤
今韵	uei			
廣韵	灰;泰;祭;齊‖脂;支;微(均合口)			
k	龜;歸			桂‖貴
k'				
x	灰	回	毀	會;慧;惠‖諱
○	威	危,爲	委	衛‖位;畏,彙

今韵	yei			
廣韵	祭‖脂;支(均合口)			
tɕ	追,錐			
tɕ'	吹	垂		
ɕ			水	稅‖睡瑞
○				銳喻

今調	陰平 ˥	陽平 ˩	上 ˧	去 ˦
今韵	au			
廣韵	豪;肴;宵			
p pʻ m f	包 貓_{明平}		保 跑_{並平}	貌‖[冒](没有)
t tʻ n		桃 牢	倒 討 老	到 鬧
ts tsʻ s	昭招		早 草;炒 少	趙,照 糙造 紹
k kʻ x		毫	稿;攪 好	告
○		饒		奧

今調	陰平 ˥	陽平 ˩	上 ˩	去 ˥
今韵	iau			
廣韵	肴;宵;蕭			
p			表	
p'				
m		苗貓		
f				
t				釣
t'	挑	條		跳
n		燎;聊	了	
tɕ	較去			叫
tɕ'		喬	巧	
ɕ	消,囂;蕭,曉上	淆餚	小	孝,効校
○	妖	堯		要

今調	陰平 ˥	陽平 ˩	上 ˩	去 ˧	入 ˩
今韵	əu				
廣韵	模;魚;虞‖侯;尤‖没‖屋;沃;燭				
p pʻ m f		謀	某畝 否		
t tʻ n	都	讀 頭 奴	賭肚‖斗 土 努	杜‖鬥‖豆 路‖漏	篤 突定‖禿 鹿;陸;綠
ts tsʻ s	周 初 收	鋤‖愁‖族從入 熟;續,屬	走 楚‖丑	做‖奏 助牀 素;數‖獸,受	卒‖竹;足,燭囑 促,觸 肅,縮
k kʻ x		侯	口	後	
○	歐	柔	偶		肉;辱

今韵	iəu				
廣韵	尤;幽‖屋三				
t tʻ n	[丟]	紐			
tɕ tɕʻ ɕ	糾上 秋 休	因,求		就,舅	畜
○		牛,由猶,尤	有	又;幼	

今調	陰平 ㄱ	陽平 ㄴ	上 ㄴ	去 ㄴ
今韻	an			
廣韻	覃;談;咸;銜;鹽;凡‖寒;山;刪;仙;桓;元			
p			板	扮,辦;半
pʻ				盼;判,叛並
m		蠻		慢;萬
f		凡	反	范‖飯
t			短	旦
tʻ	貪	談‖團		歎
n		南;藍‖難	暖	亂
ts	沾		斬‖展	暫;站‖棧
tsʻ	餐	蠶	慘‖剗,産審	
s	三;衫‖山;刪	蟬	陝	扇;算
k	干		感;敢‖[趕]	
kʻ				看
x		含;鹹;銜‖寒		漢,旱
○	淹‖安	然	染	暗

今韻	uan			
廣韻	桓;山;刪;元(均合口)			
k	官觀;鰥;關			貫;慣
kʻ			款,皖匣	
x			緩匣	喚,換
○	彎	完丸匣	碗	萬微

今調	陰平「	陽平ㄥ	上ㄴ	去ㄱ
今韻	yan			
廣韻	删;仙;元(均合口)			
tɕ	專			篆,倦
tɕʻ		船		
ɕ	軒開;閂;暄	弦開;玄懸		

今韻	ien			
廣韻	咸;銜;鹽;嚴;添‖山;删;仙;元;先			
p	邊		貶	辨;辮
pʻ				徧幫,片
m				面
f				
t			點‖典	店
tʻ	天	田		
n	研疑平	廉‖連聯;年		念‖戀
tɕ	監‖間;堅		減‖剪;繭	漸‖諫;件;建;見
tɕʻ	謙‖千	鉗‖錢;前;全		
ɕ	仙鮮;先;宣	閑;賢	險‖癬	陷‖限;憲;現;縣合
○	煙	嚴‖言	眼;演	驗,厭‖晏;硯

今韻	yen			
廣韻	仙;元(均合口)			
○		緣沿鉛;元,園	軟;阮,遠	院

今調	陰平 ꜀	陽平 ꜁	上 ꜂	去 ꜄	入 ꜆
今韵	ən				
廣韵	侵‖痕;臻;真;魂;諄;文‖登;蒸‖庚;耕;清				
p	崩				
p'		彭			
m		門;聞‖[們]		問	
f	分			奮	
t			等	頓	
t'	吞				
n		倫‖能	冷	論	□(那個)
ts	真‖增;徵‖争;貞,偵徹		[怎]	鄭,政	□(這個)
ts'	撐	沉‖陳,臣;存‖城成誠			
s	森,深‖身申‖升‖生	晨‖繩	審‖損	盛	
k	跟‖更$_1$(‖换);耕		亘去	更$_2$	
k'			懇‖肯		
x		恒	很	恨	
○	恩	壬‖人‖仍	忍	認‖硬	

今韵	uən				
廣韵	魂‖庚二(均合口)				
k					
k'	坤				
x	昏	橫		混	
○	温				

今調	陰平 ˥	陽平 ˩	上 ˧	去 ˥
今韵	in			
廣韵	侵‖真;欣;諄‖蒸‖庚;耕;清;青			
p p' m f	兵	貧‖平;瓶 民‖名	稟 品 敏	並 命
t t' n	丁 聽	林‖鄰‖陵‖靈零	·	令
tɕ tɕ' ɕ	侵清,今‖津;巾;斤‖京荆;經 欽‖親‖清,輕 心‖新‖星腥	秦 尋‖旬‖行;形		進晉;近‖静,勁 信‖杏;幸;性姓
○	音‖因‖鶯;英	銀‖凝‖盈;營合	隱	印‖應

今韵	yin			
廣韵	諄;文‖清;庚三;青(均合口)			
tɕ tɕ' ɕ	均;軍 椿,春‖傾 勳	羣‖瓊 脣;純	頃 迥匣	
○		雲‖榮;螢匣	允尹‖永	閏;運‖孕蒸

今調	陰平 ˥	陽平 ˩	上 ˨	去 ˦
今韵	aŋ			
廣韵	唐;江;陽			
p	邦			
pʻ		旁		
m		忙		
f	方	房防		
t	當			蕩
tʻ				
n		郎	朗	
ts	張		長	
tsʻ	倉;昌			
s	桑;商	常		尚上
k	剛綱			
kʻ		狂		曠;況曉
x				項、巷
○				讓

今韵	iaŋ			
廣韵	江;陽(均開口)			
t				
tʻ				
n		娘	兩	
tɕ	江		講	
tɕʻ		詳祥	強	
ɕ	香鄉		想	像象
○			仰	樣

今調	陰平 ㄱ	陽平 ㄣ	上 ˩	去 ˥
今韵	uaŋ			
廣韵	唐;陽(均合口)			
k k‘ x	光 	 黄		
○	汪	王	往	旺

今韵	yaŋ			
廣韵	江;陽			
tɕ tɕ‘ ɕ	椿;莊 窗 	 牀 		撞;狀

今調	陰平⌐	陽平⌐	上⌐	去⌐	入⌐
今韵	oŋ				
廣韵	登‖庚二;耕‖東;冬;鍾‖屋				
p p' m f	 風;封	 朋 萌 		 孟‖夢 奉	 木;目
t t' n	東 通 	 同 農;隆;龍	 桶;統去 攏	洞 □(｜樣＝那樣)	
ts ts' s	中;鍾 冲,充 鬆;嵩;松	 崇 	總 寵 	眾;種 送;宋;誦	
k k' x	公功;弓;恭 空 	 弘‖宏‖紅	 恐 	共 	
○	翁				

今韵	ioŋ				
廣韵	庚三‖東三;鍾(均合口)				
tɕ tɕ' ɕ	 兄‖胸	 窮 熊雄喻			
○		絨,融;茸		用	

F. 音韵特點

1. 聲母

(1) 微母字在今u韵失聲母，如'武'u，'物'u；其餘均讀m，如'未'mei，'萬'man，'聞'mən。

(2) 非敷奉讀f，跟曉匣合口讀xu者不混。如'服'fu≠'忽'xu，'分'fən≠'昏'xuən，'房'faŋ≠'黄'xuaŋ。

(3) 泥來兩母在魚韵失去聲母，如'女,吕'y；其餘無論洪細均讀n。如'南,藍'nan，'年,連'nien，'你,李'ni，'聶,列'nie。

(4) 知莊章組今開口讀ts等，跟精組洪音混。如'師,施'='思'sï，'桌,捉'='作'tso，'寨'='再,在'tsai，'竹,燭'='卒,足'tsəu。

(5) 知莊章組今合口讀tɕ等，如'揣'tɕ'yai，'帥'ɕyai，'窗'tɕ'yaŋ，'狀'tɕyaŋ，'刷'ɕya，'説'ɕye，'專'tɕyen，'春'tɕ'yen。

(6) 不分尖團。精組細音讀tɕ等，跟見系細音混。如'祭'='計'tɕi，'接,節'='傑,結'tɕie，'囚'='求'tɕ'iəu，'千'='謙'tɕ'ien，'心,新'='星'ɕin。

(7) 日母今音一律失落聲母，如'惹'ɤ，'柔'əu，'染'an，'壬'ən，'如'y，'入'y，'閏'yin，'若'io，'絨'ioŋ。

(8) 疑影母一二等開口失去聲母，如'愛,艾'ai，'鵝'o，'硬'ən，'安'an，'恩'ən，'惡'o。

(9) 見系二等開口在梗入全讀k等，如'革'ke，'厄'e；在其他韵讀k,tɕ不定。如'甲'ka，'下'xa，'牙'ia，'學'ɕio，'戒'kai，'解'tɕiai，'巧'tɕ'iau，'鹹'xan，'減'tɕien，'更'kən，'杏'ɕin，'巷'xaŋ。

(10) 疑母三四等開口讀n或失聲母不定，如'逆'ni，'臬'nie，但'疑'i，'藝'i，'虐'io，'孽'ie。

2. 開合

(1) 遇攝模韵端系，魚虞韵莊組；臻合入一等端系；通入一等端系，三等端知系均讀開口。如'杜'təu，'楚'tsʻəu，'突'tʻəu，'鹿'nəu，'足'tsəu，'燭'tsəu。

　　(2)蟹攝及山臻舒聲合口一等端系均讀開口。如'內'nei，'罪'tsei，'短'tan，'算'san，'存'tsʻən。

　　(3)蟹止合口三等泥精組均讀開口，如'類'nei，'隨'sei，'歲'sei。

　　(4)山攝三等合口泥精組讀開口，如'戀'nien，'全'tɕʻien，'劣'nɤ，'絕'tɕie。

　　(5)臻攝三等合口，舒聲泥精組讀開口，如'倫'nən，'旬'ɕin；入聲泥組讀合，精組讀開，如'律'y，'戌'ɕi。

3.韻母

　　(1)果攝開口三等知系，及咸山入聲開口三等知系都讀ɤ，如'蛇'＝涉sɤ，'設'sɤ。

　　(2)遇攝一等端系，三等莊組，通入端知系均讀əu，跟流攝洪音混。如'賭'＝'斗'təu，'路'＝'漏'nəu，'鋤，族'＝'愁'tsʻəu，'素，數'＝'獸，受'səu。

　　(3)止攝知系：日母讀ɤ，餘讀ï。如'而'ɤ，'二'ɤ，'遲'tsʻï，'事'sï，'施'sï。

　　(4)咸山攝舒聲洪音讀an，uan，如'南'nan，'干'kan，'官'kuan，'換'xuan；細音開口讀ien，如'監'tɕien，'邊'pien，合口見系見溪羣曉匣讀yan，疑影喻讀yen，如'倦'tɕyan，'玄'ɕyan，'元'yen，'遠'yen。

　　(5)深臻曾梗攝舒聲(除混入通攝的少數字外)全收n尾。如'沉'＝'陳'＝'城'tsʻən，'林'＝'鄰'＝'陵'＝'靈'nin，'倫'＝'能'nən，'羣'＝'瓊'tɕʻyin。

　　(6)山攝三四等入聲合口來母讀ɤ，精組讀ie，如'劣'nɤ，'絕'tɕie；宕攝三四等入聲來母讀o，精組讀io，如'略'no，'削'ɕio。

　　(7)通入明母讀oŋ，如'木，目'moŋ，其餘幫系字均讀u。如'僕'pʻu，'服'fu。

　　(8)曾攝入聲一等見系，開口讀ɤ，如'刻'kʻɤ，'黑'xɤ；合口讀ue或o，如

'國'kue,但'或'xo。

4.聲調

(1)不分陰陽去。古去聲及上全濁都讀去聲,如'試'='事'='士'sï²。

(2)有入聲。古入聲清音及次濁仍爲入聲,如'得,七,綠,曰'等字。古入聲全濁今半爲入聲,半爲陽平,如'服,笛,及,鶴,踏,傑,續,熟'等字今爲入聲;'十,石,達,白,滑,或,學,舌'等字今爲陽平。

G. 會話

6 b： e⊦, n̩˧ na⊦　　　　kuei˧ ɕin˧ a⊦?
　　　 誒, n̩˧ na⊦（你,尊稱）　貴　姓　阿?

6 a： o˧ ɕin˧ uaŋ˩。
　　　 我　姓　王。

　 b： n̩˧ na⊦ u˩ ni⊦ tsoŋ˧ nə⊦ tʰien˩ mei˩ iəu˧?
　　　 n̩˧ na⊦ 屋　裏　種　了　田　沒　有?

　 a： tsoŋ˧ nə⊦ tʰien˩ n̩˧ na⊦。
　　　 種　了　田　n̩˧ na⊦。

　 b： n̩˧ na⊦ tɕʰy˧ nien˩ səu˩ tsʰən˩ xai˩ xau˧ a⊦?
　　　 n̩˧ na⊦ 去　年　收　成　還　好　阿?

　 a： tɕʰy˧ nien˩ in˥ uei⊦ pa˩ ɕie˩ an˥ tɤ˩ mei˩ iəu˩ sï˩ moˡ ta˧
　　　 去　年　因　爲　把　雪　淹　得　沒　有　什　麼　大
　　　 tɤ˩ səu˧ tsʰən˩。
　　　 得　收　成。

　 b： tɕʰien˩ tʰien˥ tɕʰi˩ na˧ ko⊦ ta˧ fuŋ˥ n̩˧ na⊦ na˧ ni⊦ səu⊦ sən⊦
　　　 前　天　起　那　個　大　風　n̩˧ na⊦ 那　裏　受　損
　　　 sï˩ mei˩ iəu˧?
　　　 失　沒　有?

　 a： səu˧—— i⊦ ɕie⊦ faŋ˩ tsï⊦ təu˥ pei˧ tɕʰyei˥ tau⊦ nə⊦, man˩
　　　 受——　一　些　房　子　都　被　吹　倒　了,　蠻

ta˧ sən˧ sï˩。
大　損　失。

b：n̩˧ na˩ u˩ ni˩ iəu˧ tɕi˧ to˥ ən˩ a˩?
　　n̩˧ na˥ 屋　裏　有　幾　多　人　阿?

a：u˩ ni˥ i˩ tɕʻi˧ iəu˧ tɕʻi˧ kʻuə˥ ən˩ a˥。
　　屋　裏　一　起　有　七　口　人　阿。

b：io˥, iəu˧ tɕʻi˧ kʻuə˥ ən˩ a˥, na˩ u˩ ni˥ ən˩ kʻuə˥ man˩ to˥
　　喲, 有　七　口　人　阿, 那　屋　裏　人　口　蠻　多
　　ni˥。
　　呢。

a：sï˧ ti˥, tɕia˥ ni˥ xa(i)˩ pu˥ sï˧ nien˩ tsʻən˩ pu˩ xau˧ ti˥
　　是　的, 家　裏　還　不　是　年　成　不　好　的
　　xua˧ ——sï˧ in˧ fu˩ ɕien˧ tsai˧ o˧ mən˥ təu˩ ɕy˥ tsɤ˩ faŋ˥
　　話 —— 是　應　付　現　在　我　們　讀　書　這　方
　　mien˧ tɕʻiaŋ˩ mien˧ ti˥ təu˩ ɕy˥。
　　面　強　勉　的　讀　書。

b：n̩˧ na˥ u˩ ni˥ kua˧ tsoŋ˧ tʻien˧ a˥, xai˩ tso˧ pu˩ tso˧ pie˩ ti˥
　　n̩˧ na˥ 屋　裏　寡　種　田　阿, 還　做　不　做　別　的
　　mo˧ sï˧ a˥?
　　麼　事　阿?

a：xai˩ tso˧ sən˥ i˧。
　　還　做　生　意。

b：o˥! n̩˧ na˥ ko˥ ko˥ tsai˧ na˩ ni˥ tso˧ sï˧ a˥?
　　哦! n̩˧ na˥ 哥　哥　在　哪　裏　做　事　阿?

a：o˧ mau˩ tɤ˥ ko˥ ko˥, o˧ tsï˩ iəu˧ tɕi˧ ko˥ ti˥ ti˥。
　　我　冒　得　哥　哥, 我　只　有　幾　個　弟　弟。

b：o˥, na˩ ni˧ ti˧ ti˧ tsai˧ na˩ təu˩ ɕy˥ a˥?
　　哦, 那　你　弟　弟　在　哪　讀　書　阿?

a： ti˦ ti˩˙ təu˥ tsai˦ ɕiaŋ˥ ni˩˙ sï˥ səu˧ ni˩˙ təu˧ ɕy˥。
弟　弟　都　在　鄉　裏　私　塾　裏　讀　書。

b： na˦ mo˩˙——u˦ xan˦ iəu˦ mei˦ tɤˋ tɕʻin˥ tɕʻi˦ a˩˙?
那　麼——武　漢　有　沒　得　親　戚　阿?

a： u˦ xan˦ mau˦ tɤˋ tɕʻin˥ tɕʻi˦ nə˩˙。
武　漢　冒　得　親　戚　了。

b： na˦ mo˩˙ n̩˦ na˩˙ y˦ pei˦ tɕi˥ sï˦ tau˦ xan˦ kʻəu˦ kʻɤ˦ a˩˙?
那　麼　n̩ na˙ 預　備　幾　時　到　漢　口　去　阿?

a： o˦ y˦ pei˦ tɕiəu˦ sï˦ tse˦ niaŋ˦ tʻien˥ tɕiəu˦ tau˦ xan˦ kʻəu˦
我　預　備　就　是　這　兩　天　就　到　漢　口

kʻɤ˦ na˩˙。
去　吶。

b： n̩˦ na˩˙ tau˦ xan˦ kʻəu˦ kʻɤ˦, i˩˙ tin˦ ɕie˦ ɕin˦ nai˧ a˩˙!
n̩ na˙ 到　漢　口　去, 一　定　寫　信　來　阿!

a： xau˦, xau˦, xau˦。
好, 好, 好。

b： n̩˦ na˩˙ nau˦ ən˧ tɕia˥ xau˦ a˩˙?
n̩ na˙ 老　人　家　好　阿?

a： nau˦ ən˧ tɕia˥ tsɤˋ tɕi˥ nien˧ xai˧ xau˦。
老　人　家　這　幾　年　還　好。

b： tɕʻy˦ nien˧ na˦ ta˦ ɕyei˦ tsai˥, n̩˦ na˩˙ mo˦ na˦ ni˩˙ an˥ tɤˋ
去　年　那　大　水　災, n̩ na˙ 麼　那　裏　淹　得

xən˦ pu˩˙ xən˦ a˩˙?
很　不　很　阿?

a： o˦ mən˩˙ na˦ ni˩˙ nien˧ ɕie˩˙ faŋ˧ tsï˩˙ təu˥ tsʻoŋ˥ tɕʻi˦ pʻau˦
我　們　那　裏　連　些　房　子　都　沖　起　跑

nə˩˙ mə˩˙, sï˥ ti˩˙ kən˦ pu˧ sau˦ a˩˙。
了　嘞, 死　的　更　不　少　阿。

b: n̩˥ na˩˙ na˧ ni˩˙ t'əu˧ fei˧ ɕien˧ tsai˧ xai˧ to˥ pu˧ to˥ a˩˙?
　　n̩˥ na˩˙ 那 裏 土 匪 現 在 還 多 不 多 阿?

a: ɕien˧ tsai˧ t'əu˧ fei˧ i˧ tɕin˥ ts'a˧ pu˧ to˥ mau˧ tɤ˩˙ mo˩˙
　　現 在 土 匪 已 經 差 不 多 冒 得 麼

　　t'əu˧ fei˧ na˩˙。
　　土 匪 啦。

b: n̩˥ na˩˙ na˧ ni˩˙ tɕy˧ ti˩˙ sï˧ na˧ ni˩˙ ti˩˙ tɕyin˥ tei˧?
　　n̩˥ na˩˙ 那 裏 駐 的 是 哪 裏 的 軍 隊?

a: tɕy˧ ti˩˙ sï˧ ɕiaŋ˥ ni˩˙ ti˩˙ pau˧ uei˧ t'an˩。
　　駐 的 是 鄉 裏 的 保 衛 團。

b: e˥, kən˥ o˧ mən˩˙ tsɤ˥ ni˩˙ ts'a˥ pu˧ to˥。
　　誒, 跟 我 們 這 裏 差 不 多。

a: na˧ mo˩˙ ɕien˧ tsai˧ iəu˥ mei˩ iəu˥ t'əu˧ fei˧ ni˩˙?
　　那 麼 現 在 有 沒 有 土 匪 呢?

b: t'əu˧ fei˧ ɕien˧ tsai˧ təu˥ mei˩ iəu˥ tɕiəu˧ sï˧, ɕien˧ tsai˧
　　土 匪 現 在 都 沒 有 就 是, 現 在

　　kan˧ tɕ'i˩ tsəu˩ niau˩ ɕie˩˙。
　　趕 起 走 了 些。

a: o˧ t'in˥ ɕye˩ ni˧ ko˥ ko˩˙ t'a˥ ts'əu˥ tsoŋ˥ pi˩ ie˩ a˩˙?
　　我 聽 説 你 哥 哥 他 初 中 畢 業 阿?

b: ts'əu˥ tsoŋ˥ pi˩ nə˩˙ ie˩, pu˩ ko˥ sï˧ xuən˥ pi˩ ie˩ tɕiəu˥ sï˧
　　初 中 畢 了 業, 不 過 是 混 畢 業 就 是

　　nɤ˩˙。
　　勒。

a: xau˧, ɕien˧ tsai˧ y˧ pu˩˙ y˧ pei˧ sən˥ ɕio˩?
　　好, 現 在 預 不 預 備 升 學?

b: ɕien˧ tsai˧ y˧ pei˧ sən˥ ɕio˩。
　　現 在 預 備 升 學。

a：y˧ pei˧ sən˥ na˧……?
　　預　備　升　哪……?

b：y˧ pei˧ sən˥——tɕiəu˧ sï˧ u˧ xan˧ tɕi˧ ko˥˙ ɕio˩ ɕiau˧ tɕiəu˧
　　預　備　升——　就　是　武漢　幾　個　學　校　就

sï˧ ti˥˙。
是　的。

a：u˧ xan˧ tɕi˧ ko˥˙ ɕio˩ ɕiau˩ a˥˙，n̩˧ na˥˙ tɕia˩ ni˥˙ tɕin˥ tɕi˧
　　武漢　幾　個　學　校　阿，n̩˧ na˥˙ 家　裏　經　濟

təu˥ sï˧ xən˧ xau˧ ti˥˙ mə˥˙?
都　是　很　好　的　嘞?

b：tɕin˥ tɕi˧ pu˥ ta˥ xau˧ ou˥˙，tse˧ niaŋ˧ nien˩ iəu˥ sï˧ ɕyei˥
　　經　濟　不　大　好　噷，這　兩　年　又　是　水

tsai˥ iəu˥ sï˧ xan˥，na˥ tsən˥ mo˧ xau˧ tɤ˥˙ tɕʻi˧ nai˧ ni˥˙。
災　又　是　旱，那　怎　麼　好　得　起　來　呢。

a：təu˥ sï˧ tsʻa˥ pu˥˙ to˥。
　　都　是　差　不　多。

b：tɕin˥ nien˩ tɕʻyin˥ tʻien˥ xai˩ pu˥ ta˥ xau˧，tɕʻien˥ niaŋ˧ tʻien˩
　　今　年　春　天　還　不　大　好，前　兩　天

iəu˥ sï˧ na˥ ta˥ foŋ˥，na˥ tɕia˥ xo˧ pa˥ ɯɤ˥˙ tsï˥˙ a˥˙ tsʻan˥
又　是　那　大　風，那　傢　伙　把　麥　子　阿　蠶

təu˥ na˥ ɕie˥˙ təu˥ tɕʻyei˥ xuai˥ nə˥˙。
豆　那　些　都　吹　壞　了。

a：o˧ mən˥˙ na˥ ni˥˙ kʻoŋ˥ pa˥ ie˥ sï˧ pei˧ foŋ˥ tɕʻyei˥ xuai˥
　　我　們　那　裏　恐　怕　也　是　被　風　吹　壞

nə˥˙。
了。

b：ni˧ mən˥˙ na˥ ni˥˙ kʻua˥ faŋ˩ tsï˥˙，kʻua˥ tɤ˥˙ to˥ pu˩ to˥?
　　你　們　那　裏　垮　房　子，垮　得　多　不　多?

a：o˧ mən˩˙ na˧ ni˩˙ nien˥ i˩ ɕie˩˙ ɕy˥ təu˥ tɕʻyei˥ tɕʻi˩ pʻau˥
我 們 那 裏 連 一 些 樹 都 吹 起 跑

nə˩˙。
了。

b：xau˥ a˩˙，o˧ mən˩˙ ɕien˥ tsai˥ pu˩ tsau˥ nə˩˙，o˧ y˥ pei˥ tsəu˥
好 阿，我 們 現 在 不 早 了，我 預 備 走

nə˩˙， tsai˥ tɕien˥。
了， 再 見。

七. 京山（永隆河）

A. 發音人履歷

發音人	7a	7b
年齡	19 歲	18 歲
原籍	京山永隆河	同左
職業	學生	學生
教育程度	高中	高中
幼時語言環境	在荆門沙洋小學讀書	在當陽河溶小學讀書
教師方言	沙洋話	河溶話
住過的地方	漢口六年,武昌二年	武昌四年
曾否學國語	學過,但説不好	未
能否説別處話	能説漢口,武昌,黃陂話	能説當陽及四川話

二十五年五月十二日丁聲樹記音

　　發音人自云本地只有一種口音,但是就他們供給的語料看,文言音與白話音的差別却很大。他們兩人都是自幼在外面上學的,文言音或受外處的影響很深。

B. 聲韵調表

1. 聲母

p 八倍	pʻ 派婆倍	m 末	f 法	
t 多蕩	tʻ 妥頭蕩	n 洛南理年		
ts 走寨徵在	tsʻ 菜柴陳篆		s 三生審	ʐ 若
tɕ 節舅集	tɕʻ 千舅集		ɕ 先幸	
k 官共	kʻ 開狂跪		x 好換法	
○ 而我約未院				

2. 韵母

ï 子質;ɚ而;ɯ去	a 巴打察瞎	o 剥多左闊	ɤ 北得蛇則
i 比梨祭席	ia 佳恰	io 略學	ie 撇爹謝結
u 步杜肅主哭	ua 刷掛		uɤ 説國
y 女菊			ye 靴決

ai 拜泰柴該	ei 卑内	au 保倒澡好	ou 某杜肅丑侯
		iau 表釣巧	iou 丢囚幼
uai 揣懷	uei 罪毁		

an 板短慘干		ən 本等沉跟	
	ien 貶典間嫌		in 稟陵新
uan 專款		uən 春穩	
	yen 全元		yin 旬傾

aŋ 邦蕩桑剛	oŋ 朋同崇宏
iaŋ 兩江	ioŋ 兄窮
uaŋ 莊光況	

3. 聲調

陰平	陽平	上	去
˥	˩	˩	˥
知	陳即局納	展老	對市助

C. 聲韻調描寫

1. 聲母

京山聲母,今按音位定爲十八個,如上表。以下分組述其音值。

p組p,p',m,f。f只在文言音中出現。文言讀f的白話都讀成xu-。

t組t,t',n。n在洪音前讀n或l不定;在細音前大致全讀n。

ts組的ts,ts',s,z̩。ts,ts',s是偏後的,有時略帶捲舌音的色彩。

tɕ組的tɕ,tɕ',ɕ。部位稍偏前。

k組k,k',x。讀法近北平音。

○包括純元音起首的音。在開口洪音前又偶有ʔ出現。

2. 韻母

ï在ts,ts',s後讀ɿ,在z̩後讀ʅ。ʅ只有'日'字的文言一個音。'日'白話讀ɚ,所以在白話音中,ï韻只有ɿ一讀。ɯ相當於標準u的開唇。

i比標準元音i略開。

u很關,有時差不多帶點摩擦聲音。

y相當於i的圓唇。

a,ia,ua。a比平均ʌ的部位略後。

o,io。o近標準元音o。

ɤ,uɤ。ɤ相當於o的開唇,但又比o關。

ie,ye。e是開ɛ。

ai,uai。ai在平聲中"動程"相當的大;在仄聲中就很小,有時簡直像單元音æ。

ei,uei。ei跟ai一樣,在平聲中是很清楚的複元音,在仄聲中就近於很關的單元音e。

au,iau。au的舌位動得很少,只自ɑ到ɔ。

ou,iou。o關,u開,舌位移動得很少。

an,uan。a是前a,在k組聲母後或無聲母時比較偏後。

ien,yen。e近標準元音e。

ən,uən。ə很短。在uən中ə差不多消失,只在u作起首音時才顯一點。

in,yin。i同i韵的i;但在yin中音程很短。

aŋ,iaŋ,uaŋ。a是後ɑ。

oŋ,ioŋ。o關。oŋ韵無聲母時往往讀成uoŋ。

3. 聲調

陰平讀高平調(55),有時由"半高"升至"高"(45),寬式一律用高平調號(˥55)。

陽平低升(13),間或起於"半低",降至"低"然後再升至"中"(213)。寬式一律用低升調號(˩13)。

上聲是低降調(˩31)。

去聲是半高平調(˦44)。

D. 與古音比較

1. 聲母

古聲組及影響條件 ＼ 古母今讀／發音方法及影響條件		全清塞	次清塞	全濁塞 平	全濁塞 仄	次濁	清擦	濁擦 平	濁擦 仄
幫組		幫：p	滂：pʻ	並：pʻ	並：p；pʻ	明：m			
非組						微：u	非 敷：f；x	奉：f；x	
端組 泥	一二等／三四等（洪／細）	端：t	透：tʻ	定：tʻ	定：t；tʻ	泥：n　來：n			
精組	洪	精：ts	清：tsʻ	從：tsʻ	從：ts；tsʻ		心：s	邪：s	邪：tsʻ，ɕ
精組	細	精：tɕ	清：tɕʻ	從：tɕʻ	從：tɕ；tɕʻ		心：ɕ	邪：ɕ	—
莊組	內轉／外轉　梗二等韻其他	莊（照二）：ts	初（穿二）：tsʻ	崇（牀二）：tsʻ	崇（牀二）：ts；tsʻ／ts；tʂ		生（審二）：s		
知組		知：ts	徹：tsʻ	澄：tsʻ	澄：ts；tʂ				
章組	今開合（今開／今合）　今合	章（照三）：ts	昌（穿三）：tsʻ	船（牀三）：s／tsʻ，s	船（牀三）：s		書（審三）：s	禪：tsʻ，s	禪：s

古聲母及今分讀 · 發音方法及影響條件 ／ 古聲組及影響條件 · 今聲組條件

古聲母	今開/合	條件	全清塞	次清塞	全濁塞（平）	全濁塞（仄）	次濁	清擦	濁擦（平）	濁擦（仄）
日母	今開	止（附貴）					○			
日母	今合	止（附貴）					ʐ̩			
日母	今合	其他					ʐ̩;ɣ			
見組曉	開	一等	k	kʻ	tɕʻ	tɕ;tɕʻ	○	x		x
見組曉	開	二等	k,tɕ	kʻ,tɕʻ	*	*	○,i	x,ɕ		x,ɕ
見組曉	開	三四等	tɕ	tɕʻ	kʻ	k;kʻ	i	ɕ		ɕ
見組曉	合	一二等	k	kʻ	tɕʻ	k	u;○	x		x
見組曉	合	蟹止合三四等通舒	k	kʻ	tɕʻ	tɕ;tɕʻ	u	x		x
見組曉	合	其他	tɕ	tɕʻ			?	ɕ		*
見組曉							y	ɕ		ɕ
			見	溪	羣	羣	疑	曉	匣	匣
影組	開	一等	○							
影組	開	二等	○,i							
影組	開	三四等	i				喻：i			
影組	合	一二等	u;○				*			
影組	合	蟹止合通舒入	u				u			
影組	合	三四等通舒	i				i			
影組	合	其他	y				y			
			影				喻			

2. 韵母

第 一 表

攝 ＼ 等·聲母	開 一 幫系	開 一 端系	開 一 見系	開 二 幫系	開 二 泥組	開 二 知莊組	開 二 見系	開 三 幫系	開 三 端系	開 三 莊組	開 三四 知章	開 三四 日母	開 三四 見系
果	*	o	o	a	a	a	a,ia	*	ie	*	ɤ	ɤ	ie
(遇)		*				*				*	*	*	
蟹	*	ai	ai	ai	ai	ai	ai,ia	ei,i	i	*	ï		i
止		*				*		i,ei	i;ï	ï	ï	ɚ	i
效	au	au	au	au	au	au	au,iau	iau	iau	*	au	au	iau
流	ou	ou	ou		*			ou,u,iou	iou	ou	ou	ou	iou
咸	*	an	an	an	*	an	an,ien	ien	ien	*	an	uan;an	ien
山	*	an	an	an	*	an	an,ien	ien	ien	*	an	an	ien
宕	aŋ	aŋ	aŋ	aŋ		aŋ,uaŋ	aŋ,iaŋ	*	iaŋ	aŋ,uaŋ	aŋ	aŋ	iaŋ

攝\列	一 (幫系)	一 (端系)	一 (見系)	二 (幫系)	二 (泥組)	二 (知組莊)	二 (見系)	三四 (幫系)	三四 (端系)	三四 (莊組)	三四 (知組章)	三四 (日母)	三四 (見系)
呼	開	開	開	開	開	開	開	開	開	開	開	開	開
深		*						in	in	ue	ue	ue	in
臻	*	ue	ue					in	in	ue	ue	ue	in
曾	ue,oŋ	ue	ue					in	in	*	ue	ue	in
梗		*		ue,oŋ	ue	ue	ue,in	in	in	*	ue	*	in
(通)	*	*			*	*				*	*		
咸入	*	a	o	a	*	a	a,ia	*	ie	*	ɤ	*	ie
山入	*	a	o	a	*	a	a,ia	ie	ie	*	ɤ	ɤ	ie
宕入	o	o	o	o		o	o,io	*	io	*	o	o	io
深入		*						*	i	ɤ	ɿ	ü/ɿ/i	i
臻入		*						i	i	ɤ	ɿ	*	i
曾入	ɤ	ɤ	ɤ	ɤ		ɤ		i	i	ɤ	ɿ	*	i
梗入	ɤ	*	ɤ			ɤ	ɤ	i	i		ɿ		i
(通入)		*								*			

第 二 表

（呼：合）

攝 ＼ 等・聲母	一 幫系	一 端系	一 見系	二 幫系	二 莊組	二 見系	三四 幫系	三四 泥組	三四 精組	三四 莊組	三四 知章組	三四 日母	三四 見系
果	o	o	o	*		ua			*				ye
遇	u	u;ou	u	*	*		u	y	y	u;ou	u	u;y	y
蟹	ei	ei;uei[1]	uei·iau		*	uai·ua	uei·ei[2]	*	uei	*	uei	*	uei
止		*			*		uei;ei·i	ei	uei	uai	uei	*	uei
（效）					*	*				*			
（流）					*	*				*			
咸	an	an			*		an;uan			*	*		
山	an	an	uan	*	uan	uan	an;uan	ien	yen;ien[3]	*	uan	uan	yen
宕	*	*	uaŋ	*	*	uaŋ	aŋ;uan			*	uan	uan	aŋ;uaŋ;uaŋ[3]

攝＼列	合 三四 見系	日母	知組章	莊組	精組	泥組	幫系	合 二 見系	莊組	幫系	一 見系	端系	幫系
（深）	yin	yin／	uen	*	ỹn·in	ue	uen;ue	ŋio:uen	*	*	uen	*	ue
臻												ue	
曾	yin·ion	ŋio	ŋio	*	ŋio	ŋio	ŋio				ŋio	*	ŋio
梗	ion·ion												
通		ŋio		ŋio	ŋio	ŋio	ŋio	ua	ua		ŋio	ŋio	ŋio
咸入					ie	ɤ	a;ua	ua	ua		o		o
山入	ye	*	ur;o	*			a;ua	ua	ua	o	o	ŋio	o
宕入			*	*			o	o	*	*	o	o	o
（深入）				*							u	*	u
臻入	y	*	u	*	y	y	u		*	*	n	u;ou	u;oŋ(4)
曾入	y		u	*	y	y		o;ur	*	*	o;ur	*	*
梗入	y			*	*		fio;n(4)		*	*	n	u;ou	ŋou
通入	u;y;iou,y(5)	u;ou	u;ou	u;ou	u;ou	u;ou	u;n(4)	o			n	ŋou	ŋo;n(4)

3.聲調

古類　　影響　今值　今類條件		陰　平	陽　平	上	去
平	清	ㄱ			
平	濁		ㄟ		
上	清			ㄩ	
上	次濁			ㄩ	
上	全濁				ㄱ
去	清				ㄱ
去	濁				ㄱ
入	清		ㄟ		
入	次濁		ㄟ		
入	全濁		ㄟ		

附注：

　韵母：—

　(1)蟹一等合口端系字端泥兩組讀ei，精組讀uei。

　(2)這一系聲母下，凡有開合之分的，除幫組字外，非敷奉文言讀開，白話讀合；微母全讀合。

　(3)宕合三等見系字，見曉兩組文言讀aŋ，白話讀uaŋ；影組只有uaŋ讀。

　(4)沒屋兩韵的明母字都讀oŋ。

　(5)通三入見系字，見組讀y；曉影兩組文言讀iou，白話讀y。

E. 同音字表

今調	陰平ㄱ	陽平ㄱ	上ㄱ	去ㄱ
今韵		ï；ɯ(kʰ 後)；ɚ(○後)		
廣韵		祭‖脂；之；支‖緝‖質‖職‖昔(均開口)		
p pʻ m f			[m̩](m̩媽)	
t tʻ n			[n̩](n̩ naⁱ˙ kaⁱ˙)	
ts	之；知，支‖隻入	執‖質‖直植，殖禪	子	自，致，至；字，置，痔，志；翅審
tsʻ		遲‖姪，秩‖直值‖赤	恥；此	
s	師；思；斯，施	時‖實‖食，式識‖石	死，矢；始	世‖四，示；伺，似，士、事，試，市；賜，是
ẓ		日		
tɕ tɕʻ ɕ				
k kʻ x				去魚
○		而‖日	爾	貳

今調	陰平 ˥	陽平 ˧˥	上 ˩	去 ˥
今韵	i			
廣韵	祭;齊‖脂;之;支;微‖緝‖質;迄‖職‖昔;陌三;錫(均開口)			
p p' m f		必‖逼;碧;壁 弼‖僻;闢	比 鄙幫 米	泌 秘幫
t t' n		的,笛 堤提‖笛 梨;離‖立;栗‖力‖歷	底 禮‖李里理裏	帝,弟、第‖地 第,隸來 例
tç tç' ç	 妻,棲心,溪,奚匣‖期羣 西,兮匣;攜匣合‖希	緝清,集,急,及‖吉‖極‖積;激 齊‖其;奇‖七;乙,迄曉‖戚,吃 泣溪,吸‖恤合‖息‖席	己;幾 起 洗‖徙墨支心	祭;計繼‖記,忌‖寄,技;季合 去魚‖契‖器;妓;氣汽 系‖戲
○	衣依	夷;疑;宜,移;遺合‖噎屑‖邑‖一,逸‖憶‖逆;亦	以	藝‖議義

今調	陰平 ㄱ	陽平 ㄥ	上 ㄴ	去 ㄱ
今韵	u			
廣韵	模;魚;虞‖尤;沒;術;物‖屋;沃			
p		不		步
pʻ		勃‖卜幫,撲,僕瀑曝	譜幫,普	步
m				
f		縛藥‖服	府,腐奉	附‖負婦
t		肚‖篤		
tʻ		圖‖突‖禿		
n		陸;綠		
ts	猪,諸	竹;足,燭	主	駐,柱、住
tsʻ	初	除,鋤;卒精;出‖族	鼠審	助;柱
s	書;殊禪	肅,縮,熟	鼠暑	素;數
ʐ		如‖辱	儒平	
k	姑	骨		故
kʻ		哭;酷		
x	呼,乎匣	狐‖忽	虎	户
○	烏	吾;無‖物‖屋	五伍;武	務‖戊侯明

今調	陰平 ㄱ	陽平 ㄟ	上 ㄥ	去 ㄱ
今韵	y			
廣韵	魚;虞‖緝‖術;物‖職‖昔‖屋三;燭(均合口)			
t				
tʻ				
n		律	女	
tɕ	拘俱	橘‖菊;局		巨;聚,句
tɕʻ	樞穿,區	屈‖曲		去;聚
ɕ	虛;須	徐‖戌‖畜	許	序‖遂脂
○		魚,於影;余餘;愚,于‖入‖鬱‖域‖役疫‖育	女娘,呂來,與;羽	遇‖玉入

今韵	a			
廣韵	麻二‖合;盍;洽;狎;乏‖曷;鎋;黠;月			
p	巴	八,拔	把	
pʻ		拔		怕
m	[媽]		馬	
f		法‖髮發		
t		笪‖達	打庚	大泰
tʻ	他歌	笞端,踏;塔‖達		
n	拉入	拿‖納;臘‖辣	[哪1]	[那1]
ts		雜‖札		乍
tsʻ		插‖刹;察		
s	沙			
k		甲		
kʻ				
x		瞎		下
○		[伢]		

今調	陰平 ˥	陽平 ˧	上 ˩	去 ˥
今韵		ia		
廣韵		麻二‖佳‖洽;狎‖鎋(均開口)		
tɕ	家‖佳	甲	假賈	
tɕʻ		恰		
ɕ		霞‖狹‖匣;挾帖‖瞎		下
○		牙‖鴨壓		

今韵			ua	
廣韵		麻二‖佳;夬‖鎋;黠(均合口)		
ts				
tsʻ				
s		刷		
k	瓜	刮		掛
kʻ				
x		法‖滑		
○	蛙‖挖入		瓦	化‖畫;話

今調	陰平┐	陽平〻	上˩	去┐
今韵		o		
廣韵		歌;戈一‖合;盍‖曷;末‖鐸;覺;藥		
p p' m f	波,玻滂 坡	剝 婆 末‖莫	頗‖剖侯	
t t' n	多	脫‖託 羅;騾‖洛	妥 [哪₂]	舵 [那₂]
ts ts' s		作,昨;桌,捉;酌 説	左 所魚	坐 坐
ʐ		若		
k k' x	歌;鍋	鴿‖割‖各;角,郭‖國 闊 何‖合;盍‖喝;活‖霍	果 伙	個;過 禍
○	窩	鵝‖遏‖握‖沃沃	我	

今韵		io		
廣韵		覺;藥(均開口)		
t t' n		略		
tɕ tɕ' ɕ		覺;爵,嚼,脚 確;雀精 學;削		
○		虐,約		

今調	陰平˥	陽平˩		上˨	去˦
今韵		ɤ			
廣韵		麻三‖葉‖薛‖緝‖櫛‖德;職‖陌二;麥(均開口)			
p pʻ m f		北‖百,白 泊並鐸‖拍 沒‖麥			
t tʻ n		得德 忒,特定入 劣‖勒			
ts tsʻ s		則‖擇‖摘,責 徹,澈‖側照,測‖澤宅;責照 蛇‖涉‖舌,設‖瑟‖色			［這］
ʐ		熱		惹	
k kʻ x		格;革 刻‖客 黑‖赫			
○		厄			

今調	陰平 ˥	陽平 ˦		上 ˩	去 ˥
今韵	uɤ				
廣韵	薛‖德(均合口)				
ts ts' s		説			
k k' x		國			

今韵	ie			
廣韵	麻三‖葉;業;帖‖薛;月;屑			
p p' m f		撇 滅	瘪入	
t t' n	[爹]	帖透 帖鐵 畾|列;臬		
tɕ tɕ' ɕ	嗟 些	接;切‖傑;竭;節,結;絶 切;拙照合 邪‖脅;協‖薛;穴合	寫	借 謝
○		爺‖葉;業;孽;謁	野也	

今調	陰平 ㄱ	陽平 ㄟ	上 ㄥ	去 ㄱ
今韻	ye			
廣韻	戈三‖薛;月;屑(均合口)			
tɕ		掘		
tɕ'		瘸‖缺;決		
ɕ	靴	穴		
○		閱;月,越曰		

今韻	ai			
廣韻	咍;泰;皆;佳;夬(均開口)			
p				拜
p'				派
m		埋	買	
f				
t				待、代;帶
t'				泰太
n		來	乃;奶	賴
ts	齋			再,在;寨
ts'		財;柴		菜,在;蔡
s				
k	該;皆		改;解	蓋;介界戒,械匣
k'	開			概見,愾
x		諧;鞋‖還(|有)删合		亥;害
○	哀		矮	愛;艾

今調	陰平「	陽平ˊ	上˩	去˥
今韵	uai			
廣韻	泰；皆；佳；夬‖脂；支（均合口）			
ts				
ts‘			揣	
s				帥
k				怪
k‘			塊去	會（‖計）見；快
x		懷		
○	歪曉			外

今韵	ei			
廣韻	祭；灰；泰；廢‖脂；支；微			
p	卑；悲			倍；貝，敝‖臂，被
p‘	丕，披			配，倍、佩並
m		梅‖[沒]	每	
f	飛	肥	匪	廢，肺
t				對，隊；兑
t‘				
n			屢虞去	内‖類；累

今調	陰平 ˥	陽平 ˧	上 ˨	去 ˥
今韵	uei			
廣韵	灰;泰;祭;廢;齊‖脂;支;微(均合口)			
ts	追,錐			<u>崔</u>;最;綴
tsʻ		垂		<u>崔</u>;脆‖悴_從,粹_心
s	隨		水	歲,稅‖睡瑞
ẓ				鋭_喻
k	龜;歸			桂
kʻ				
x	<u>灰</u>‖飛	回	毀	會;彗_喻;<u>肺</u>;惠‖諱
○	威	維惟;危,爲;微,圍	委	衛‖位;未,畏

今調	陰平˥	陽平˩	上˨	去˥
今韵	au			
廣韵	豪;肴;宵			
p	包		保	
p'		袍;跑		
m	貓明平	茅		貌
f				
t			倒₁	到倒₂上
t'		桃		
n		牢	老	鬧
ts	昭		澡	造皂;照
ts'			草;炒	趙
s	燒		掃	紹
ẓ		饒		
k	高			告
k'				
x		毫	好	
○				奧

今調	陰平ㄱ	陽平ㄑ	上ㄥ	去ㄱ
今韵	iau			
廣韵	肴;宵;蕭			
p p' m f		苗貓	表	
t t' n		條跳 燎;聊	了	釣
tɕ tɕ' ɕ	消,囂;蕭	嚼藥 喬 肴;淆	巧 曉	教;叫 孝,校効
○	妖	堯	舀	要

今調	陰平˥	陽平˧	上˩	去˥
今韵		ou		
廣韵		模;魚;虞‖侯;尤‖没‖屋;沃;燭		
p p' m f		謀	某畝 否	
t t' n	都	讀;篤 頭‖突‖禿 鹿;陸‖綠	斗 土 努	杜‖鬥 杜 漏
ts ts' s	周	窣‖竹 足,燭囑,觸穿 愁‖族;促 盡,縮,熟,續,屬	走 楚‖丑	做‖奏 助 素;數‖獸
ʐ		柔‖辱		肉
k k' x		侯		後
○	歐		偶	

今調	陰平˥	陽平˩	上˨	去˥
今韵	iou			
廣韵	尤;幽‖屋三;燭			
p pʻ m f				謬
t tʻ n	［丟］		紐	
tɕ tɕʻ ɕ	揪、糾上 秋 休	求 囚‖畜		就,究,舅 就,舅
○		牛;猶;尤‖酋;欲	有	幼

今調	陰平 ㄱ	陽平 ノ	上 ｖ	去 ㄱ
今韵	an			
廣韵	覃;談;咸;銜;鹽;凡‖寒;山;删;仙;桓;元			
p			板	辦;扮;半
p'		盤‖彭登		盼;判,伴、叛
m		［蠻］(很也)	滿	慢
f		凡	反	范‖飯
t			<u>短</u>	<u>旦</u>
t'	貪	談	短端	<u>旦</u>端,欺
n		南;藍‖難	暖	亂
ts	沾		斬‖展	站
ts'	餐		慘‖剗,産審	棧
s	三;衫‖山	蟬	陝	扇;算
ʐ		然	染	
k	干乾;間		感敢‖［趕］	
k'				
x		含;鹹;<u>銜</u>;寒;閑		漢;陷
○	淹‖安		眼	暗‖岸

今調	陰平 ┐	陽平 ⼂	上 ⼂	去 ┐
今韵	uan			
廣韵	桓；山；刪；仙；元（均合口）			
ts	專			<u>篆</u>
tsʻ		船		<u>篆</u>
s	刪開；閂			
z̢			<u>埝</u>‖軟	
k	官觀；鰥		管	貫；慣
kʻ			款，皖匣	
x			緩匣	<u>范</u>‖喚，換；<u>飯</u>
○	彎	玩去，完丸匣；頑	碗	萬

今韵	ien			
廣韵	咸；銜；鹽；嚴；添‖山；刪；仙；元；先			
p	邊編		貶	<u>變</u>，<u>辨</u>；辮
pʻ				<u>變</u>幫，<u>辨</u>；偏幫，片
m				
f				
t			點‖典	店‖電
tʻ	天	田		
n	研明平	廉‖連聯；年		驗₁；念‖練；戀
tɕ	間		減‖剪；繭	監，漸‖<u>件</u>；建；見
tɕʻ	謙‖千	鉗‖錢；<u>全</u>		<u>件</u>
ɕ	仙；先<u>宣</u>	<u>銜</u>；嫌‖賢	險	陷‖憲；現；縣合
○	煙	嚴‖言	演	驗₂，厭‖硯

今調	陰平 ㄱ	陽平 ㄱ	上 ㄴ	去 ㄱ
今韵	yen			
廣韵	仙;元;先(均合口)			
tç		全		倦
tç'				倦
ç	鮮開;軒掀開;宣;暄	玄懸	癬開;選	
○		鉛沿緣;元,園	遠	院

今韵	ən			
廣韵	侵‖痕;臻;真;魂;諄;文‖登;蒸‖庚;耕;清			
p			本	
p'		盆‖彭		
m		門		
f	分			奮
t	燈		等	頓
t'	吞			
n		倫‖能	冷	論
ts	臻;增;徵‖爭;貞,偵徹		[怎]	鄭,政正
ts'	撐	沉‖陳,臣,晨;存‖成誠		鄭
s	森,深‖身申紳‖生	晨‖繩		盛
ẓ		壬‖人‖仍	忍	認
k	跟‖更;耕		亙去	
k'			懇‖肯	
x		恒	很狼匣	恨‖杏
○	恩			硬

今調	陰平 ㄱ	陽平 ㄟ	上 ㄥ	去 ㄱ
今韵	uən			
廣韵	魂;諄;文‖庚二(均合口)			
ts				
ts'	椿,春			
s		脣,純‖繩蒸開		
z̨				閏
k				
k'	坤			
x	昏;分	橫		
○	温	聞	穩	問

今韵	in			
廣韵	侵‖真;欣;諄‖蒸‖庚;耕;清;青			
p			稟	並
p'		貧‖平;瓶	品	並
m		民‖萌耕;名	敏	命
f				
t	丁		頂	
t'				聽
n		林‖鄰‖陵‖靈		令
tɕ	侵清,今‖津,巾;斤‖京荆;經			進晉;近‖静;勁
tɕ'	侵,欽‖輕;青	秦		
ɕ	心‖新星腥	尋‖旬‖行,形		信‖幸;性
○	音‖因‖鶯;英	銀‖凝‖盈;營合	隱	應

今調	陰平ㄱ	陽平ㄟ	上ㄴ	去ㄱ
今韵	yin			
廣韵	諄;文‖清;庚三;青(均合口)			
tɕ	均;軍		迴匣	
tɕʻ	傾	羣‖瓊	頃	
ɕ	勳	尋侵‖旬		
○		云‖螢;榮;螢匣	允尹‖永	運‖孕蒸

今韵	aŋ			
廣韵	唐;江;陽			
p	邦			
pʻ		旁		
m		盲庚		
f	方	防房		放
t				蕩
tʻ		堂		蕩
n		郎	朗	
ts	張		長	
tsʻ	倉;窗;昌			撞;創
s	桑;商	常		尚上
ʐ				讓
k	剛綱			
kʻ		狂		況曉
x				
○				項、巷

今調	陰平 ˥	陽平 ˧	上 ˩	去 ˥
今韵	iaŋ			
廣韵	江；陽（均開口）			
t t' n		娘	兩	
tɕ tɕ' ɕ	江 槍 香鄉	詳祥	講	像_邪 像
○		洋	仰	樣

今韵	uaŋ			
廣韵	江；陽；唐			
ts ts' s	椿；莊	牀		
k k' x	光	狂 黃皇		
○	汪	王	往	旺

今調	陰平 ˥	陽平 ˩	上 ˩	去 ˥
今韵	oŋ			
廣韵	登‖庚二;耕‖東;冬;鍾‖没‖屋			
p				
p‘		朋		
m		萌‖蒙‖没₂‖木;目		孟‖夢
f	風;封			奉
t	東			動、洞
t‘	通	同	桶;統去	
n		農;隆;龍	攏	弄
ts	中;鍾		總	衆;重
ts‘	充	崇;從	寵	
s	嵩;鬆,松			送;宋;誦
ʐ		絨;茸		
k	公功工;弓;恭			共
k‘	空		恐	
x	風;封	弘‖宏‖紅		奉
○	翁			

今韵	ioŋ			
廣韵	庚三‖東三;鍾			
tɕ				
tɕ‘		窮		
ɕ	兄‖胸	雄熊喻		
○		融		用

F. 音韵特點

1. 聲母

　　(1)白話音f與xu-不分，古非組字全與曉組合口洪音混，如'<u>法</u>'xua＝'<u>滑</u>'xua。

　　(2)tʂ與ts不分，古精組的洪音與知系字(除日母)全讀ts等，如'草'tsʻau、'<u>炒</u>'tsʻau、'<u>趙</u>'tsʻau。

　　(3)不分尖團，古精組與見系的細音全讀tɕ等，如'千'tɕʻien＝'謙'tɕʻien，'須'ɕy＝'虛'ɕy。

　　(4)見系二等開口在蟹攝與梗攝入聲中不顎化，如'戒'kai，'矮'ai，'赫'xɤ，'厄'ɤ；其他不定，如'銜'ɕien：xan，'角'ko，'覺'tɕio。

　　(5)古濁音塞與塞擦聲母在仄聲中，白話送氣，文言不送氣，如'<u>在</u>'<u>tsai</u>：tsʻai，'<u>笛</u>'<u>tʻi</u>：ti。

　　(6)泥來兩母洪細音全混，如'納'na＝'辣'na，'你'ni＝'李'ni。

　　(7)疑影開口洪音全失去聲母，如'岸'an，'暗'an。

　　(8)疑母三四等開口失聲母，與泥不混，如'嚴'ien≠'年'nien。

2. 開合

　　(1)蟹攝一等合口端系字，端泥兩組讀開，如'兌'tei，'內'nei；精組讀合，如'罪'tsuei。

　　(2)山臻舒聲一等合口端系字全讀開，如'短'tan，'論'nən，'算'san，'存'tsʻən。

　　(3)精組三四等合口字在遇蟹止三攝與臻攝入聲中一律讀合，如'序'ɕy，'歲'suei，'隨'suei，'戌'ɕy；在山攝入聲中讀開，如'絕'tɕie；其他則文言合而白話開，如'旬'ɕyin：ɕin，'全'tɕʻyen：tɕʻien。(通攝字不計。)

　　(4)來母三四等合口字在遇攝與臻攝入聲中讀合，如'呂'ny，'律'ny；其他全讀開，如'累'nei，'戀'nien，'倫'nən，'劣'nie。(通攝字不計。)

　　(5)宕攝知照兩組二等字讀開合不定，如'椿'tsuaŋ，'撞'tsʻaŋ，'窗'tsʻaŋ，

'牀' ts'uaŋ。

　　(6)陽韵見組合口字文言讀開,白話讀合,如'狂' k'aŋ:k'uaŋ。

3. 韵母

　　(1)模韵端系與魚虞兩韵莊組字文言讀ou,白話讀u,如'奴' nou:nu,'鋤' ts'ou:ts'u。（入聲没屋沃燭韵的端知兩系字同。）

　　(2)魚虞兩韵的知見系字除日母白話音與疑喻兩母混外,其他全分,如'柱' tsu≠'句' tçy,'書' su≠虛 çy。（入聲術韵同。）

　　(3)蟹合一三等與止合的端系字讀ei,如'兌' tei,'歲' suei,'累' nei。

　　(4)山咸舒聲元音在i,y之後變e,如'減' tçien,'典' tien。

　　(5)山入合口知系字白話讀o,文言讀uɤ,如'説' so:suɤ。

　　(6)深臻曾梗舒聲全收n尾,如'沉' ts'ən,'椿' ts'ən,'應' in,'幸' çin。

　　(7)曾梗入聲一二等見系字白話讀o,文言讀uɤ,如'國' ko:kuɤ,'獲' xo:xuɤ。

　　(8)没物兩韵明母字讀oŋ,如'没' moŋ,'木' moŋ。

　　(9)通三入見系字,見組讀y,如'曲' tç'y;曉影兩組白話讀y,文言讀iou,如'畜' çiou:çy,'欲' iou:y。

4. 聲調

　　(1)不分陰陽去,如'試' sï꜓='市' sï꜓='事' sï꜓。

　　(2)入聲全歸陽平,如'肉' ᴢou='柔' ᴢou,'石' sï='時' sï。

G. 會話

7 a：çien˦ tsai˦ çiaŋ˧ çia˦ xai˧ xau˩? çien˦ tsai˦?
　　　現　　在　　鄉　　下　　還　　好?　現　　在?

7 b：çiaŋ˥ ni˩ xai˦ xau˩ a˩˙, t'ien˥ kan˥, t'ien˥ an˥ ta˩˙。
　　　鄉　　裏　還　好　阿,　天　　乾,　天　　淹　達。

　a：ñõ˦ ñaŋ˩ (˂ñaŋ˦ iaŋ˩) kau˩ ti˙ na˩˙?
　　　那　　哪樣　　　　　　　　攪　　的　呐?

b：tʰaˀ mən˩ tsai˥ no˥ ni˩ faŋ˥ suei˥ ti˩ a˩，pu˨ ɕiau˨ sï˥ tsən˨

他 們 在 那 裏 放 水 的 阿，不 曉 是 怎

mo˨ tɕʰi˥ kau˨ ti˩。

麽 去 攬 的。

a：ɕien˥ tsai˥ ɕiaŋ˥ ni˩ sï˥——e˩，tʰou˨ fei˨ xai˨ xau˨? ɕien˥

現 在 鄉 裏 是—— 誒，土 匪 還 好? 現

tsai˥?

在?

b：tʰou˨ fei˨ pu˨ xau˨ a˩，mei˨ tau˥ tei˥ u˨ kʰɤ˨ a˩，tou˥ ta˨

土 匪 不 好 阿，每 到 隊 伍 去 阿，都 打

pu˨ uan˨ ti˩。

不 完 的。

a：xai˨ me(i)˨ iou˨ tʰai˥ pʰin˨ a˩。

還 沒 有 太 平 阿。

b：me(i)˨ iou˨ a˩。

沒 有 阿。

a：ɕien˥ tsai˥ sï˥ naŋ˥ (＜na˨ iaŋ˥) kau˨ na˩?

現 在 是 哪 樣 攬 吶?

b：ɕien˥ tsai˥——tʰaˀ mən˩ pien˥ nien˥ tei˥ tou˥ tsai˥ ta˨。

現 在—— 他 們 編 練 隊 都 在 打。

a：o˨ tʰin˥ so˨ ɕiaŋ˥ ni˩ iou˨ ɕie˥ zən˨ a˩，fan˥ tu˥ mɤ˨ tɤ˨

我 聽 説 鄉 裏 有 些 人 阿，飯 都 沒 得

tɕʰi˨ ti˩ zən˨ a˩，sï˥ so˨ tu˥ sï˥ tɕʰi˨ su˥ pʰi˨ a˩。

吃 的 人 阿，是 説 都 是 吃 樹 皮 阿。

b：tɕʰi˨ su˥ pʰi˨ a˩。

吃 樹 皮 阿。

a：tɕʰi˨ tsʰau˨。

吃 草。

b：tɕʻiɨ tsʻauˋ aˡˑ。
　　吃　　草　　阿。

a：no˥ naŋˋ（＜naˋ iaŋ˥）kauˋ tiˡˑ naˡˑ？
　　那　哪樣　　　　　　　　攬　的　呐？

b：sï˥ soˋ me(i)ˋ iouˋ tɤˋ pan˥ faˋ。
　　是　説　没　　有　得　辦　法。

a：ɕien˥ tsai˥，no˥ niˋ iˋ ɕie˥ zənˋ tou˥ xaiˋ xauˋ，ɕien˥
　　現　在，　那　裏一　些　人　都　還　好，　現

　　tsai˥？
　　在？

b：zənˋ tou˥ xauˋ aˡˑ，ta˥ ti˥ sïˋ taˡˑ，oˋ na˥ ta˥ ti˥ sïˋ taˡˑ。
　　人　都　好　阿，大　弟　死　達，我　那　大　弟　死　達。

　　nənˋ　　　　　　　tɕia˥ niˡˑ niaŋˋ nauˋ zənˋ tou˥ xaiˋ xauˋ？
　　nənˋ（＝北平‘您’）家　裏　兩　老　人　都　還　好？

b：tɕia˥ niˡˑ sï˥，kanˋ tɕioˋ tou˥ xaiˋ xauˋ aˡˑ。
　　家　裏　是，感　覺　都　還　好　阿。

a：ŋˡˑ，uən˥ nənˋ aˡˑ，ɕien˥ tsai˥——no˥ niˋ，no˥ ɕie˥ tʻuˋ feiˋ
　　唔，問　nənˋ 阿，現　在——那　裏，那　些　土　匪

　　mənˡˑ xaiˋ tsu˥ tsai˥，tsaˋ tsaiˡ naˋ iˋ kʻuaiˋ aˡˑ？
　　們　還　駐　在，扎　在　哪　一　塊　阿？

b：tsaˋ tsai˥ ɕiaŋ˥ ɕia˥ uˋ niˡˑ aˡˑ，tɕʻiaŋ˥ tu˥ faŋ˥ tau˥ tʻienˋ
　　扎　在　鄉　下　屋　裏　阿，槍　都　放　到　田

　　kʻaŋ˥ tsïˋ niˋ aˡˑ。
　　坑　子　裏　阿。

a：tʻienˋ kʻaŋ˥ tsïˋ niˡˑ，no˥ tɕyin˥ teiˋ ko˥ naiˋ n(i)auˡˑ，ta˥
　　田　坑　子　裏，那　軍　隊　過　來　了，他

　　mənˡˑ naŋˋ（＜naˋ iaŋ˥）kauˋ eˡˑ？
　　們　哪樣　　　　　　　攬　誒？

b: tʰa˥ mənꞁˑ tɕiou꜔, tɕiou꜔, tʰa˥ mənꞁˑ ko꜔ kʰɯ꜔ ləꞁˑ, tɕiou꜔ na꜔
　　他　們　　就，　就，　他　們　過　去　了，　就　拿

tɕʻiaŋ꜔ tsʻu꜔ nai꜔ ta꜔。
槍　　出　來　打。

a: ŋꞁꜛ。
　　唔。

b: tʰa˥ mənꞁˑ xən꜔ tɤꞁˑ xən꜔ aꞁˑ, man꜔ xən꜔。
　　他　們　狠　得　很　阿，蠻　狠。

a: man꜔ xən꜔, ŋꞁꜛ。ɕien꜔ tsai꜔, no꜔ ɕie꜔——tsɤ꜔ kəꞁˑ——ɕiaŋ꜔
　　蠻　狠，唔。現　在，那　些——這　個——鄉

niꞁˑ tiꞁˑ——eꞁˑ, tsɤ꜔ kəꞁˑ——tɕʻi꜔ tou꜔ tsou꜔ xau꜔ n(i)auꞁˑ mɤꞁˑ
裏　的——誒，這　個——契　都　做　好　了　沒

tɤ꜔ naꞁˑ?
得　呐?

b: tɕʻi꜔, tʰa˥ mənꞁˑ tsən꜔ tsai꜔ tsou꜔ tɕʻi꜔ aꞁˑ, tʰien꜔ tʰien꜔ kʻɤ꜔
　　契，他　們　正　在　做　契　阿，天　天　去

o꜔ mənꞁˑ u꜔ ni꜔ tʻɯ꜔ aꞁˑ, si꜔ u꜔ kəꞁˑ zṇ꜔ aꞁˑ, xai꜔ iau꜔ tsʻu꜔
我　們　屋　裏　去　阿，四　五　個　人　阿，還　要　出

tɕʻien꜔。
錢。

a: xai꜔ iau꜔ tsʻu꜔ tɕʻien꜔ aꞁˑ?
　　還　要　出　錢　阿?

b: xai꜔ iau꜔ tsʻu꜔ tɕʻien꜔。
　　還　要　出　錢。

a: tʰa˥ mənꞁˑ mən꜔ (<moŋ꜔) tɤ꜔ koŋ꜔ tɕʻien꜔ paꞁˑ?
　　他　們　沒　　　　　　得　工　錢　吧?

b: tʰa˥ mənꞁˑ mən꜔ (<moŋ꜔) tɤꞁˑ。
　　他　們　沒　　　　　　得。

a: ɕienᴛ tsai┤——noᴛ, noᴛ tiᴛ faŋᴛ—— ɕiaŋᴛ niꞏ ɕieᴛ sənᴛ sïᴛ
現　在——那，那　地　方——　鄉　裏　些　紳　士

mənꞏ xai∕ kuaiᴛ pu∖ kuaiᴛ?
們　還　怪　不　怪?

b: sənᴛ sïᴛ mənꞏ ɕienᴛ tsai┤ touᴛ xau∖ taꞏ, tsïᴛ tsʻoŋ∕ ɕienᴛ
紳　士　們　現　在　都　好　達，自　從　縣

tsaŋᴛ kʻɯᴛ taꞏ, tʻaᴛ mənꞏ touᴛ man∕ xau∖。
長　去　達，他　們　都　蠻　好。

a: ŋ˩, tʻin┤ so∕ ɕienᴛ tsai┤ xuanᴛ n(i)au∖ koᴛ ɕinᴛ ɕienᴛ tsaŋ∖
唔，聽　說　現　在　換　了　個　新　縣　長

məꞏ。
嘞。

b: o∖ na┤ xau∖ toᴛ sï∖ me(i)∕ xuei∕ kʻɯᴛ aꞏ, pu∖ ɕiau∖ tɤꞏ。
我　那　好　多　時　沒　回　去　阿，不　曉　得。

a: nən∕ tau┤ koᴛ u∖ tsʻaŋᴛ nai∕ koᴛ me(i)∕ iou∖ aꞏ?
nən∕ 到　過　武昌　來　過　沒　有　阿?

b: o∖ tɕʻy┤ nien∕ nai∕ tiꞏ naꞏ。
我　去　年　來　的　呐。

a: na┤ niꞏ xau∖ pu∕ xau∖ uan∕ aꞏ?
那　裏　好　不　好　玩　阿?

b: noᴛ ni∖ man∕ zɤ∕ nau∖ naꞏ。
那　裏　蠻　熱　鬧　呐。

a: xai∕ iou∖ sənꞏ moꞏ ta┤ ɕio∕ paꞏ?
還　有　什　麼　大　學　吧?

b: iou∖ ta┤ ɕio∕ aꞏ, xai∕ iou∖ na┤—— tɕiaŋᴛ sənꞏ moꞏ kuɤ∕ ni∕
有　大　學　阿，還　有　那——　講　什　麼　國立

u∖ xan┤ ta┤ ɕio∕ aꞏ, na┤ koꞏ ɕio∕ tʻaŋ∕ kʻo∕ tɤꞏ xən∖ aꞏ。
武漢大學　阿，那　個　學　堂　闊　得　很　阿。

a：sï˧ sən˩˨ mo˩˨ kʰo˧ a˩˨? nən˥ tʰin˧ so˥?
是 什 麼 闊 阿? nən˥ 聽 說?

b：o˥ tʰin˧ so˥ a˩˨, sï˧ tɕi˥ pɤ˥ uan˧ iaŋ˥ tɕʰien˥ tsou˧ ti˩˨ ou˩˨。
我 聽 說 阿, 是 幾 百 萬 洋 錢 做 的 嘅。

a：tɕi˥ pɤ˥ uan˧ a˩˨?
幾 百 萬 阿?

b：ŋ̍˩, ɕiaŋ˧ na˧ ko˩˨ xuaŋ˥ ti˧ tsu˧ ti˩˨ i˥ iaŋ˧, xuaŋ˥ ti˧。
唔, 像 那 個 皇 帝 住 的 一 樣, 皇 帝。

a：na˧ tsən˥ iaŋ˩˨ kau˥ ti˥ a˩˨?
那 怎 樣 攬 的 阿?

b：na˧ faŋ˥ tsï˩˨ tɕiaŋ˥ tɕiou˧ tɤ˥ xən˥ a˩˨。
那 房 子 講 究 得 很 阿。

a：tɕiaŋ˥ tɕiou˧ tɤ˥ xən˥ a˩˨?
講 究 得 很 阿?

b：ŋ̍˩。
唔。

a：iou˥, iou˥, iou˥—— mau˧ tien˧ tən˥ a˩˨。
有, 有, 有—— 冒(沒有) 電 燈 阿。

b：iou˥ tien˧ tən˥ a˩˨, nən˥, na˧ o˥ mən˩˨ ɕiaŋ˥ ni˩˨ na˥ iou˥
有 電 燈 阿, nən˥, 那 我 們 鄉 裏 哪 有

tien˧ tən˥ a˩˨, tin˥ to˧ iaŋ˥ iou˥ tən˥ tou˧ sï˧ xau˥ ti˩˨ zən˥ a˩˨,
電 燈 阿, 頂 多 洋 油 燈 都 是 好 的 人 阿,

pʰin˥ sï˥ tien˥ na˧ ko˩˨ tɕʰin˥ iou˥ tən˧, na˧ ko˧ ɕiau˥,……,
平 時 點 那 個 青 油 燈, 那 個 小,……,

tɕi˧ pu˥ tɕi˧ tɤ˥?
記 不 記 得?

a：tɕʰin˧ iou˥ tən˧, na˧ o˥ u˥ ni˩˨ tou˧ sï˧ tien˥ ti˥ na˩˨。
青 油 燈, 那 我 屋 裏 都 是 點 的 啦。

八. 荆門（團林鋪）

A. 發音人履歷

發音人	8a	8b
年齡	20 歲	18 歲
原籍	荆門團林鋪	同左
職業	學生	學生
教育程度	高中	同左
幼時語言環境	在本地讀書	曾在武昌上小學
教師方言	本地話	武昌
住過的地方	武昌五年	武昌七年
曾否學國語	未	未
能否説別處話	不會	會説武昌話

二十五年五月十三日丁聲樹記音

　　發音人 8b 所受武昌話的影響很深，口語中常有武昌話夾雜在内。下述以 8a 爲主。

B. 聲韵調表

1. 聲母

p	巴白	p'	派婆	m	米	f	飛
t	得大	t'	他同	n	來乃年連		
tʂ	增趙	tʂ'	草柴			ʂ	三熟
tɕ	聚結	tɕ'	秋羣			ɕ	宣曉
k	歌共	k'	空狂			x	好黃
○	惹牛未云						

2. 韵母

ï	自式;ɯ而	a	八塔沙下	o	北騾説鴿	ɤ	德蛇厄
i	必例其	ia	佳鴨	io	略學	ie	別列些
u	不都族儒	ua	刷化				
y	律徐					ye	靴決

ai	派來蔡害	ei	貝累	au	跑鬧少好	ou	某丑後
				iau	表條校	iou	紐囚
uai	揣壞	uei	垂惠				

an	反團慘看			ən	門等成壬		
		ien	貶年鉗言			in	貧林請應
uan	算寬			uən	春横		
		yɛn	全			yin	均榮

aŋ	旁朗上巷	oŋ	朋同崇弘
iaŋ	兩想	ioŋ	窮兄
uaŋ	牀黃		

3. 聲調

陰平	陽平	上	去
˥	˧˥	˥˩	˥˩
施	遲赤	子爾	似四自

C. 聲韵調描寫

1. 聲母

荆門聲母，按音位定爲十七個；更依發音部位分p，t，tʂ，tɕ，k，○六組。

p組p，pʻ，m，f。p是硬性的。

t組t，tʻ，n。n是個變值音位，有n，l，l̃三種讀法。大多數的時候讀n，l很少，l̃只偶爾在齊齒韵前出現。

tʂ組的tʂ，tʂʻ，ʂ三母，沒有ʐ。荆門沒有ts，tsʻ，s與tʂ，tʂʻ，ʂ對立，凡國音讀ts等的，荆門都讀tʂ等，它們的部位比國音的tʂ等偏前。

tɕ組的tɕ，tɕʻ，ɕ三母在開口韵前讀普通的舌面前音，在合口韵前又略加舌尖作用，近於舌尖面混合音tʃ等。

k組k，kʻ，x讀法與北平同。

○包括一切元音起首的音。在開口洪音前或有ɣ出現。

2. 韵母

i只有舌尖後音ɻ一值，可是比北平的ɻ偏前。ɯ相當於u的開唇，部位極後而關。

i在p，t兩組聲母後讀得較鬆，在tɕ組後或無聲母時讀得較緊。

u近北平音的u，但無聲母時前面總加上一個輕微的v。

y略微帶一點舌尖作用。

a，ia，ua。a的部位是平均，在i後稍偏前。

o，io。o近標準元音；在k組聲母後或無聲母時，有分化爲uo的傾向。

ɤ相當於o的開唇。

ie，ye。e近標準元音e。

ai，uai。ai讀法同北平。

ei，uei。e較短，在uei中差不多要消失。

au，iau。a是後ɑ，在i後稍前。

ou，iou。o是關的，所以這個複元音的"動程"很短。iou就很像iu。

an，uan。a是前a。

ien，yen。e是開ε。

ən，uən。ə的部位偏前，音色介乎ə與ε之間。在uən中，它變得很短，音色也不顯著。

in，yin。i是開ɪ，在yin中，y佔主要的位置，i短而音色不顯，也可以寫作yən。

aŋ，iaŋ，uaŋ。a同a，ia，ua韵的a。

oŋ，ioŋ。韵尾ŋ弱。元音o鼻化，而且唇很圓。ioŋ的i受o影響有變y傾向。這兩韵用嚴式音標當寫作ʊ̃ŋ與yʊŋ。

3. 聲調

陰平由"半高"升至"高"(45)，寬式用高平調號(˥ 55)。

陽平由"低"升至"半高"(14)。寬式用低升調號(˩˧ 13)。

上聲是中降調(˦˨ 42)。

去聲是高升調(˧˥ 35)。

D. 與古音比較

1. 聲母

古母今讀 發音方法及影響條件 古聲組及影響條件	全清塞	次清塞	全濁塞（平）	全濁塞（仄）	次濁	清擦	濁擦（平）	濁擦（仄）
幫組	幫：p	滂：pʰ	並：pʰ	並：p	明：m			
非組					微：u	非敷：f	奉：f	奉：f
端組 泥	端：t	透：tʰ	定：tʰ	定：t	泥：n 來：n			
精組（洪 一二等／細 三四等）	精 ts／tɕ	清 tsʰ／tɕʰ	從 tsʰ／tɕʰ	從 ts／tɕ		心 s／ɕ	邪 s／tsʰ,tɕʰ	邪 s／ɕ
莊組（內轉／外轉）	莊（照二）tʂ	初（穿二）tʂʰ	崇（牀二）tʂʰ／ʂ	崇（牀二）tʂ		生（審二）ʂ		
知組（梗二等韻 其他／今合今開／合開合）	知 tʂ	徹 tʂʰ	澄 tʂʰ	澄 tʂ				
章組	章（照三）tʂ	昌（穿三）tʂʰ	船（牀三）ʂ／tʂʰ,ʂ	船（牀三）tʂ		書（審三）ʂ	禪：tʂʰ,ʂ	禪：ʂ

下表為聲母今讀條件分析表（縱排），按「古聲母及影響條件」與「古母今讀／今音影響條件」分列。主要對應如下：

古聲母及影響條件	全清塞（見）	次清塞（溪）	全濁塞·平（羣）	全濁塞·仄（羣）	次濁（疑／喻／日）	清擦（曉）	濁擦·平（匣）	濁擦·仄（匣）
日母 今開·止					○			
日母 今開·其他					○			
日母 今合					u;y(1)			
見組曉 開·一等	k	k‘			○	x		x
見組曉 開·二等	k,tɕ	k‘,tɕ‘			○,i	x,ç		x,ç
見組曉 開·三四等	tɕ	tɕ‘	tɕ‘	tɕ	i	ç		ç
見組曉 合·一二等	k	k‘	*	*	u;○	x	匣	x
見組曉 合·蟹止合	k	k‘	k‘	k	u	x	匣	x
見組曉 合·通舒	k	k‘	tɕ‘	k	?	ç	匣	*
見組曉 合·其他	tɕ	tɕ‘	tɕ‘	tɕ	y	ç	匣	ç
影組 開·一等	○				喻:i			
影組 開·二等	○,i				*			
影組 開·三四等	i				u			
影組 合·一二等	u;○							
影組 合·蟹止合	u				i			
影組 合·通舒	i							
影組 合·其他	y				y			

2. 韻母

第 一 表

開

攝別＼等·聲母	一 幫系	一 端系	一 見系	二 幫系	二 泥組	二 知組莊	二 見系	三四 幫系	三四 端系	三四 莊組	三四 知章組	三 日母	四 見系
果	*	o	o	a	a	a	a,ia	*	ie	*	ɤ	ɤ	ie
(遇)		*				*				*		*	
蟹	*	ai	ai	ai	ai	ai	ai,ia	ei,i	i	ï	ï		i
止		*						i,ei	i;i	ï	ï	ɯ	i
效	au	au	au	au	au	au	au,iau	iau	iau	*	au	au	iau
流	ou	ou	ou		*	*		ou,u	iou	ou	ou	ou	iou
咸	*	an	an	an	*	an	an,ien	ien	ien	*	an	uan	ien
山	*	an	an		*	an	an,ien	ien	ien	*	an	an	ien
宕	aŋ	aŋ	aŋ	aŋ		uaŋ	aŋ,iaŋ	*	iaŋ	uaŋ	aŋ	aŋ	iaŋ

開

攝＼等·聲母	三四 見系	三四 日母	三四 知章組	三四 莊組	三四 端系	三四 幫系	二 見系	二 知組莊	二 泥組	二 幫系	一 見系	一 端系	一 幫系
深	in	ən	ən	un	in	in							
臻	in	ən	ən	un	in	in					ue	ue	
曾	in	un	un	*	in	*					ue	ue	ŋ·ue
梗	in	*	uŋ	*	in	in	ən·in	un	un	ŋ·in			
(通)		*		*									
咸入	ie	ɣ	ɣ	*	ie	*	a,ia	a		a	o	a	*
山入	ie	ɣ	ɣ	*	ie	ie	a,ia	a	*	a	o	a	*
宕入	io	o	o	*	io	*	o,io	o	*	o	o	o	o
深入	i	u	ï	ɣ	i	*							
臻入	i	ɯ	ï	ɣ	i	i							
曾入	i	*	ï	ɣ	i	i					ɣ	ɣ	o
梗入	i	*	ï	*	i	i	ɣ	ɣ	*	o	ɣ		
(通入)		*	*	*				*					

第 二 表

（呼：合）

攝別＼等・聲母	一			二			三四						
	幫系	端系	見系	幫系	莊組	見系	幫系	泥組	精組	莊組	知章	日母	見系
果	o	o	o	*	*	ua			*				ye
遇	u	u	u				u	y	y	u	u	u	y
蟹	ei	ei;uei(1)	uei,uai	*	*	uai,ua	ei	*	uei	*	uei	*	uei
止							i,ei;uei	ei	uei	uai	uei	*	uei
（效）					*					*			
（流）					*					*			
咸	an						an	ien		*	*		
山	an;uan(1)	an;uan(1)	uan	uan	uan	uan	an;uan	yen	yen	*	uan	uan	yen
宕			uaŋ,aŋ(2)			uan	aŋ;uan				uan	uan	aŋ,uaŋ(2)

呼（列）＝合

攝	一 幫系	一 端系	一 見系	二 幫系	二 莊組	二 見系	三四 幫系	三四 泥組	三四 精組	三四 莊組	三四 知章組	三四 日母	三四 見系
（深）	ue	ue	uen	*	*	ɕio·uen	uen；ue	ue	yin	*	uen	yin	yin
臻	ɕio	ɕio	ɕio	*	*	*	a	oŋ	oŋ	oŋ	oŋ	oŋ	oŋ,ioŋ
曾	ɕio	*	ɕio	*	*	*							
梗	oŋ	o	o	*	*	*							yin,ioŋ
通	oŋ	o	o	*	*	ɕio							
咸入	o	*	o	*	*	ua	a：ua	ɣ	ye	*	o	*	ye
山入	o	o	o	ua	*	*	u	y	y	*	o	o	y
宕入	*	*	o	*	*	*	*	*	*	*	*	*	y
（深入）	*	*	*	*	*	*							
臻入	u	n	o	*	*	*	u	y	y	*	u	*	y
曾入	o	*	o	*	*	*	*	y	y	*	u	*	y
梗入	n	*	o	*	*	o	*	*	*	*	u	*	y
通入	u；oŋ[3]	u	u	*	*	*	u；oŋ[3]	u	u	u	u	ou	y

3. 聲調

古類 \ 影響條件	今值 今類	陰　平	陽　平	上	去
平	清	˥			
平	濁		˧		
上	清			˩	
上	次　濁			˩	
上	全　濁				˥
去	清				˥
去	濁				˥
入	清		˧		
入	次　濁		˧		
入	全　濁		˧		

附注：

　聲母：—

　(1)日母今合在元音i前的讀y-,其他u-。

　韻母：—

　(1)蟹攝與山攝舒聲的合口端系一等字,端泥兩組讀開,精組讀合。

　(2)宕舒合口見系字讀uaŋ,但今讀k‘母的,有失去介音u的傾向,如‘狂’k‘aŋ,‘曠’k‘aŋ。

　(3)通入幫系字,明母讀oŋ,其他u。

E. 同音字表

今調	陰平 ˥	陽平 ˩	上 ˥	去 ˥
今韵	ï；ɯ(○後)			
廣韵	祭‖脂；之；支‖緝‖質‖職‖昔（均開口）			
p pʻ m f				
t tʻ n				
tʂ	之；知，支‖隻入	執‖姪，質‖直值植，職，殖襌入	子	自，致，至；字，痔，志；翅審
tʂʻ		遲‖秩澄入‖赤	耻；此	滯澄‖次
ʂ	師；思；斯，施	時‖十‖實‖食蝕，識‖石	矢；使，始	世‖四，示；伺，似，士，事，試，市；賜，是‖式飾入
tɕ tɕʻ ɕ				
k kʻ x				
○		而‖日	爾	貳

今調	陰平 ㄱ	陽平 ㄱ	上 ㄥ	去 ㄱ
今韵	i			
廣韵	祭;齊‖脂;之;支;微‖緝‖質;迄‖職‖昔;陌三‖錫			
p		畢必‖逼‖碧;壁	比;彼	
pʻ		弼並入‖僻,闢並入	鄙痞幫	
m			米	秘泌幫
f				
t		的,笛	底	帝,弟,第,隸來‖地
tʻ		堤提		
n		梨;離‖立‖栗‖力‖歷	禮‖你,李里裏理	例
tɕ		繼去‖緝清,集,急,及,吸曉‖吉‖極‖積;激	己;幾	祭;計‖忌;寄;季合
tɕʻ	妻,棲心,溪‖欺,期羣;妓羣上	齊‖其;奇‖七;乞,迄曉‖戚,喫	起	器;技羣上;氣
ɕ	西;奚分匣;攜匣合‖希	息‖席	洗‖璽徙支心	系‖戲
○	衣依	夷;疑;宜,移;遺合‖噎屑‖邑‖一,逸‖憶;亦;逆	以,矣	藝‖義議

今調	陰平˥	陽平˩	上˥	去˥
今韻	u			
廣韻	模;魚;虞‖尤‖緝‖沒;術;物‖藥‖屋;沃;燭			
p		不		部、步
pʻ		勃並入‖卜幫入,撲,僕曝 瀑並入	譜幫,普	
m				
f	婦去	縛‖服	府,腐奉	父,附‖負
t	都	讀;篤	賭肚	杜
tʻ		圖‖突‖禿	土	
n		奴‖鹿;陸;綠	努	怒‖漏侯
tʂ	猪,諸	卒‖竹;足,燭囑,觸穿入	祖;主	著,助;柱、住
tʂʻ	初	除,鋤‖出‖族從入;畜;促	楚	
ʂ	書;殊禪	蕭,縮,熟;續,屬	暑鼠	素;數,樹
k	孤	骨		故
kʻ		哭;酷		
x	呼,乎匣	狐‖忽	虎	户
○	烏	吾;如;無,儒‖入‖物‖屋	五;武	務‖戊侯明

今調	陰平 ㄱ	陽平 ㄴ	上 ㄴ	去 ㄱ
今韵	y			
廣韵	魚;虞‖術;物‖職‖昔‖屋三‖燭(均合口)			
t				
tʻ				
n		律	女,呂‖履脂開	
tɕ	車;拘	橘‖菊;局		巨;娶清,聚,句
tɕʻ	樞穿,區	屈‖曲		去
ɕ	虛;須	徐‖戌恤	許	序‖遂脂合邪
○		魚於影,餘余,與上;于‖鬱‖域‖疫役‖育;欲	羽	預;遇‖玉入邪

今韵	a			
廣韵	麻二‖合;盍;洽;乏‖曷;鎋;黠;月			
p	巴	八,拔	把	
pʻ				怕
m	[媽]		馬	
f		法‖髮發		
t		答搭‖達	打庚	大泰
tʻ	他歌	踏;塔		
n	拉入	拿‖納;臘‖辣	[哪]	[那]
tʂ		雜		乍
tʂʻ		插‖察		詫
ʂ	沙	撒;刹穿;殺		
k				
kʻ				
x				下

今調	陰平ㄱ	陽平ㄱ	上ㄱ	去ㄱ
今韵		ia		
廣韵		麻二‖佳‖洽;狎‖鎋;黠(均開口)		
tɕ tɕʻ ɕ	家‖佳	甲,匣匣;挾帖匣 恰 霞‖狹‖瞎	假(真ㅣ)賈	假(放ㅣ) 下
○	鴉	牙‖鴨壓‖軋‖[伢]		

今韵		ua		
廣韵		麻二‖佳;夬‖鎋;黠(均合口)		
tʂ tʂʻ ʂ		刷		
k kʻ x	瓜	刮 華‖滑		掛 化‖畫;話
○	蛙	挖	瓦	

今調	陰平ㄱ	陽平ㄣ	上ㄴ	去ㄱ
今韵		o		
廣韵		歌;戈一‖合;盍‖曷;末;薛‖鐸;覺;藥‖德‖陌二;麥		
p pʻ m f	波,玻滂 坡	剝‖北‖百伯,白 婆‖泊並入‖拍 末‖莫‖麥	剖侯 〔麼〕	
t tʻ n	多	 脱‖託 羅;騾‖洛	 妥 〔那〕	舵
tʂ tʂʻ ʂ		拙‖作;桌,捉;酌 説	左 所魚	做₁;坐 錯模
k kʻ x	歌;鍋	鴿‖割‖各;角;郭‖國 闊 何‖合;盍‖喝;活‖鶴;霍‖或;獲	果 可	個;過 禍
○	窩	鵝‖惡;握;若‖沃沃		

今調	陰平 ㄱ	陽平 ㄱ	上 ㄱ	去 ㄱ
今韵		io		
廣韵		覺;藥(均開口)		
t t' n		 略		
tɕ tɕ' ɕ		覺;脚 確;雀精入 學;削		
○		虐;約		

今韵		ɤ		
廣韵		麻三‖葉‖薛‖緝‖櫛‖德;職‖陌二;麥(均開口)		
t t' n		得德 忒,特定入 劣‖勒		
tʂ tʂ' ʂ		則‖責 徹,撤澄入‖側照入,測‖澤宅擇澄入 蛇‖涉‖舌,設‖澀‖瑟‖色		[這]
k k' x		格;革 刻 黑‖赫		去魚
○		熱‖厄	惹	

今調	陰平┐	陽平ㄟ	上ㄥ	去┐
今韵	ie			
廣韵	麻三‖葉;業;帖‖薛;月;屑(均開口)			
p pʻ m f		別 撇 滅	癟入	
t tʻ n	［爹］	帖‖鐵 列;臬疑		
tɕ tɕʻ ɕ	嗟 些	接‖傑;竭;節,結 刦見‖切 邪‖脅;協‖穴合	寫	謝
○		葉;業	也野	

今韵	ye			
廣韵	戈三‖薛;月;屑(均合口)			
tɕ tɕʻ ɕ	靴	絕;掘;決 茄開;瘸‖缺 薛開		
○		閱;月,越曰		

今調	陰平˥	陽平˩	上˥	去˥
今韵	ai			
廣韵	咍;泰;皆;佳;夬(均開口)			
p p' m f		埋	買	拜;敗 派
t t' n		來	乃;奶	待、代;帶 太泰 賴
tʂ tʂ' ʂ	齋	才;柴		再、在;寨 菜;蔡
k k' x	該,皆偕 開	孩;鞋‖還(‖是)删合	改;解	概;蓋;介界戒,械匣 愾 亥;害
○	哀		矮	愛;艾

今韵	uai			
廣韵	泰;皆;佳;夬‖脂;支(均合口)			
tʂ tʂ' ʂ			揣	帥
k k' x		塊去 懷		怪 會(‖計)見;快 壞
○		歪曉平		外

今調	陰平 ㄱ	陽平 ㄑ	上 ㄟ	去 ㄱ
今韵	ei			
廣韵	祭;灰;泰;廢‖脂;支;微			
p	卑;悲;碑			敝;貝‖臂,被;備
p'	丕;披			配,倍、佩並
m		梅‖[没](|有)		妹
f	飛	肥	匪	廢,肺
t				對;兌
t'				
n			屢虞去	內‖類;累
tʂ				
tʂ'				
ʂ		誰合		
k			給緝	
k'				
x				

今韵	uei			
廣韵	灰;泰;祭;齊‖脂;支;微(均合口)			
tʂ	追;錐			罪;最
tʂ'		垂		脆‖悴從,粹心
ʂ		隨		歲,稅‖睡瑞
k	龜;歸			桂
k'				
x	灰		毀	會;惠;彗‖諱
○	威	維惟;危,爲(作‖);微,圍	委	銳,衛‖位;爲(因‖)未,畏

今調	陰平 ˥	陽平 ˧	上 ˩	去 ˥
今韵	au			
廣韵	豪;肴;宵			
p p' m f	包 貌明平	袍;跑	保	 貌
t t' n		桃 牢	到₂(穀不到)去	到₁ 鬧
tʂ tʂ' ʂ	照 稍	〔找〕 草;炒 掃;少	趙;照 糙造 紹
k k' x	高	 毫	稿;攬 好	告
○		饒		奥

今調	陰平 ㄱ	陽平 ㄱ	上 ㄱ	去 ㄱ
今韵	iau			
廣韵	肴;宵;蕭			
p			表	
p'				
m		苗貓		
f				
t				釣
t'		條		跳
n		燎;聊	了	
tɕ	教			叫
tɕ'		喬	巧	
ɕ	消;蕭	涍餚	曉	孝,效校
○	妖	堯	舀	要

今調	陰平˥	陽平˩	上˩	去˥
今韵	ou			
廣韵	侯;尤‖屋三;燭			
p pʻ m f		謀	某畝 否	
t tʻ n		頭	斗	鬪
tʂ tʂʻ ʂ	周 收	愁	走 丑	做₂模‖奏 獸;受
k kʻ x		侯		够 後
○	歐	柔‖辱	偶	肉入

今韵	iou			
廣韵	尤;幽			
t tʻ n	［丟］		紐	
tɕ tɕʻ ɕ	秋 休	求 囚		就,舅;糾上
○		牛,由猶,尤	有友	幼

今調	陰平 ˥	陽平 ˧	上 ˩	去 ˥
今韵	an			
廣韵	覃;談;咸;銜;鹽;凡‖寒;山;删;仙;桓;元			
p			板	扮,辦;半;伴
p'				盼'判,叛並
m		[蠻](很也)		慢
f		凡	反	范‖飯
t			短	擔‖旦
t'	貪	潭;談‖團		歎
n		南;藍‖難		亂
tʂ	沾		斬‖展	暫‖棧
tʂ'	餐		慘‖剗,産審	
ʂ	三;衫‖山	蟬	陝	扇
k	干,間(房ㄱ)		感;敢	幹
k'				看
x		含;鹹;銜‖寒;閑		漢
○	安	然	眼(耳朵ㄱ)	暗

今韵	uan			
廣韵	鹽‖桓;山;删;仙;元			
tʂ	專			篆
tʂ'		傳,船		
ʂ	閂			算
k	官觀;鰥			貫;慣
k'	寬		款,皖匣	
x				喚,換
○	彎	完丸(彈ㄱ)匣	染‖緩匣,碗;軟	萬

今調	陰平 ˥	陽平 ˩	上 ˩	去 ˥
今韵	ien			
廣韵	咸;銜;鹽;嚴;添‖山;刪;仙;元;先			
p pʻ m f	邊		貶	辨、便;辯 徧幫,片 面
t tʻ n	天	田 廉‖連聯;年	點‖典	店 念‖戀
tɕ tɕʻ ɕ	監‖間 謙‖千 先	 鉗‖錢 嫌‖賢	減‖剪;繭 險	漸‖諫;件;建;見 陷‖限;憲;現;縣合
○	研疑平;煙	嚴‖言	眼;演	驗,厭‖晏;硯

今韵	yen			
廣韵	仙;元;先(均合口)			
tɕ tɕʻ ɕ	仙鮮開;軒掀開	全 弦開;玄懸	癬開;選	倦
○	宣;暄	丸(肉)桓匾;緣沿鉛;員;元;園	袁	院

今調	陰平 ˥	陽平 ˦	上 ˅	去 ˥
今韻	ən			
廣韻	侵‖痕;臻;真;魂;諄;文‖登;蒸‖庚二;耕;清			
p	崩		本	
p'		彭		
m		門		
f	分			奮
t			等	頓
t'	吞			
n		倫‖能	冷	論
tʂ	臻;真‖增;徵;爭;貞;偵徹		［怎］	鄭,政正
tʂ'	撐	沉‖陳,臣;存‖城成誠		
ʂ	森,深‖身申;孫‖生	晨;唇合‖繩	審	盛
k	跟‖耕		亘去	更
k'			懇‖肯	
x		恒	很	恨‖查
○	恩	壬‖人‖仍	忍	認‖硬

今韻	uən			
廣韻	魂;諄;文‖庚二(均合口)			
tʂ				
tʂ'	椿,春			
ʂ		純‖繩蒸		
k				
k'	坤			
x	昏	橫		
○	溫	聞	穩	問

今調	陰平 ˥	陽平 ˧˥	上 ˅	去 ˥
今韵	in			
廣韵	侵‖真;欣‖蒸‖庚;耕;清;青			
p	兵		禀‖丙	並
p'		貧‖平;瓶	品	
m		民‖名	敏	命
f				
t	丁			定
t'	聽	亭		
n		林‖鄰‖陵‖靈		令
tɕ	侵清,今‖津,巾;斤‖京荆;經			進晉‖近‖静,勁
tɕ'	親‖清,輕	秦‖情	請	
ɕ	心‖新‖星腥	行;形		信‖查幸;性姓
○	音‖因‖鶯;英	銀‖盈	隱	印‖應

今韵	yin			
廣韵	諄;文‖清;庚三;青(均合口)			
tɕ	均;君			
tɕ'	傾、頃上	羣‖瓊		
ɕ	勳	尋侵‖旬	迥匣	
○		雲‖營;榮;螢匣	允尹‖永	閏;運‖孕開

今調	陰平˥	陽平˩	上˩	去˥
今韵	aŋ			
廣韵	唐;江;陽			
p	幫;邦			
p'		旁		
m		忙		
f	方	房防		放
t	當			蕩
t'		堂		
n		郎	朗	
tʂ	張		長	
tʂ'	倉			
ʂ	桑;商	常		尚上
k	剛綱			
k'		狂		曠;況曉
x				項、巷
○				讓

今韵	iaŋ			
廣韵	江;陽(均開口)			
t				
t'				
n		娘	兩	
tɕ	江;將		講	
tɕ'		强		像邪
ɕ	香鄉	詳祥	想	
○			仰	樣

今調	陰平˥	陽平˩	上˧	去˥
今韵	uaŋ			
廣韵	江;陽;唐			
tʂ tʂʻ ʂ	椿;莊 窗	牀		撞澄;創
k kʻ x	光	黃		
○	汪	王	往	旺

今韵	oŋ			
廣韵	登‖庚二;耕‖東;冬;鍾‖屋			
p pʻ m f	風;封	朋 萌‖木;目		孟‖夢 奉
t tʻ n	東 通	同 農;隆;龍	桶;統去 攏	洞
tʂ tʂʻ ʂ	中;鍾 充 鬆;嵩;松	崇	總	衆;種 送;宋;誦
k kʻ x	公功;弓;恭 空	弘;宏‖紅	恐	共
○	翁	絨;茸		

今調	陰平 ㄱ	陽平 ㄱ	上 ㄱ	去 ㄱ
今韵	ioŋ			
廣韵	庚三‖東三;鍾(均合口)			
tɕ tɕ' ɕ	 兄‖胸	 窮 熊雄喻		
○		融		用

F. 音韵特點

1.聲母

(1)ts與tʂ不分,古精組知系字全讀tʂ等,如'斯''sï,'爭''tʂən,'徵''tʂən。

(2)不分尖團,如'節'='結'tɕie,'絕'='決'tɕye。

(3)見系二等開口在蟹攝與梗攝入聲不顎化,如'鞋'xai,'革'kɤ,其他不定如'陷'ɕien,'銜'xan,'講'tɕiaŋ,'巷'xaŋ。

(4)泥來洪細音全混,如'納'='臘'na,'女'='呂'ny。

(5)日母字開口全失聲母,如'惹'ɤ,'軟'uan。

(6)疑影開口洪音失聲母,如'艾'ai,'安'an。

(7)疑母三四等開口失聲母,與泥不混,如'嚴'ien≠'年'nien。

2.開合

(1)古合口端系一等字端泥兩組讀開,如'兌'tei,'論'nən,精組除臻攝外都讀合,如'罪'tʂuei,'算'ʂuan。

(2)古合口精組三四等字仍讀合口,如'全'tɕ'yen,'戌'ɕy。

(3)古合口來母三四等字除純y韵(遇及臻入)外都讀開,如'戀'nien,'倫'nən。

(4)宕攝合口三等見系字見曉兩組讀開,如'狂'k'aŋ,'況'k'aŋ;影組讀合,如'王'uaŋ。

3. 韵母

(1)模韵端系與魚虞莊組字讀u,不與流攝字韵混,如'奴'nu,'鋤'tʂʻu。

(2)魚虞知見系元音不同,如'書'ʂu≠'虛'çy。

(3)蟹合一三等及止合的幫端兩系字都讀ei,如'對'tei,'歲'ʂuei,'累'nei。

(4)山咸舒聲元音在i,y後變e,如'貶'pien,'全'tçʻyen。

(5)山入合口知系字讀o(開口ɤ),如'説'ʂo。

(6)深臻曾梗混,全收n尾,如'沉'tʂʻən,'人'ən,'陵'nin,'幸'çin。

(7)曾梗入聲一二等幫系與合口見系字讀o,與宕入混,如'北'='伯'='剥'po,'或'='獲'='霍'xo。

(8)通入明母字讀oŋ,如'木'moŋ。

(9)通三入(屋三燭)見系字全讀y,如'局'tçy,'畜'çy,'育'y。

4. 聲調

(1)不分陰陽去,如'件'='見'='健'tçienˀ。

(2)入聲全歸陽平,如'失'='實'='時'ʂ̩i。

G. 會話

8 a： niˇ çin˥ moˇ sï˥ aǀ·?
你 姓 麼 事 阿?

8 b： oˇ çin˥ xoˇ。
我 姓 何。

a： niˇ çin˥ xoˇ, niˇ naˇ tʂu˥ aǀ·?
你 姓 何, 你 哪 住 阿?

b： oˇ tʂai˥ tçin˥ mənˇ xoˇ tçia˥ tʻanˇ tʂu˥。
我 在 荊 門 何 家 潭 住。

a： xoˇ tçia˥ tʻanˇ tʂu aǀ·, niˇ uˇ niˀ· tçiˇ ko˥ ən˥ neǀ·?
何 家 潭 住 阿, 你 屋 裏 幾 個 人 呐?

b： oˋ uˊ niˊ aiⵈ fuˉ, tieˉ, m̩ˋ maⵈ, tiˉ tiˋ, meiˉ meiⵈ。
　　我　屋　裏　噯　父，　爹，　姆　媽，　弟　弟，　妹　妹。

a： tɕiouˉ ʂïˉ tʂɤˉ ɕieˉ ənˊ aⵈ? ɕienˉ tʂaiˉ oˋ naˉ niˊ tiˉ faŋˉ
　　就　是　這　些　人　阿?　現　在　我　那　裏　地　方

tɕʼinˊ ɕinˊ xauˋ puˊ xauˋ aⵈ?
情　形　好　不　好　阿?

b： tɕinˉ nienˊ puˊ taˉ manˊ xauˋ, inˉ ueiˉ tʂɤˉ koⵈ nienˊ
　　今　年　不　大　蠻　好，　因　爲　這　個　年

tʂʼənˊ——puˊ taˉ manˊ xauˋ。
成——不　大　蠻　好。

a： ɕienˉ tʂaiˉ moˊ tʂïˋ kʼuaiˉ ʂouˉ tauˉ nəⵈ aⵈ?
　　現　在　麥　子　快　收　到　了　阿?

b： moˊ tʂïˋ——taˉ kaiˉ kʼuaiˉ ʂouˉ nəⵈ aⵈ。
　　麥　子——大　概　快　收　了　阿。

a： ɕienˉ tʂaiˉ aⵈ oˋ mənⵈ peiˉ ɕiaŋˉ, ɕienˉ tʂaiˉ tʼuˋ feiˋ niⵈ?
　　現　在　阿　我　們　敝　鄉，　現　在　土　匪　呢?

b： tʼuˋ feiˋ——tɕiouˉ iouˋ iˊ puˉ fənˉ iouˋ, tʂaiˉ ɕienˉ naˉ faŋˉ
　　土　匪——就　有　一　部　分　有，　在　縣　那　方

mienˉ tɕʼiˋ, naˉ tɕiouˉ m(eiˊ) iouˋ nəⵈ。tʼuˋ feiˋ tʼinˉ
面　起，　那　就　没　有　了。土　匪　聽

ʂoˊ——tʂueiˉ ʂauˋ iouˋ tɕiˋ ʂïˊ ənˊ paⵈ?
説——最　少　有　幾　十　人　吧?

a： tɕiˋ ʂïˊ ənˊ aⵈ, naˉ xənˋ xueiˉ faˊ ʂənˉ, m̩——taˋ tʼaˉ tʂouˋ
　　幾　十　人　阿，　那　很　會　發　生，　唔——打　他　走

aⵈ。
阿。

b： taˉ ioˊ ɕienˉ niⵈ tʂɤˉ koⵈ ɕiaŋˉ tʼanˊ inˉ kaiˉ tʂaiˉ naˉ niⵈ,
　　大　約　縣　裏　這　個　鄉　團　應　該　在　那　裏，

tʂən˧ tʂai˧ pan˧ na˧ ko˧ sï˧ tɕʼin˥.
正　在　辦　那　個　事　情。

a：tʂai˧ pan˧ sï˧ tɕʼin˧ a˥，ɕiau˩ pu˩ ɕiau˩ o˩ u˩ ni˩ tɕʼin˩
　　在　辦　事　情　阿，曉　不　曉　我　屋　裏　情

ɕin˩ a˥?
形　阿？

b：na˧ tʂau˩ pu˩ tau˩ mo˩ tɕʼin˧ tʂʼu˩.
　　那　找　不　到　麼　清　楚。

a：o˥，ta˧ kʼai˧ ɕien˧ tʂai˧ a˥，tɕia˧ ni˧ a˥，tʂɤ˧ ko˥ nien˩
　　哦，大　概　現　在　阿，家　裏　阿，這　個　年

tʂʼən˧ pu˩ xau˩ ti˥ yen˩ ku˧ a˥，ta˧ io˩ tʂɤ˧ ko˥ ti˧ faŋ˧
成　不　好　的　緣　故　阿，大　約　這　個　地　方

tɕʼin˧ ɕin˧ tʼai˧ pu˩ xau˩，sï˧ pu˩ sï˧ a˥?
情　形　太　不　好，是　不　是　阿？

b：sï˧ ti˥.
　　是　的。

a：e˥，ni˩ y˧ pei˧ kʼau˩ na˩ ko˥ ɕio˩ tʼaŋ˩ kʼɤ˩ ne˥?
　　誒，你　預　備　考　哪　個　學　堂　去　呐？

b：y˧ pei˧ kʼau˩ tʂoŋ˧ xua˩. —— ni˩ pien˧ iou˩ ko˥ ʂu˩ ən˩.
　　預　備　考　中　華。—— 裏　邊　有　個　熟　人。

a：iou˩ ʂu˩ ən˩ a˥，ni˩ kʼo˩ i˩ tɕin˧ kʼɤ˩ ti˥. iou˩ mei˩ iou˩
　　有　熟　人　阿，你　可　以　進　去　的。有　沒　有

tɕin˧ kʼɤ˩ tʂɤ˧ ko˥ ıaŋ˧ tʂï˥ nə˥?
進　去　這　個　樣　子　了？

b：nən˩ kou˧，in˧ uei˧ o˩ ən˧ ʂï˧ na˧ ko˥ ən˩ ə˥，tɕiou˧ sï˧
　　能　够，因　爲　我　認　識　那　個　人　阿，就　是

ni˩ mən˥ tʂoŋ˧ ɕio˩ pu˩ ti˥ tʂï˧ yen˩.
你　們　中　學　部　的　職　員。

a： oㄴ， naㄱ tɕiouㄱ xənˇ xauˇ nəlˑ， naㄱ tɕiouㄱ kʰoˇ iˇ tɕinㄱ kʰɤㄱ

哦， 那 就 很 好 勒， 那 就 可 以 進 去

nəlˑ。

了。

b： iouˇ pʰoŋˊ iouˇ， iouˇ tɕʰinㄱ tɕʰiˊ tsai˥ tsɤㄱ nilˑ。

有 朋 友， 有 親 戚 在 這 裏。

a： iouˇ tɕʰinㄱ tɕʰiˊ tsai˥ tsɤㄱ niˇ， naㄱ tɕiouㄱ kʰoˇ iˇ tsai˥ tsɤㄱ

有 親 戚 在 這 裏， 那 就 可 以 在 這

nilˑ ti˥ faŋㄱ kʰoˇ iˇ iouˇ ənㄱ paŋㄱ tsuㄱ niˇ， ʂiˇ puˊ ʂiㄱ?

裏 地 方 可 以 有 人 幫 助 你， 是 不 是?

b： eㄴ。

誒。

a： eㄴ， iouˇ koㄱ ənˊ niˇ xai˥ ənㄱ tɤˊ， niˇ pʰeiˊ ɕienㄱ ， niˇ

誒， 有 個 人 你 還 認 得， 李 培 先 (?)， 你

xai˥ ənㄱ tɤlˑ?

還 認 得?

b： niˇ pʰeiˊ ɕienㄱ ənㄱ tɤˊ。

李 培 先 認 得。

a： tʰaㄱ ti˥ tsɤㄱ koㄱ， teiㄱ yˊ koˊ ʂuㄱ puˊ tsʰoㄱ nelˑ。

他 的 這 個， 對 於 國 術 不 錯 吶。

b： ɕienㄱ tsai˥ ieˇ miouˇ (＜meiˊ iouˇ) panㄱ faˊ， inㄱ ueiㄱ tsauˇ

現 在 也 沒 有 辦 法， 因 爲 找

puˊ tauˇ xauˇ tilˑ tsɤㄱ koㄱ xauˇ tilˑ ənㄱ nəlˑ， ʂoˇ iˇ koˊ ʂu˥

不 ˀ到 好 的 這 個 好 的 人 吶， 所 以 國 術

ieˇ puˊ nənˊ tsʰuanˊ tʂʰuˊ naiˊ。

也 不 能 傳 出 來。

a： puˊ nənˊ tʂʰuanˊ tʂʰuˊ naiˊ eㄴ， tʰaㄱ iouˇ——tʰaㄱ iouˇ koˊ ʂənㄱ

不 能 傳 出 來 該， 他 有——他 有 個 孫

tʂïˑ ʂaˑ?
子　煞?

b：iouˇ koˑ ʂənˉ tʂïˑ inˉ ueiˉ tʂɤˇ koˑ ɕinˉ tɕʻinˉ tʻaiˇ tɕʻiaŋˇ
　　有　個　孫　子　因　爲　這　個　性　情　太　强

kanˉ niauˇ, kʻoŋˇ pʻaˇ tɕiauˉ keiˇ tʻaˉ iˇ xouˉ niˑ, xueiˇ faˇ
幹　了，恐　怕　教　給　他　以　後　呢，會　發

ʂənˉ ɕyˇ toˉ puˇ ɕinˉ tiˑ ʂïˉ tɕʻinˇ。
生　許　多　不　幸　的　事　情。

a：eˑ, xaiˇ iouˇ tʂaiˉ, tʂaiˉ, tʂaiˉ tʂɤˇ koˑ xaˇ, xoˇ tɕiaˉ
　　誒，還　有　在，　在，　在　這　個　何，何　家

tʻanˇ aˑ, niˇ xaiˇ ənˉ tɤˇ xoˇ iauˉ oŋˉ ?
潭　阿，你　還　認　得　何　耀　翁(?)?

b：xoˇ iauˉ oŋˉ ənˉ tɤˇ。
　　何　耀　翁　認　得。

a：tʂouˉ tɕiaˉ ɕyˉ　na˥ koˉ tiˉ faŋˉ ɕienˉ tʂaiˉ tiˉ faŋˉ ʂaŋˉ
　　周　家　墟(?)那　個　地　方　現　在　地　方　上

tɕʻinˇ ɕinˇ uˇ xoˇ?
情　形　如　何?

b：na˥ xaiˇ xauˇ。
　　那　還　好。

a：ɕienˉ tʂaiˉ puˇ tʂauˇ nəˑ, oˇ mənˑ tʂaiˉ tɕienˉ paˑ?
　　現　在　不　早　了，我　們　再　見　吧?

a：xauˇ, xauˇ, tʂaiˉ tɕienˉ。
　　好，　好，　再　見。

九. 當陽（縣城與慈化寺之間）

A. 發音人履歷

發音人	9a	9b
年齡	16 歲	15 歲
原籍	當陽縣城東南,慈化寺與縣城之間	當陽縣城西北三四里
職業	學生	同左
教育程度	初中	同左
幼時語言環境	本地小學	同左
教師方言	本地	同左
住過的地方	宜昌二年,武昌半年	武昌三年
曾否學國語	未	未
能否說別處話	不能	不能

二十五年五月十日楊時逢、丁聲樹記音

發音人 9a 跟 9b 語音大致相同,惟 9a 的 tʂ,tʂʻ,ʂ,9b 讀的部位略偏前,近於 ts,tsʻ,s。今以 9a 爲準。

B. 聲韵調表

1. 聲母

p	八並	pʻ	怕皮	m	梅滅	f	封肺附范
t	到第	tʻ	桶提	n	來難紐梨		
tʂ	災齋桌罪	tʂʻ	餐察楚垂沉			ʂ	三蕭書常
tɕ	祭計倦静	tɕʻ	千謙秦其			ɕ	寫系西孝行
k	國共戒	kʻ	考刻			x	灰含項好
○	哀吾若而然閏以云虐硯						

2. 韵母

ï 思之赤石　a 馬殺法　o 坡歌禍託活　ɯ 北蛇而熱瑟刻

i 地七亦　ia 家恰　io 略脚學　　　　　　ie 爺結葉

u 土故書　ua 刷瓜話

y 吕虚聚曲　　　　　　　　　　　　　　　ye 靴絶曰

ai 愛才皆派　　ei 梅對類　　au 包告紹　　 əu 斗丑

　　　　　　　　　　　　　　iau 表校　　iəu 秋有

uai 帥怪外　　uei 罪歲貴未

an 板然短暖展銜　　　　　　ən 門等存分

　　　　　ien 貶言減戀　　　　　　　　in 今定印

uan 專算彎官　　　　　　　uən 春問横

　　　　　yen 全遠　　　　　　　　　yin 旬頃閏

aŋ 邦堂商巷　　uŋ 風中孟弓絨

iaŋ 江兩樣　　iuŋ 窮兄融

uaŋ 光往窗狀

3. 聲調

陰平	陽平	上	去
˥	˩˩	˥˩	˩˥
家通衣將	存狐法約	比恐買有	士共故用

C. 聲韵調描寫

1. 聲母

當陽聲母共十七個。

p組p,pʻ,m,f。pʻ送氣很强,在洪音前近px,在細音前近pɕ。

t組t,tʻ,n。tʻ送氣也强,跟pʻ一例。n在洪音前間或帶點鼻化l的色彩,在細音前却是很穩固的n。

tʂ組的tʂ,tʂʻ,ʂ。部位比北平的tʂ,tʂʻ,ʂ略偏前,舌尖不很翹起。當陽沒有zʴ,國音的zʴ在當陽讀無聲母(○)。

tɕ組的tɕ,tɕʻ,ɕ。跟北平音大致相同。

k組k,kʻ,x。kʻ的送氣强,有kx的傾向。看上文pʻ,tʻ。

○。開口洪音有時是ʔ,有時是ɣ,但以純元音時為多。

2. 韵母

ɿ只有舌尖後音ʐ,但舌尖翹起的程度不及北平的ʐ。

i大致跟標準元音i相同。

u的圓唇度很强,前面沒有輔音聲母時,間或近wu。

y略同標準元音i的圓唇。

a,ia,ua。a是平均ᴀ,在ia中受i的影響稍偏前。

o,io的o比標準o略關。

ɯ是u的開唇,舌位較低,但是不到ɣ。

ie,ye的e是ᴇ。i,y都短,嚴式可寫作ĭᴇ,y̆ᴇ。

ai,uai中的a較關;i較開,且很短。

ei，uei。e偏央，近於ə。

au，iau中的a偏後，u只到ʊ的程度，唇也不甚圓。

əu，iəu中的u也較開，也只到ʊ的程度。

an，uan。a是平均ᴀ，但在uan中略偏後，近於ɑ。

ien，yen。e很開，似乎比ᴇ還要開些，但決不到ɛ。

ən，uən。ə很短，在uən中更顯着短。

in，yin。i比獨立的i略開，却不到ɪ。yin中的y比i長。

aŋ，uaŋ中的a是ᴀ，但偏後，在uaŋ中更後，幾乎是uɑŋ。

uŋ，iuŋ。u略開，是ʊ。i受u的影響，微帶圓唇性。

3. 聲調

陰平由"半高"升至"高"（45），寬式用高平號（˥ 55）。

陽平由"半低"降至"低"，再升至"半低"（212），寬式用低降升號（˩ 313）。

上聲由"半高"降至"中"（43），寬式用中降號（˧ 42）。

去聲由"半低"升至"高"（25），寬式用高升號（˩ 35）。

D. 與古音比較

1. 聲母

古聲母組	古聲母	發音方法及影響條件 → 今讀條件	全清 塞	次清 塞	全濁 塞 (平)	全濁 塞 (仄)	次濁	清擦	濁擦 (平)	濁擦 (仄)
幫組	幫組		幫：p	滂：pʻ	並：pʻ	並：p	明：m			
	非組						微：u	非／敷：f	奉：f	奉：f
端組泥	端	一二等（洪）／三四等（細）	端：t	透：tʻ	定：tʻ	定：t	泥：n　來：n			
精組	精	洪／細	精 {ts／tɕ}	清 {tsʻ／tɕʻ}	從 {tsʻ／tɕʻ}	從 {ts／tɕ}		心 {s／ɕ}	邪 {s／ɕ}	邪 {ɕ}
莊組	莊（照二）	內轉／外轉	莊（照二）：tʂ	初（穿二）：tʂʻ	崇（牀二）：tsʻ；sʻ	崇（牀二）：ts；ʂ		生（審二）：ʂ		
知組	知	硬二等韻　其他（今開／今合）	知：tʂ	徹：tʂʻ	澄：tʂʻ	澄：tʂ				
章組	章（照三）	今開／今合	章（照三）：tʂ	昌（穿三）：tʂʻ	船（牀三）：s；tʂʻ	船（牀三）：ʂ		書（審三）：ʂ	禪：tʂʻ；ʂ	禪：ʂ

本表為「古母今讀」與「發音方法及影響條件」「古聲組及影響條件」之對照表（原表橫排，此處轉正）。

古聲組	今開／今合	等及影響條件	全清塞	次清塞	全濁塞（平）	全濁塞（仄）	次濁	清擦	濁擦（平）	濁擦（仄）
日母	今開	止					○			
日母	今開	其他					○			
日母	今合						u, y			
見組・曉	開	一等	k	kʻ			○	x		x
見組・曉	開	二等	k, tɕ	kʻ, tɕʻ			○, i	x, ɕ		x, ɕ
見組・曉	開	三四等	tɕ	tɕʻ	tɕʻ	tɕ	i	ɕ		ɕ
見組・曉	合	一二等	k	kʻ	*	*	u	x		x
見組・曉	合	蟹止合三四等	k	kʻ	kʻ	k	u	x		x
見組・曉	合	通舒	k	kʻ	tɕʻ	k	ʔ	ɕ		*
見組・曉	合	其他	tɕ	tɕʻ	tɕʻ	tɕ	y	ɕ		ɕ
			（見）	（溪）	（羣）	（羣）	（疑）	（曉）	（匣）	（匣）

古聲組	今開／今合	等及影響條件	全清塞（影）	次濁（喻）
影組	開	一等	○	
影組	開	二等	○, i	
影組	開	三四等	i	喻：i
影組	合	一二等	u；○ (1)	*
影組	合	蟹止合三四等	u	u
影組	合	通舒	i	i
影組	合	其他	y	y

2. 韵母

第 一 表

攝\聲母·等·呼	開 一			開 二				開 三四					
	幫系	端系	見系	幫系	泥組	知莊組	見系	幫系	端系	莊組	知章	日母	見系
果	*	o	o	a	a	a	a,ia	*	ie	*	ɯ	ɯ	ie
（遇）		*				*				*			
蟹	*	ai	ai	ai	ai	ai	ai,ia	i,ei	i	*	i	*	i
止		*				*		i,ei	i;ï	ï	ï	ɯ	i
效	au	au	au	au	au	au	au,iau	iau	iau	*	au	au	iau
流	u,au	eu	eu		*	*		u,au	ieu	eu	eu	eu	ieu
咸	*	an	an	an	*	an	an,ien	ieu	ien	*	en	en	ien
山	*	an	an		*	an	an,ien	ien	ien	*	en	en	ien
宕	aŋ	aŋ	aŋ	aŋ		uaŋ	aŋ,iaŋ	*	iaŋ	uaŋ	aŋ	aŋ	iaŋ

開

攝列	一 幫系	一 端系	一 見系	二 幫系	二 泥組	二 知莊組	二 見系	三四 幫系	三四 端系	三四 莊組	三四 知章組	三四 日母	三四 見系
深	*	*				*		in	in	ue	ue	ue	in
臻	fn‘ue	ue	ue			*		in	in	ue	ue	ue	in
曾	o	ue	ue			*		in	in	*	ue	ue	in
梗	fn‘ue	*		fn‘ue	ue	ue	un‘in‘ue	in	in	*	ue	*	in
（通）											*		
咸入	*	a	o	*	*	a	a,ia	*	ie	*	ɯ	*	ie
山入	*	a	o	a	*	a	ia	ie	ie	*	ɯ	ɯ	ie
宕入	o	o	o	a	*	a	o,io	*	ie	*	ɯ	ɯ	io
深入		*						*	i	ɯ	ï	u	i
臻入		*				*		i	i	ɯ	ï	ɯ	i
曾入	ɯ	ɯ			*	*		i	i	*	ï	*	i
梗入		*		ɯ		ɯ	ɯ	i	i	*	ï	*	i
（通入）	m	*	ɯ			*				*	*		

第 二 表

攝別	合 一 幫系	合 一 端系	合 一 見系	合 二 幫系	合 二 莊組	合 二 見系	合 三四 幫系	合 三四 泥組	合 三四 精組	合 三四 莊組	合 三四 知章	合 三四 日母	合 三四 見系
果	o	o	o	*	*	ua			*				ye
遇	u	u	u	*	*		u	y	y	u	u	u	y
蟹	ei	ei;uei(1)	uei,uai	*	*	uai,ua	ei	ei	uei	*	uei	*	uei
止		*			*		ei,i;uei	ei	uei	uai	uei	*	uei
(效)		*			*					*			
(流)		*			*					*			
咸	an	*			*		an				*		
山	an	an;uan(2)	uan	*	uan	uan	an;uan	ien	yen	*	uan	uan	yen
宕		*	uaŋ		*	uaŋ	aŋ;uan				uan	uan	uaŋ

攝列	一 幫系	一 端系	一 見系	二 幫系	二 莊組	二 見系	三四 幫系	三四 泥組	三四 精組	三四 莊組	三四 知組章	三四 日母	三四 見系
（深）													
臻	ue	ue	uen	*	*		uen；ue	ue	yin	*	uen	yin	yin
曾	un	un	un						*	*			
梗	un	un	un	*	*	un；uen	un	un	un	un	un	un	yin，iun
通	un							un					un，iun
咸入	o		o				a			*	*	*	
山入	o	o	o	*	ua	ua	a；ua	m	ye	*	o	*	ye
宕入						o	o		*	*	*		
（深入）	n	n	n					y	y	n	n		y
臻入									y	n	n		y
曾入	un								y	n			y
梗入	n		o				n	n	*	n	n	*	y
通入	u	u	n				n	u	u	n	n	n	y

（合）

3. 聲調

古類\今值\今類影響條件		陰平	陽平	上	去
平	清	˥			
	濁		˩		
上	清			˩	
	次 濁			˩	
	全 濁				˥
去	清				˥
	濁				˥
入	清		˩		
	次 濁		˩		
	全 濁		˩		

附注：

聲母：—

(1)影母合口只戈韵'窩'字無u,讀o,其他一二等皆作u-。

韵母：—

(1)蟹攝合口一等端系,端泥組ei,如'對'tei,'內'nei;精組uei,如'罪'tşuei。

(2)山攝合口一等舒聲端系,端泥組an,如'短'tan,'亂'nan;精組uan,如'算'şuan。

E. 同音字表

今調	陰平 ㄱ	陽平 ㄴ	上 ㄴ	去 ㄱ
今韻	ï			
廣韻	祭||脂;之;支||緝||質||職||昔(均開口)			
p pʻ m f				
t tʻ n				
tʂ	之;知,支||隻入	置去||執||姪,質||直值植,殖禪	指;子	自,致,至;字;翅審
tʂʻ		遲||秩澄入||赤	恥;此	次;伺心;刺,賜心
ʂ	師;思;斯,施	時||十||實,失||食蝕||石	矢;使,始	世||四;示;似、寺,士,事,試,市;是||式飾入
tɕ tɕʻ ɕ				
k kʻ x				
○				

今調	陰平「	陽平ㄥ	上ㄥ	去「
今韵	i			
廣韵	祭;齊‖脂;之;支;微‖緝‖質;迄‖職;昔;陌三;錫			
p pʻ m f		必畢‖逼‖碧;壁 皮‖僻,闢並入 秘泌幫去	比;彼 鄙痞幫,丕平 米‖靡	
t tʻ n		的,笛 堤提‖踢 梨;離‖立‖栗‖力‖歷	底 禮‖你,里理裏李	帝,弟、第‖地 替 例;麗隸
tɕ tɕʻ ɕ	 妻,棲心;溪,奚匣‖期羣 西,兮匣;攜匣合‖希	緝清,集楫,急級,及,吸曉‖吉‖極‖積;激 齊‖其;奇‖七;乞,迄曉‖戚 習‖恤合‖息媳‖席	己;幾 起 喜	祭;濟,計繼‖寄;季合 器;技妓羣上;氣 系‖戲
○	衣	夷;疑;宜,移;遺合‖邑‖一,逸‖逆,亦	以,矣;依平影	藝‖意;義議‖憶入

今調	陰平 ˥	陽平 ˧˥	上 ˥˧	去 ˥˩
今韻	u			
廣韻	模;魚;虞‖侯;尤‖緝‖沒;術;物‖屋;沃;燭			
p		不	補	步
p'		勃並入‖卜幫入,撲,僕瀑曝並入	譜幫,普	
m		沒‖木;目	母	
f		服	府,腐奉	父、附‖婦負
t		讀;篤	賭肚	杜
t'		圖途‖突‖禿	土	
n		奴;儒日‖鹿,陸;綠	努	路
tʂ	猪,諸	卒‖竹;足,燭囑,觸穿入	主	著;柱
tʂ'		除‖出	楚	
ʂ	書;殊禪	肅,縮,熟,續,屬	暑鼠	素,數,樹
k	孤	骨		故
k'		哭;酷		
x	呼,乎匣	狐‖忽	虎	户
○	烏	吾;如‖無‖入‖物‖屋;辱	五;武	務‖戊明

今韻	y			
廣韻	魚;虞‖術;物‖職‖昔‖屋三;燭（均合口）			
t				
t'				
n		律	女,呂‖履脂開	
tɕ	拘俱	橘‖菊;局		巨;娶清,聚,句
tɕ'	摳穿,區	屈‖曲		去
ɕ	虛;須	徐‖戌畜	許	序‖遂脂合
○		魚,於影,餘;愚,于‖鬱‖域‖役疫‖育;欲	余喻平、與‖兩羽	預;遇‖玉入

今調	陰平ㄱ	陽平ㄩ	上ㄴ	去ㄱ
今韵		a		
廣韵		麻二‖合;盍;洽;狎;乏‖曷;黠;月		
p	巴	八,拔	把	
pʻ				怕
m	[媽]	[嫲](丨蚣)	馬	
f		法‖髮		
t		答‖達	打庚	大泰
tʻ	他歌	搭端,踏;塔		
n	拉入	拿‖納;臘‖辣	[哪]	[那]
tʂ		雜;閘‖札		乍
tʂʻ		插‖察		
ʂ	沙	殺		
k		甲(指丨子)		
kʻ				
x				
○		[伢](小丨子,小孩)		下(等一丨)

今韵		ia		
廣韵		麻二‖佳;洽;狎‖鎋;黠(均開口)		
tɕ	家‖佳	甲,匣匣	假(放丨,暑丨)	
tɕʻ		恰		
ɕ		霞‖狹;挾帖‖瞎		下
○	鴉	牙‖鴨壓‖軋		

今調	陰平 ˥	陽平 ˩		上 ˩	去 ˥
今韵		ua			
廣韵		麻二‖佳;夬‖鎋;黠(均合口)			
tʂ tʂʻ ʂ		刷			
k kʻ x	瓜	刮 滑			掛 化‖畫;話
○	蛙‖挖入			瓦	

今韵		o			
廣韵		歌;戈一‖合;盍‖曷;末;薛‖鐸;覺;藥‖德‖麥			
p pʻ m f	波,玻滂 坡	剥;縛藥奉 婆 末‖莫		剖侯	
t tʻ n	多	脱‖託 羅;騾‖洛樂		妥	舵
tʂ tʂʻ ʂ		拙;掘羣月‖作;桌;捉;酌 説		左 所魚	坐
k kʻ x	歌;鍋	鴿‖割‖各;角;郭‖國 閣 何‖合;盍;喝;活‖鶴;霍;或‖獲		果 可	個;過 禍
○	窩	鵝‖惡;握;若‖沃沃		我	

今調	陰平ㄱ	陽平ㄣ	上ㄥ	去ㄱ
今韵		io		
廣韵		覺;藥(均開口)		
t tʻ n		略		
tɕ tɕʻ ɕ		覺;爵,嚼,脚 確 學;削		
○		虐,約		

今韵		ɯ		
廣韵		麻三‖葉‖薛‖緝‖櫛;質‖德;職‖陌二;麥		
p pʻ m f		北‖百,白 泊鐸並‖迫幫入,拍 麥 	否尤	
t tʻ n		得德 忒,特定入 劣‖勒		
tʂ tʂʻ ʂ		則‖責 徹,澈澄入‖側照入,測‖宅擇澤澄入 蛇‖涉‖舌,設‖澀‖瑟‖色		[這]
k kʻ x		格;革 刻 黑‖赫		去魚
○		而‖熱‖日‖厄	惹‖爾	貳二

今調	陰平 ˥	陽平 ˩	上 ˩	去 ˥
今韻	ie			
廣韻	麻三‖葉;業;帖‖薛;月;屑(均開口)			
p		別	癟入	
pʻ		撇		
m		滅		
f				
t	[爹]			
tʻ		帖‖鐵		
x		聶‖列;臬疑		
tɕ	嗟	接‖傑;竭;節,結		
tɕʻ		刧見‖切		
ɕ	些	邪‖脅;協‖穴合	寫₁	謝
○		爺‖葉;業;孽;噎	也野	

今韻	ye			
廣韻	戈三‖薛;月;屑(均合口)			
tɕ		絕;決		
tɕʻ		茄開;瘸‖缺		
ɕ	靴	薛開	寫₂ 開	
○		閱‖月,曰越		

今調	陰平 ˥	陽平 ˩	上 ˥	去 ˧
今韵	ai			
廣韵	咍;泰;皆;佳;夬(均開口)			
p pʻ m f		埋	買	拜;敗 派
t tʻ n		來	乃;奶	待、代;帶 泰太 賴
tʂ tʂʻ ʂ	災;齋	才;柴		再,在 菜;蔡 寨牰
k kʻ x	該;皆	孩;鞋‖還(‖有)刪合	改;解	蓋;界介戒,械匣 概見,愾 亥;害;駭
○	哀		矮	愛;艾

今韵	uai			
廣韵	泰;皆;佳;夬‖脂;支			
tʂ tʂʻ ʂ			揣	帥
k kʻ x		懷	塊去	怪 會(‖計)見;快
○	歪曉			外

今調	陰平 ˥	陽平 ˩	上 ˥	去 ˥
今韵	ei			
廣韵	祭;灰;泰;廢‖脂;支;微			
p	卑;悲;碑			敝;倍;貝‖備;臂;被
p'	披			配,佩並
m		梅		
f	飛	肥	匪	廢,肺
t				對;兌
t'				
n			屢虞去‖累	內‖類;彙喻
tʂ				
tʂ'				
ʂ			水合	

今韵	uei			
廣韵	灰;泰;祭;齊‖脂;支;微(均合口)			
tʂ	追,錐			罪;最
tʂ'		垂		脆‖悴從,粹心
ʂ		隨		歲;稅,銳喻‖瑞睡
k	龜;歸			桂‖貴
k'				
x	灰	回	毀	會;彗喻;惠‖諱
○	威	維惟;危,爲;微,圍	委	衛‖位;未,畏

今調	陰平 ˥	陽平 ˩	上 ˥˩	去 ˧˥
今韵	au			
廣韵	豪;肴;宵‖侯;尤			
p pʻ m f	包 貓明平	 謀	保 跑並平 某畝	 貌
t tʻ n		桃 牢	倒	到 鬧
tʂ tʂʻ ʂ	昭	 草;炒 掃;少		趙,照 造糙 紹
k kʻ x		 毫	稿;攪 考 好	告
○		饒		奧

今調	陰平 ㄱ	陽平 ㄩ	上 ㄥ	去 ㄱ
今韵		iau		
廣韵		肴;宵;蕭		
p p' m f		 貓苗	表	
t t' n		 跳條 燎;聊		釣
tɕ tɕ' ɕ	 蹺 消;蕭	 喬 肴淆	 巧 曉	叫 孝,校效
○	妖	堯	舀	

今調	陰平 ꜀	陽平 ꜂	上 ꜅	去 ꜄
今韵	əu			
廣韵	侯;尤			
t	都模		斗	鬪
t'		頭		
n				漏
tʂ	周		走	做模‖奏
tʂ'	初魚	愁‖族從入	丑	助魚㫰
ʂ				獸;受
k				［够］
k'				
x		侯		後候
○	歐	柔	偶	肉入

今韵	iəu			
廣韵	尤;幽			
t	［丟］			
t'				
n		劉	紐	
tɕ	糾上			就,舅
tɕ'	秋	求		
ɕ	休	囚		
○		牛,猶由,尤	有	又;幼

今調	陰平 ˥	陽平 ˩	上 ˥	去 ˥
今韻	an			
廣韻	覃;談;咸;銜;鹽;凡‖寒;山;刪;仙;桓;元			
p			板	扮,辦;半,伴
pʻ				盼;判;叛並
m			滿	慢
f		凡	反	范‖飯
t			短	旦
tʻ	貪	談‖團		歎
n		南;藍‖難		亂
tʂ	沾		斬‖展	暫‖棧
tʂʻ	餐		慘‖鏟,產審	
ʂ	三;衫‖山	蟬	陝	扇
k	干;間(‖間)		感;敢	
kʻ				
x		含;鹹;銜‖寒;閑		漢
○	安	然	染‖眼(耳朵‖);阮疑元	暗‖晏

今韻	uan			
廣韻	桓;山;刪;仙;元(均合口)			
tʂ	專			篆
tʂʻ	川	船		
ʂ	刪開;閂			算
k	官觀;鰥;關			慣
kʻ			款,皖匣	
x	歡	還	緩匣	喚,換
○	彎	丸桓匣玩去;頑	碗;軟	萬

今調	陰平 ˥	陽平 ˩	上 ˦	去 ˥
今韵	ien			
廣韵	咸;銜;鹽;嚴;添‖山;删;仙;元;先			
p	邊		貶	辨;辮
pʻ				褊幫,片
m				面
f				
t			點‖典	店
tʻ	天	田		
n		廉‖聯連;年		念‖戀
tɕ	監‖間		減;漸從‖剪;繭	諌;件;建;見
tɕʻ	謙‖千	鉗‖錢;前		
ɕ	先	嫌‖賢	險	陷‖限;憲;現;縣合
○	研疑平;煙	嚴‖言	眼‖演	驗;厭‖晏;硯

今韵	yen			
廣韵	仙;元;先(均合口)			
tɕ				倦
tɕʻ		全泉		
ɕ	仙鮮開;軒掀開;宣;暄	弦開;玄懸	癬開;選	
○		丸(肉ㄦ)桓匣;鉛沿緣;圓;元,園	遠	院

今調	陰平┐	陽平┘	上ˇ	去┐
今韵	ən			
廣韵	侵‖痕;臻;真;魂;諄;文‖登;蒸‖庚二耕;清			
p	崩		本	
p'		彭		
m		門		
f	分			奮
t			等	頓
t'	吞			
n		倫‖能	冷	論
tʂ	臻‖增;徵‖爭;貞,偵徹		［怎］	鄭,政
tʂ'	撐	沉‖陳,臣;存‖成誠		
ʂ	森,深‖身申‖升‖生	晨‖繩	審	甚‖盛
k	跟‖耕		亙去	更
k'			懇‖肯	
x		恒	很匣	恨‖查
○	恩	壬‖人‖仍	忍	認‖硬

今韵	uən			
廣韵	魂;諄;文‖庚(均合口)			
tʂ				
tʂ'	椿,春			
ʂ		唇,純‖繩開		
k				
k'	坤			困
x	昏婚	橫		
○	温	聞		問

今調	陰平 ┐	陽平 ˇ	上 ˇ	去 ┐
今韵	in			
廣韵	侵‖真;欣‖蒸‖庚;耕;清;青			
p	兵		稟‖丙	並
p'		貧‖平;瓶	品	
m		民‖名	敏	命
f				
t	丁			定
t'	聽	庭		
n		林‖鄰‖陵‖靈		令
tɕ	侵清,今‖津,巾;斤‖京荊;經			進晉;近‖静;勁;鏡
tɕ'	欽‖輕	秦		
ɕ	心‖新‖星腥	行,形	醒	信‖杏;幸;性姓
○	音‖因姻‖鶯;英	銀‖凝‖盈	隱‖影	印‖應

今韵	yin			
廣韵	諄;文‖清;庚三;青(均合口)			
tɕ	均			
tɕ'	傾	羣‖瓊	頃	
ɕ	勳	尋侵;旬	損‖迥囗	
○		云‖營;榮;螢囗	允尹‖永	閏;運‖孕蒸

今調	陰平ㄱ	陽平ㄣ	上ㄣ	去ㄱ
今韵	an			
廣韵	唐;江;陽			
p	邦			
p'		旁		
m		忙		
f	方	防房		放
t	當			蕩
t'		堂		
n		郎	朗	
tʂ	張		長漲	
tʂ'	倉			
ʂ	桑;商	常		上尚
k	剛綱			
k'				
x				項、巷
○				讓

今韵	iaŋ			
廣韵	江;陽			
t				
t'				
n		涼,娘	兩	
tɕ	江;將		講	
tɕ'			搶	像邪
ɕ	香鄉	祥詳	想;響	相
○		楊陽	仰	樣

今調	陰平 ㄱ	陽平 ㄴ	上 ㄴ	去 ㄱ
今韵	uaŋ			
廣韵	唐;江;陽			
tʂ tʂʻ ʂ	樁;莊 窗 雙	牀		撞;狀
k kʻ x	光 慌			曠,況曉
○	汪	王	往	

今韵	uŋ			
廣韵	登‖庚二;耕‖東;冬;鍾			
p pʻ m f	 風;封	朋 萌		孟‖夢 奉
t tʻ n	 通	 同 農;隆;龍	 桶;統去 攏	動、洞
tʂ tʂʻ ʂ	中;鍾 沖,充 鬆;嵩;松	 崇	總 寵	衆 送;宋;誦
k kʻ x	公;弓;恭 空 弘‖宏‖紅		 恐	共
○	翁	絨;茸		

今調	陰平˥	陽平˩	上˥	去˥
今韵		iuŋ		
廣韵		庚三‖東三‖鍾(均合口)		
tɕ tɕʻ ɕ	兄‖胸凶	窮 雄熊喻		
○		融		用

F. 音韵特點

1. 聲母

(1)當陽不分ts, tʂ。國音讀ts, tʂ的字在當陽一律讀tʂ, 就是說, 精組洪音跟知系都讀tʂ等, 如'此'='耻'tʂʼï, '草'='炒'tʂʻau, '歲'='稅'ʂuei, '桑'='商'ʂaŋ, '災'='齊'tʂai。

(2)不分尖團。精組細音跟見系細音皆作tɕ等, 如'齊'='奇'tɕʻi, '爵'='覺'tɕio, '静'='近'tɕin, '想'='響'ɕiaŋ。

(3)泥來兩母洪細皆混, 皆讀n, 如'納'='臘'na, '内'='類'nei, '年'='廉'nien, '念'='戀'nien, '娘'='涼'niaŋ。

(4)日母字全作無聲母, 跟微疑影喻混, 如'辱'='物, 屋'u, '若'='惡'o, '而, 熱, 日'='厄'ɯ, '軟'='碗'uan, '閏'='運'yin。

(5)疑影微喻通作無聲母, 如'宜'='一'='亦'i, '牙'='鴨'ia, '愛'='艾'ai, '危'='微'='圍'uei, '融'iuŋ。

(6)見系二等開口在蟹攝及梗入不顎化, 如'界'kai, '鞋'xai, '格, 革'kɯ, '赫'xɯ, 其餘顎化與否不定, 如'銜'xan, '閑'xan, '硬'ən, '巷'xaŋ; 但'陷'ɕien, '諫'tɕien, '江'tɕiaŋ, '幸'ɕin。

2. 開合

（1）端泥組古合口，今音除獨立的u，y韵及uŋ韵外，皆變開口，如'對'tei，'類'nei，'短'tan，'暖'nan，'戀'nien，'倫'nən，'頓'tən；但'圖，突'tʻu，'奴，綠'nu，'律'ny，'動'tuŋ，'龍'nuŋ。

（2）精組合口一等在遇蟹通攝及山舒臻入仍爲合口，如'素'ṣu，'罪'tṣuei，'總'tṣuŋ，'算'ṣuan，'卒'tṣu；在臻攝舒聲讀開口，如'存'tṣʻən。合口三四等在各攝一律保持合口，如'序'ɕy，'歲'ṣuei，'隨'ṣuei，'全'tɕʻyen，'絶'tɕye，'旬'ɕyin，'戌'ɕy，'誦'ṣuŋ，'足'tṣu。

3. 韵母

（1）遇攝模韵端系魚虞韵莊組讀u，不與流攝字混，如'圖'tʻu≠'頭'tʻəu，'路'nu≠'漏'nəu，'數'ṣu≠'受'ṣəu。

（2）流攝幫系讀u或au不定，如'婦'fu，'謀'mau，'畝'mau；其他聲母字讀əu，iəu，如'斗'təu，'丑'tṣʻəu，'休'ɕiəu，'幼'iəu。

（3）果止攝及山臻攝入聲開口，日母字同讀ɯ，如'惹'ɯ，'而熱，日'ɯ。

（4）曾梗攝入聲一二等（即德陌麥三韵）見系字，開口讀ɯ，如'格，革'kɯ，'黑'xɯ，合口讀o，如'國'ko，'或，獲'xo。

（5）曾梗攝舒聲，除少數字混入通攝外，與深臻攝同收n尾，如'成'＝'沉，陳'tṣʻən，'耕'＝'跟'kən，'仍'＝'壬，人'ən，'丙'＝'稟'pin，'名'＝'民'min，'靈，陵'＝'林，鄰'nin，'永'＝'允'yin。

4. 聲調

（1）當陽不分陰陽去，只有一個去聲。古上聲全濁跟去聲濁音，今讀同爲去聲調，如'動，巷，志，換，樣，慢'等字。

（2）無入聲。古入聲今皆歸陽平，如'質，七，合，洛'等字。

G. 故事

iəuˇ tṣɯˊ koˑ ṣanˉ koˑ tʻuŋˇ panˉ aˑ， tṣaiˊ iˇ nurˉ， ṣanˉ koˑ
有　這　個　三　個　同　伴　阿，　在　一　路兒，　三　個

tʻuŋˇ panˉ niˑ，iəuˇ ˇ iˇ koˑ məˑ tɕiəuˉ maiˇ ṣuanˉ pʻiˇ xaiˇ tṣïˑ，
同　伴　裏，　有　一　個　麼　就　買　雙　皮　鞋　子，

iəuↆ iↆ koⅠ· tɕiəuↄ maiↆ iↆ koⅠ· kaiↄ tʂïⱼ， iəuↆ iↆ koⅠ· niⱼ·， tɕiəuↄ
有　一　個　就　買　一　個　戒　指，　有　一　個　呢，　就

maiↆ iↆ koⅠ· ienↆ tɕinↄ tʂïⱼ。 t'aↄ mənⅠ· ʂanↄ koⅠ· ənↆ tʂaiↄ tʂaiↆ iↆ
買　一　個　眼　鏡　子。　他　們　三　個　人　在　在　一

nurↄ tʂəuↆ aⅠ·， iↆ koⅠ· tʂɯↄ koⅠ· tɕiaↆ aⅠ·， t'aↄ tɕiəuↄ paↆ tʂɯↄ koⅠ·
路兒　走　阿，　一　個　這　個　甲　阿，　他　就　把　這　個

xaiↆ， paↆ tʂɯↄ koⅠ· tɕioↄ iↆ tɕ'iauↄ tɕ'iↆ naiↆ niⱼ·， t'iↆ tʂɯↄ koⅠ·
鞋，　把　這　個　脚　一　蹺　起　來　呢，　踢　這　個

iↆ。 t'aↄ tɕiəuↄ piəuↆ ʂïↄ t'aↄ maiↆ iↆ ʂuaŋↄ p'iↆ xaiↄ tʂïⱼ·， tʂɯↄ koⅠ·
乙。　他　就　表　示　他　買　一　雙　皮　鞋　子，　這　個

iↆ niⱼ·， t'aↄ tɕiəuↄ paↆ tʂɯↄ koⅠ·——tʂɯↄ koⅠ· tʂïↆ kaↄ tʂïⱼ· iↆ tʂïↆ，
乙　呢，　他　就　把　這　個——　這　個　指　甲　子　一　指，

t'aↄ ʂoↆ niↆ k'anↄ oↆ tiⅠ· mienↄ tʂïⱼ·。 tʂɯↄ koⅠ· pinↆ aⅠ·， t'aↄ tɕiəuↄ
他　説　你　看　我　的　面　子。　這　個　丙　阿，　他　就

uaŋↆ t'aↄ ienↆ tɕinↄ tʂïↆ iↆ tʂïↆ。 uanↆ nəⅠ·。
往　他　眼　鏡　子　一　指。　完　了。

一〇. 江陵（沙市東北龍灣司）

A. 發音人履歷

發音人	10a	10b
年齡	21 歲	20 歲
原籍	江陵縣沙市東北龍灣司	江陵城內
職業	學生	同左
教育程度	高中	同左
幼時語言環境	武昌讀小學	本地讀小學
教師方言	武漢	本地
住過的地方	武昌十五年	武昌三年
曾否學國語	未	未
能否説別處話	略能説武漢話	自言不能

二十五年五月十五日<u>楊時逢</u>、<u>丁聲樹</u>記音

　　發音人 10a 雖在武昌住了十五年，但江陵音較跟 10b 純粹的多。如國音aŋ韵的字，江陵作an，10a 完全保存，10b 就受武漢影響變爲aŋ了。又如 10a'煙'='因'，皆讀in，是江陵音，10b 則'煙'ien，'因'in，如國音了。今以 10a 爲准。

B. 聲韵調表

1. 聲母

p	必被白	pʻ	怕朋	m	米慢命	f	府肺凡
t	丁蕩笛	tʻ	貪頭泰	n	里乃忍娘		
ts	子知乍柱	tsʻ	促出丑存垂			s	桑森説盛　z̩ 輴閏
tɕ	津見就江	tɕʻ	切錢巧趣			ɕ	序戲消幸
k	告該共	kʻ	恐可苦			x	虎何
○	惡牙而月云引牛絨						

2. 韵母

ï 支自石；ɯ而日　a 沙答　o 末多何活國　ɤ 麥蛇劣

i 妻衣密　　　ia 家壓　io 略覺削　　　　ie 別些

u 杜主五婦　　ua 刷化畫　　　　　　ɯɤ 拙

y 律聚局役　　　　　　　　　　　　　ye 絶靴月

ai 派齋改矮　ei 敝對類肺　au 貌饒紹好　əu 謀否走丑偶

　　　　　　　　　　　　　iau 表燎巧堯　iəu 紐秋幼

uai 帥怪外　uei 罪隨桂未

an 板忙巷干衫亂　　　ən 分吞存更

ian 良搶江仰　　　　　　　　　　　　in 品戀令減幸硯

uan 專牀算慣萬王　　uən 春閏問

　　　　　　　　　　　　　　　　　　yin 均全旬元運

oŋ 孟夢洞誦共翁

ioŋ 窮兄絨用

3. 聲調

陰平	陽平	上	去
˥	˩	˨	˦
邦千衣多	圖娘直得	感里馬仰	趙怕意用

C. 聲韵調描寫

1. 聲母

江陵聲母共十八個。

p組p,pʻ,m,f。p,pʻ都比北平的p,pʻ硬一點。f的摩擦不重。

t組t,tʻ,n。t,tʻ也是較硬的一種。n在任何韵母前都很純粹,没有l或ȵ的色彩。

ts組的ts,tsʻ,s。發音人10b的部位略偏後,但也不到tʂ,tʂʻ,ʂ的程度。10a是純粹的ts,tsʻ,s。今定爲ts組一種。

ʐ。江陵的ʐ跟北平音很相近,但只見於u介音的前面;國音開口洪音前的ʐ在江陵是n。如'軟'ʐuan,但'染'nan。

tɕ組tɕ,tɕʻ,ɕ。部位偏前,很近於北平音。

k組k,kʻ,x。與北平音無大差異。

○。開口洪音有時作ʔ,ɣ,細音有時是j,但都無音位的意義。

2. 韵母

ï是ɿ。ɯ是u的不圓唇,只在kʻ,○後出現。

i近於標準i,但在tɕ組後較緊。

u的圓唇度很顯著。

y的舌位很高,微帶摩擦成分;前面没有輔音聲母時如ɥ。

a,ia,ua。a是平均ᴀ,在ua中稍偏後,卻不到ɑ。

o,io。o比標準o舌位較高,唇不很圓。

ɤ,uɤ。ɤ偏央,近於ə。

ie，ye。e很近標準元音的e。

ai，uai裏的a舌位較高，i是ɪ。

ei，uei。e在這裏微偏央。i也較開，是ɪ。

au，iau中的a也是平均ᴀ，u很開，唇亦不甚圓。

əu，iəu中的u也較開。在iəu中u長ə短，嚴式可寫作iɤu。

an，ian，uan。a都是平均ᴀ，只在i後略前略關。

ən，uən。ə很短，在uən中更短。

in，yin。i跟獨立的i略同，只在yin中較短。

oŋ，ioŋ。o舌位較高，在p組後圓唇度很弱。

3.聲調

陰平由"半高"升至"高"（45），寬式用高平號（˥55）。

陽平由"半低"降至"低"，再升至"中"（213），寬式用低降升號（˩313）。

上聲中降調（˨42）。

去聲半高平調（˦44）。

D. 與古音比較

1. 聲母

發音方法及影響條件 / 古母今讀　古聲組及影響條件		全清 塞	次清 塞	全濁 塞 平	全濁 塞 仄	次濁	清 擦	濁 擦 平	濁 擦 仄
幫組		幫：p	滂：pʻ	並：pʻ	並：p	明：m			
非組						微：u	非}敷：f	奉：f	奉：f
端組 泥	洪（一二等）	端：t	透：tʻ	定：tʻ	定：t	泥：n　來：n			
精組	細（三四等）	精：ts / tɕ	清：tsʻ / tɕʻ	從：tsʻ / tɕʻ	從：ts / tɕ		心：s / ɕ	邪：s / ɕ	邪：s / ɕ
莊組	內轉 外轉	莊（照二）：ts	初（穿二）：tsʻ	崇（牀二）：tsʻ，s	崇（牀二）：ts；s		生（審二）：s		
知組	今開 今合	知：ts	徹：tsʻ	澄：tsʻ	澄：ts				
章組	今開（硬二等韻）／今合　其他 今開 今合	章（照三）：ts	昌（穿三）：tsʻ	船（牀三）：s	船（牀三）：s		書（審三）：s	禪：tsʻ，s	禪：s

古聲母組及影響條件			全清塞（見/影）	次清塞（溪）	全濁塞 平（羣）	全濁塞 仄（羣）	次濁（疑/日/喻）	清擦（曉）	濁擦 平（匣）	濁擦 仄（匣）
日母	今開	止（附質）					○			
		通舒					i			
		其他					n / ʐ,n			
見組 曉	今開	一等	k	kʻ				x	匣	x
		二等	k,tɕ	kʻ,tɕʻ				x,ɕ		x,ɕ
		三四等	tɕ	tɕʻ	tɕʻ	tɕ		ɕ		ɕ
	今合	一二等	k	kʻ	*	*		x		x
		蟹止合三四等	k	kʻ	kʻ	k		ɕ		*
		通舒	tɕ	tɕʻ	tɕʻ	k		ɕ		ɕ
		其他			tɕʻ	tɕ				
影組	開	一等	○				疑 ○			
		二等	○,i				疑 ○,i			
		三四等	i				疑 i / 喻 i			
	合	一二等	u；○				疑 u / 喻 *			
		蟹止合三四等	u				疑 u / 喻 u			
		通舒	i				疑 ʔ / 喻 i			
		其他	y				疑 y / 喻 y,i			

2. 韵母

第 一 表

開

攝	一			二				三四					
聲母	幫系	端系	見系	幫系	泥組	知莊	見系	幫系	端系	莊組	知章	日母	見系
果	*	o	o	a	a	a	ia,a	*	ie	*	ɤ	o	ie
(遇)		*								*			
蟹	*	ai	ai	ai	ai	ai	ai,ia	i,ei	i		ï	*	i
止						*		i,ei	i;ï	ï	ï	ɯ	i
効	au	au	au	au	au	au	au,iau	iau	iau	*	au	au	iau
流	n·ne	ne	ne					n·ne	nei	ne	ne	ne	nei
咸	*	an	an	an	*	an	an,in	in	in	*	an	an	in
山	*	an	an	an	*	an	an,in	in	in	*	an	an	in
宕	an	an	an			uan	an,ian	*	ian	uan	an	an	ian

攝別	一 幫系	一 端系	一 見系	二 幫系	二 泥組	二 知組莊	二 見系	三四 幫系	三四 端系	三四 莊組	三四 知組章	三四 日母	三四 見系
深		*				*		in	in	ue	ue	ue	in
臻	*	ue	ue			*		in	in	ue	ue	ue	in
曾	ue	ue	ue			*		in	in	*	ue	ue	in
梗	ue	*	ue	ən·uŋ	ue	ue	ən·in、ue	in	in	*	ue	*	in
(通)	*	*	*			*		*	*	*		*	
咸入	*	a	o	a	ɔ	a	a、ia	*	ie	*	ɤ	*	ie
山入	*	a	o	o	*	a	a、ia	ie	ie	*	ɤ	ɤ	ie
宕入	o	o	o		*	o	o、io	*	io	*	o	o	io
深入		*				*		*	i	ɤ	ï	u	i
臻入		*				*		i	i	ɤ	ï	ɯ	i
曾入	ɤ	ɤ	ɤ	ɤ	ɤ	ɤ	ɤ	i	i	ɤ	ï	*	i
梗入	ɤ	*			*	*	ɤ	i	i	*	ï	*	i
(通入)						*		i	i	*	ï	*	

呼：開

第 二 表

攝別	合											
	一			二			三四						
	幫系	端系	見系	幫系	莊組	見系	幫系	泥組	精組	莊組	知章組	日母	見系
果	o	o	o	*	*	ua			*				ye
遇	u	u	u		*		u	y	y	u	u	u	y
蟹	ei	ei;uei	uei,uai	*		uai,ua	ei	*	uei	*	uei	*	uei
止		*	*		*		ei;i;uei	ei	uei	uai	uei	*	uei
(效)		*	*		*					*			
(流)		*	*		*					*			
咸	an	an;uan	uan		*		an				*		
山	an	*	uan	*	uan	uan	an;uan	in	yin	*	uan	uan	yin
宕		*	uan		*		an;uan			*		uan	uan

合口

攝列	一 幫系	一 端系	一 見系	二 幫系	二 莊組	二 見系	三四 幫系	三四 泥組	三四 精組	三四 莊組	三四 知章組	三四 日母	三四 見系
(深)					*					*			yí
臻	ue	ue	uen	*	*		uen:ue	ue	yí		uen	uen	
曾			fio		*					*			
梗	ioŋ	ioŋ	ioŋ	*	*	fio·uen			*		*		yin·ioŋ
通					*		ioŋ	oŋ	oŋ	oŋ	oŋ	ioŋ	oŋ·ioŋ
咸入	o	o	o	*			a						
山入	a	o	o	*	ua	ua	a	ɤ	ye	*	uɤ,o	*	ye
宕入	o	*	o	o	*	o	o			*	*		
(深入)					*								
臻入	u	u	u	*	*		u	y	y	u	u	*	
曾入	u		o	*	*				*	u			y
梗入	*						u		*		u		y
通入	u	u	u		*		u	u	u	u	u	u	y,iou

3. 聲調

古類 今影響條件 今值類		陰 平	陽 平	上	去
平	清	˥			
平	濁		˩		
上	清			˩	
上	次 濁			˩	
上	全 濁				˥
去	清				˥
去	濁				˥
入	清		˩		
入	次 濁		˩		
入	全 濁		˩		

E. 同音字表

今調	陰平 ˥	陽平 ˩	上 ˦	去 ˨
今韻	ï;ɯ(kʻ,〇後)			
廣韻	祭‖脂;之;支‖緝‖質‖職‖昔(均開口)			
p				
pʻ				
m				
f				
t				
tʻ				
n				
ts	之;知,支‖隻入	置去‖執‖姪,質‖直值植,殖禪	子;只	滯‖自,致,至;字,志;翅審
tsʻ		遲‖秩澄入‖赤	恥;此	次;刺,賜
s	師;思;斯,施	時‖十‖實‖食蝕‖石	矢;使,始	世‖四,示;伺,似,士、事,試,市;是‖飾式入
ʐ				
tɕ				
tɕʻ				
ɕ				
k				
kʻ				去魚
x				
〇		而‖日	爾	貳

今調	陰平ㄱ	陽平ㄥ	上ㄥ	去ㄱ
今韵	i			
廣韵	祭;齊‖脂;之;支;微‖緝‖質;迄‖職‖昔;陌三;錫			
p pʻ m f		必‖逼‖碧;壁 弼並入‖僻,闢並入 秘泌幫去‖密	比;彼 鄙痞幫,丕平 米‖靡	臂幫
t tʻ n		的,笛 提堤 梨;離‖立‖栗‖力‖歷	底 禮‖你,李里裏理	帝,第,隸來‖地 替 例
tɕ tɕʻ ɕ	 妻,棲心溪,奚匣‖期羣 西,夕匣‖攜匣合‖希	緝清,集楫,急及,吸曉‖吉‖極‖積;激 齊‖其;奇‖七;乞,迄曉‖戚,喫 息‖席	己;幾 起 寫麻三‖洗‖喜;徙爾支心	祭;計繼‖忌;寄技妓‖季合 器;氣 系‖戲
○	衣依	夷;疑‖宜,移;遺合‖噎屑‖邑‖一,逸‖逆,亦	以已,矣	藝‖意;義議‖憶入

今調	陰平┐	陽平˩	上˥	去┤
今韵	u			
廣韵	模;魚;虞‖侯;尤‖緝‖没;術;物‖藥‖屋;沃;燭			
p		不		步
p'		勃並入‖卜幫入,撲,瀑曝僕並入	譜幫,普	
m		没‖木;目	母₁	
f		縛‖服	府,腐奉	附‖婦負
t		讀;篤	賭肚	杜、度
t'	禿入	圖‖突		
n		奴;如;儒‖入‖鹿;陸,肉;緑,辱		路
ts	猪,諸	卒‖竹;足,燭囑,觸穿	主	做;著;柱
ts'		除‖出‖族從入;促		助牀
s	書	殊‖蕭,縮,熟;屬	鼠暑	素;數,樹
k	孤	骨		故
k'		哭;酷	苦	
x	呼,乎匣	狐‖忽	虎	户
○	烏	吾;無‖物‖屋	五;武	務‖戊明

今調	陰平 ㄱ	陽平 ㄴ	上 ㄴ	去 ㄱ
今韵		y		
廣韵		魚;虞‖術;物‖職‖昔‖屋三;燭(均合口)		
t				
tʻ				
n		律	女,呂‖履脂開	
tɕ	拘俱	橘‖菊;局	舉	巨;娶清,聚,句
tɕʻ	樞穿,區	屈‖曲		去;趣‖遂邪脂合
ɕ	虛;須	徐‖戌恤	許	序
○		魚,於影,余餘,與上;愚,于‖鬱‖域‖役疫‖育;欲	羽雨	預;遇‖玉入

今韵		a		
廣韵		麻二‖合;盍;洽;狎;乏‖曷;鎋;黠;月		
p	巴	八	把	
pʻ		拔並入		怕
m	[媽]		馬	
f		法‖髮		
t		答	打庚	大泰
tʻ	他歌	踏;塔		
n	拉入	拿‖納;臘	[哪]	[那]
ts		雜;閘‖札		乍
tsʻ	差	插‖察		
s	沙	撒;殺		
k		甲(指甲)		
kʻ				
x		瞎		下(等一下)

今調	陰平ㄱ	陽平ㄴ	上ㄴ	去ㄱ
今韵	ia			
廣韵	麻二‖佳‖洽;狎‖鎋;黠(均開口)			
tɕ tɕʻ ɕ	家珈‖佳	甲,匣匣 恰 霞‖狹;挾帖‖瞎	賈假(真假,放假)	 下
○	鴉	牙‖鴨壓‖軋	雅	

今韵	ua			
廣韵	麻二‖佳;夬‖鎋;黠(均合口)			
ts tsʻ s		 刷		
k kʻ x	瓜	刮 滑		掛 化‖畫;話
○	蛙	挖	瓦	

今調	陰平┐	陽平┘		上┘	去┐
今韵	o				
廣韵	歌;麻三;戈‖合;盍‖曷;末;薛‖鐸;覺;藥‖德‖麥				
p	波,玻滂	剝			
p'	坡	婆			
m		末‖莫		[麼]	
f					
t	多				舵
t'		脱‖託		妥	
n		羅;騾‖洛珞;若		惹	[那]
ts		掘羣月‖作;桌,濁濯,捉;酌		左	坐
ts'	初魚				
s		説		所魚	
k	歌	各;角;郭‖國		果	個;過
k'		闊		可	
x		何;和;鴿見‖合;盍‖喝;活‖鶴;霍‖或‖獲			禍
○	鍋見,窩	鵝‖惡;握‖沃沃		我	

今韵	io		
廣韵	覺;藥(均開口)		
t			
t'			
n			
tɕ	覺;爵,嚼,脚		
tɕ'	確;雀精		
ɕ	學;削		
○	虐,約		

今调	陰平┐	陽平〢	上〣	去┤
今韵		ɣ		
廣韵		麻三‖葉‖薛‖緝‖櫛‖德;職‖陌二;麥		
p pʻ m f		北‖百,白 泊鐸並‖迫幫,拍 麥		
t tʻ n		得德 忒,特定入 熱;劣‖勒‖厄影		
ts tsʻ s		則‖責 徹,澈澄‖側,測照‖拆,宅澤擇澄入 蛇‖涉聶‖舌,設‖澀‖瑟‖色		[這]
k kʻ x		格;革 刻 黑‖赫		

今韵		uɣ		
廣韵		薛合(合口)		
ts tsʻ s		拙		

今調	陰平˥	陽平˩		上˨	去˥
今韵		ie			
廣韵		麻三‖葉;業;帖‖薛;月;屑(均開口)			
p		別;癟			
pʻ		撇			
m		滅			
f					
t	[爹]				
tʻ		帖‖鐵			
n		列;梟疑			
tɕ	嗟	接‖傑;竭;節,結			
tɕʻ		刧見‖切			
ɕ	些	脅;協			
○		葉;業‖孽		也	

今韵		ye			
廣韵		戈三‖薛;月;屑(均合口)			
tɕ		絶;決			
tɕʻ		茄開;瘸‖缺			
ɕ	靴	穴			
○		閲;月,越曰			

今調	陰平 ˥	陽平 ˩	上 ˩	去 ˥
今韵	ai			
廣韵	咍;泰;皆;佳;夬(均開口)			
p pʻ m f		埋	買	拜;敗 派
t tʻ n			乃;奶	待、代‖帶 泰 賴
ts tsʻ s	災;齋	柴		再,在 菜;蔡 塞;寨牀
k kʻ x	該;皆 開	孩;偕見,鞋諧‖還(｜有)删合	改;解	蓋‖介界戒,械匣 概見,慨 亥;害
○	哀		矮	愛;艾

今韵	uai			
廣韵	泰;皆;佳;夬‖脂;支(均合口)			
ts tsʻ s			揣	帥
k kʻ x		懷	塊去	怪 快
○	歪曉			外

今調	陰平 ˥	陽平 ˩	上 ˥	去 ˥
今韵	ei			
廣韵	祭;齊;灰;泰;廢‖脂;支;微			
p p' m f	卑;悲;碑 披 飛	 梅 肥	 匪	敝;閉;背;貝‖備;被 倍並;配,佩並 廢,肺
t t' n	 	 屢虞去‖累	 	對 内‖類
ts ts' s	 雖合			

今韵	uei			
廣韵	灰;泰;祭;齊‖脂;支;微(均合口)			
ts ts' s	追,錐 	 垂 隨		罪;最 歲,稅‖睡瑞
z̩				鋭喻
k k' x	龜;歸 灰	 回	 毁	桂 會(‖計)見,會;彗喻;惠‖諱
○	威	維惟;危,爲;微,圍	委	衛‖位;未味;彙

今調	陰平 ˥	陽平 ˨	上 ˩	去 ˧
今韵	au			
廣韵	豪;肴;宵			
p	包		保	
p'		袍;跑		
m	貓明平			貌
f				
t			倒	到
t'		桃		
n		牢;饒		鬧
ts	昭			趙
ts'			草;炒	造糙
s			掃	紹
k			稿;攪	告
k'			考	
x		毫	好	
○				奧

今調	陰平˥	陽平˩	上˥	去˧
今韵	iau			
廣韵	肴;宵;蕭			
p p' m f		苗貓	表錶	
t t' n		燎;聊		釣 跳
tɕ tɕ' ɕ	消;蕭	肴淆	巧 曉	叫 孝,校效
○	妖	堯	舀	

今調	陰平 ˥	陽平 ˧	上 ˩	去 ˥
今韵		ǝu		
廣韵		侯;尤		
p pʻ m f		謀	剖 某畝 否	
t tʻ n	都模	頭 柔	斗 努模	鬥 漏
ts tsʻ s	周州	鋤魚‖愁 續燭	走 楚魚‖丑	奏 獸
k kʻ x		侯		候後
○	歐		偶	

今韵		iǝu		
廣韵		尤;幽‖屋三		
t tʻ n	［丟］		紐	
tɕ tɕʻ ɕ	糾上 秋	求 囚‖畜		就,舅
○	幽	牛,由猶,尤‖育$_2$		幼

今調	陰平 ㄱ	陽平 ㄥ	上 ㄥ	去 ㄱ
今韵	an			
廣韵	覃;談;咸;銜;鹽;凡‖寒;山;刪;仙;桓;元‖唐;江;陽			
p	邦		板	扮,辦;半
pʻ		盤‖旁		盼;判,伴並、叛並
m		蠻‖忙		慢
f	方	凡‖防房	反	范‖放
t			短	旦,但‖蕩
tʻ	貪	談‖壇‖堂唐		
n		南;藍‖闌,難;然‖郎	染‖暖‖朗	亂‖讓
ts	沾‖張		斬‖展‖長(生長)	暫;站‖棧
tsʻ	餐;倉;昌		鏟,産審	
s	三;衫‖山‖桑;商	蟬‖常	陝	扇‖上尚
k	干乾;間‖剛綱		感;敢‖皖匣合	
kʻ				看
x		含;鹹‖寒;閑		漢‖巷、項
○	安		眼	暗‖岸

今韵	ian			
廣韵	江;陽			
t	丁青			
tʻ				
n		娘,良		
tɕ	江;將		講	
tɕʻ			搶	
ɕ	香鄉	祥詳	想	象像
○			仰	樣

今調	陰平┐	陽平↙	上↘	去┐
今韵	uan			
廣韵	桓;山;删;仙;元‖唐;江;陽			
ts ts' s	專‖椿;莊 川‖窗 删_開;閂	 船‖牀 		 算
ʐ̩			頓	
k k' x	官觀;鰥‖光 	 狂 黃	 緩_匣	貫;慣 曠;況_曉 唤,換
○	彎‖汪	玩_去完丸_(彈丸)匣‖王	碗‖往	萬

今調	陰平ㄱ	陽平ㄥ	上ㄥ	去ㄱ
今韵	ən			
廣韵	侵‖痕;真;魂;諄;文‖登;蒸‖庚;耕;清			
p p' m f	崩幫 分	彭 門		 奮
t t' n	 吞	 人;倫‖能;仍	等 忍‖冷	頓 壬平‖論
ts ts' s	增;徵‖爭;貞,偵徹 撐 森,深‖身申‖生	 沉‖陳,臣‖存‖程,成誠	怎	鄭,政 盛
k k' x	跟‖更;耕	 恒	 懇‖肯 很	 恨
○	恩			硬

今韵	uən			
廣韵	魂;諄;文‖庚二(均合口)			
ts ts' s	春	 唇,純‖繩開		
ʐ				閏
k k' x	 坤 昏	 橫		
○	溫	聞	穩	問

今調	陰平ㄱ	陽平ㄨ	上ㄴ	去ㄱ
今韻	in			
廣韻	咸;銜;鹽;嚴;添‖山;删;仙;先;元‖侵｜真;欣‖蒸‖庚;耕;清;青			
p	邊‖兵		貶‖稟	辨,辯‖並
p'		便(｜宜)‖貧‖瓶	品	編幫,片
m		萌耕;名	敏	命
f				
t	丁		典	店
t'	天‖聽	田		
n		廉‖連聯;年‖林‖鄰‖陵‖靈		念‖戀‖令
tɕ	間,堅‖侵清,今金,欽溪‖津,巾;斤‖京荊;經		減‖簡;剪;繭‖謹‖景	監;漸‖件;建;見‖晉進;近‖靜,勁
tɕ'	謙‖千‖親‖輕	錢‖秦‖情		
ɕ	仙;先‖心‖星腥	衔;嫌‖賢‖行;形	險	限;現;縣合‖信;杏;幸;姓性
○	研疑平,煙‖音‖因‖鶯;英	嚴‖言‖銀‖凝‖盈	眼;演‖引	驗,厭‖晏;硯‖印‖應

今韻	yin			
廣韻	仙;元;先‖諄;文;清;庚三;青(均合口)			
tɕ	椿徹,均			
tɕ'	傾	全‖羣‖瓊	頃	
ɕ	鮮開;掀軒開;宣;暄‖勛	弦開;玄懸‖尋開‖旬	癬開;選‖迥匣	
○		丸(肉丸)桓匣;沿鉛緣;元原;園‖云‖營;榮;螢匣	阮,遠‖允尹‖永	院‖運‖孕蒸

今調	陰平 ˥	陽平 ˩	上 ˩	去 ˥
今韵	oŋ			
廣韵	登‖庚二;耕‖東;冬;鍾			
p pʻ m f	 風;封	朋‖蓬 	 母₂ 侯	 孟‖夢 奉
t tʻ n	東 通	 同 農,隆;龍	 統去 攏	洞
ts tsʻ s	中;鍾 充 鬆;嵩;松	 崇	總 寵	衆;種 送;宋;誦
k kʻ x	公功;弓;恭	 弘‖宏‖紅	 恐	共
○	翁			

今韵	ioŋ			
廣韵	庚三‖東三;鍾			
tɕ tɕʻ ɕ	 兄‖胸	 窮 雄熊喻		
○		絨,融;茸		用

F. 音韵特點

1. 聲母

(1)江陵没有tʂ, tʂʻ, ʂ。知系跟精組洪音一律作ts等，如'施'='斯'sï, '徵, 貞'='增'tsən, '昌'='倉'tsʻan, '閘'='雜'tsa。

(2)但日母在今u介音前讀z, 不讀z, 如'軟'zuan, '閏'zuən；在止攝及臻入開口，又通攝舒聲，都失落聲母(〇)，如'而, 日'ɯ, '絨, 茸'ioŋ；在今音獨立的u韵母及其他開口洪音前皆作n, 如'儒, 入'nu, '若'no, '熱'nɤ, '認'nən, '然'nan。

(3)不分尖團。精組細音跟見系細音同讀tɕ等，如'積'='吉'tɕi, '須'='虛'ɕy, '千'='謙'tɕʻin, '就'='舅'tɕiəu, '性'='幸'ɕin, '旬'='懸'ɕyin。

(4)泥來無論洪細皆混，一律讀n, 如'奴'='鹿'nu, '南'='藍'nan, '能'='倫'nən, '暖'='朗'nan, '娘'='良'nian, '女'='呂'ny, '年'='連'nin。

(5)見系開口二等在梗攝入聲不顎化，如'格'kɤ, '赫'xɤ；在蟹攝除'佳'字外亦不顎化，如'界'kai, '鞋'xai, '矮'ai；在梗攝舒聲及果咸山宕各攝顎化與否不定，如'更'kən, '鹹, 閑'xan, '項'xan, 但'幸'ɕin, '銜, 行'ɕin, '江'tɕian, 又如'下'x̲a̲, ɕ̲i̲a̲, '甲'k̲a̲, t̲ɕ̲i̲a̲, '眼'a̲n̲, i̲n̲；在効攝除'攪'字白話音外一律顎化爲tɕ等，如'巧'tɕʻiau, '効'ɕiau。

(6)疑母無論開合洪細皆讀無聲母(〇)，跟影喻母無區別，如'艾'ai(=愛), '岸'an(=暗), '宜, 逆'i(=移, 邑), '虐'io(=約), '牛'iəu(=尤), '凝'in(=盈)。

2. 開合

(1)端泥組合口字，今音除獨立的u, y兩韵外，皆讀開口，如'内, 類'nei, '對'tei, '短'tan, '暖'nan, '頓'tən, '倫'nən, '戀'nin, 但'路'nu, '杜'tu, '律'ny。

（2）精組合口一等在遇蟹山攝及臻入仍爲合口，如'素'su，'最'tsuei，'算'suan，'卒'tsu；在臻舒則變開口，如'存'tsʻən。合口三四等今音仍爲合口，如'聚'tɕy，'歲'suei，'隨'suei，'全'tɕʻyin，'旬'ɕyin，'絕'tɕye，'促'tsʻu。

3. 韵母

（1）遇攝模韵端系魚虞韵莊組讀u，不跟流攝的əu混，如'賭'tu≠'斗'təu，'圖'tʻu≠頭tʻəu，'路'nu≠'漏'nəu，'素，數'su≠'獸'səu。

（2）魚虞韵知章組讀u，不跟見系讀y混，如'豬'tsu≠'俱'tɕy，'主'tsu≠'舉'tɕy，'書'su≠'虛'ɕy。

（3）流攝幫系字讀əu或u不定，如'某'məu，'否'fəu，但'母'mu，'婦'fu。其他聲母字作əu，iəu，如'鬥'təu，'愁'tsʻəu，'求'tɕʻiəu，'幼'iəu。

（4）止攝及臻攝入聲開口日母字同讀ɯ，如'而'='日'ɯ。

（5）咸山攝舒聲開口見系字，一等讀an，如'感'kan，'漢'xan，二等讀an或in不定，如'鹹，閑'xan，'減'tɕin，'間'<u>kan，tɕin</u>，'眼'<u>an，in</u>。

（6）咸山宕三攝舒聲今洪音皆爲an，uan，如'盤，旁'pan，'凡，房'fan，'南，闌，郎'nan，'衫，山，商'san，'干，間，剛'kan，'漢，項'xan，'專，莊'tsuan，'碗，往'uan。但今細音咸山攝舒聲讀in，yin，跟深臻曾梗攝細音混，宕攝舒聲則讀ian，如'邊'='兵'pin，'全'='羣'tɕʻyin，'廉連'='林，鄰'nin≠'良'nian，'限，現'='幸，姓'ɕin≠'象'ɕian，'晏，硯'='印，應'in≠'樣'ian。

（7）曾梗攝入聲一二等（即德陌麥三韵）見系字，開口讀ɤ，如'革'kɤ，'刻'kʻɤ，'黑''赫'xɤ；合口讀o，如'國'ko，'獲'xo。

（8）通攝入聲見系字，一等讀u，如'哭'kʻu，'屋'u；三等讀y或iou，如'局'tɕy，'玉'y，'畜'ɕiou，'育'y，iou。

4. 聲調

（1）不分陰陽去，古上聲全濁，去聲清濁音，今讀同調，如'待，扇，紹，印'等字。

（2）無入聲。古入聲今歸陽平，如'竹，直，屋，納'等字。

G. 會話

（發音人 10 b受武漢音的影響很大,會話中有許多音不是江陵音,如
-ien,-aŋ,江陵音應當是-in,-an等,以下音標寫法就照他當時實際説
的語音寫,有哪些音不是江陵音也不另注出;只須記着我們是以發
音人 10 a之音爲準就得了。參看 A. 發音人發履歷歷末附注。）

10 b： niˇ tau˥──niˇ xueiˇ tɕia˥ niˑ kʼuˑˇ nəˑ muˇ iəuˑ niˑ?
　　　 你　到──你　回　家　裏　去　了　没　有　呢?

10 a： oˇ xueiˇ kʼuˑˑ nəˑ tiˑ。
　　　 我　回　去　了　的。

　 b： ɕien˥ tsai˥ nuˇ (s)aŋˑ xa(i)ˇ xauˇ puˑ xauˇ?
　　　 現　在　路　上(?)　還　好　不　好?

　 a： ɕin˥ tsai˥ nuˇ (s)anˑ puˇ xauˇ。 in˥ ueiˇ no˥ iˑ xueiˇ aˑ,
　　　 現　在　路　上(?)　不　好。　因　爲　那　一　回　阿,

　　　 tsɤ˥ koˑ tʼuˇ feiˇ tɕian˥ nəˑ tsïˑ xəu˥ aˑ, ɕian˥ niˑ xənˇ
　　　 這　個　土　匪　搶　了　之　後　阿,　鄉　裏　很

　　　 puˇ xauˇ。
　　　 不　好。

　 b： ɕia˥ yˇ kai˥ muˇ iəuˑ tsʼənˇ sueiˇ tsai˥ paˑ。
　　　 下　雨　該　没　有　成　水　災　吧。

　 a： sueiˇ tsai˥ iˇ tɕin˥ sï˥ ko˥ tɕʼy˥ tiˑ sï˥ tɕʼin˥ nəˑ。
　　　 水　災　已　經　是　過　去　的　事　情　了。

　 b： ɔˑ, ɕien˥ tsai˥ uˇ tsïˑ xaiˇ xauˇ?
　　　 喔,　現　在　屋　子　還　好?

　 a： ɕin˥ tsai˥ uˇ niˑ xaiˇ tɕian˥ tɕiəu˥ tɕiəu˥ sï˥ tiˑ。 tsɤ˥ kəˑ,
　　　 現　在　屋　裏　還　將　就　就　是　的。　這　個,

　　　 oˇ mənˑ uˇ niˑ aˑ, kənˇ tʼuˇ feiˇ aˑ ɕin˥ tsai˥ tsʼɤˇ kuan˥
　　　 我　們　屋　裏　阿,　跟　土　匪　阿　現　在　拆　光

nia˩˙, tsʻɤ˧ ti˩˙ suei˧ pin˧ sï˧ mo˩˙ sï˩˙ təu˧ xai˧ tsʻɤ˧ ta˩˙。
了，　拆　的　隨　便　什　麼　事　都　還　拆　達。

nin˩ tsɤ˧ ko˩˙ fan˩ u˩ a˩˙，uan˩ tɕʻyin˩ tsʻɤ˧ ti˩˙ i˩ kan˧ ɯ˧
連　這　個　房　屋　阿，　完　全　拆　的　一　乾　二

tɕin˧。
净。

b：ɕien˧ tsai˧ y˧ pei˧ tau˧ na˩ ni˩˙ tɕʻy˧ ni˩˙?
　現　在　預　備　到　哪　裏　去　呢?

a：ɕin˧ tsai˧ o˩ y˧ pei˧ tɕʻy˧ ɕio˩ tʻan˩ ni˩˙ kʻɯ˧ a˩˙。
　現　在　我　預　備　去　學　堂　裏　去　阿。

b：ɕio˩ ɕiau˩ kʻuai˧ tau˧ faŋ˧ tɕia˩ nə˩˙ mu˩ iəu˩˙。
　學　校　快　到　放　假　了　沒　有。

a：xai˩ mu˩ iəu˩˙。
　還　沒　有。

b：xai˩ mu˩ iəu˩˙，ta˧ kʻai˧ tɕi˩ sï˩ kʻo˩ i˩˙ faŋ˧ tɕia˩?
　還　沒　有，　大　概　幾　時　可　以　放　假?

a：ta˧ kʻai˧ xai˩ iəu˩ tɤ˩ i˩ ko˧ to˧ ye˩ a˩˙。
　大　概　還　有　得　一　個　多　月　阿。

b：o˩ ɕiaŋ˩ tɕin˧ tʻien˧ tʻien˧ tɕʻi˧ xən˩ xau˩，o˩ ɕiaŋ˩ kʻɯ˩
　我　想　今　天　天　氣　很　好，　我　想　去

uan˩ xa˩˙ tsï˩˙ xau˩ nə˩˙。
玩　下　子　好　了。

a：iau˧ ɕian˩ uan˩ mə˩˙，kʻan˧ tsï˩ tɕi˩˙ ɕi˩ xuan˩˙ tau˧ na˩ ni˩˙
　要　想　玩　嚜，　看　自　己　喜　歡　到　哪　裏

kʻɯ˧ uan˩；tɕia˩ no˩˙ iau˧ sï˩ ɕi˩ xuan˩˙ tau˧ mo˩˙ san˧ ti˩
去　玩；　假　如　要　是　喜　歡　到　麼　山　底

ɕia˩˙，tau˧ mo˩ sï˩ kʻuan˧ ie˩ kʻɯ˩ uan˩ ni˩˙，no˧ tsï˩ iəu˩
下，　到　麼　事　曠　野　去　玩　哩，　那　只　有

ʂɤˇ sanˉ, tsaiˉ tɕiəuˉ sïˉ noˇ tɕiaˉ sanˉ, tsaiˉ tɕiəuˉ sïˉ
蛇　山，　再　就　是　珞　珈　山，　再　就　是

tauˉ tsɤˇ koㆍ ɕianˉ tiㆍ kʼɯˉ kʼanˉ tsɤˇ koㆍ ɕianˉ tiㆍ nənˇ
到　這　個　鄉　的　去　看　這　個　鄉　的　人

aㆍ, kənˉ tinˇ tiㆍ, tsoŋˉ tsʼaiˉ tiㆍ, naˉ uanˇ xaiˇ sïㆍ xauˇ
阿，耕　田　的，種　菜　的，那　玩　還　是　好

uanˇ tiㆍ tiㆍ; puˇ koˉ sïˉ kʼanˉ puˇ tauˉ sənˉ moㆍ ɕinˉ tɕʼiˇ
玩　的　的；不　過　是　看　不　到　甚　麼　新　奇

tiㆍ sïˉ tɕʼinㆍ. tanˉ sïˉ naˉ niˉ ieˇ iəuˇ iㆍ tsoŋˇ xənˇ iəuˉ
的　事　情。　但　是　那　裏　也　有　一　種　很　幽

iaˇ tiㆍ foŋˉ ueiˉ aㆍ, inˉ ueiˉ kʼoˇ iˇ kʼanˉ tauˉ xənˇ toˉ tiㆍ
雅　的　風　味　阿，因　爲　可　以　看　到　很　多　的

tsɤˇ koㆍ xauˇ tɕinˉ tsïˉ aㆍ, nənˇ kəuˉ sïˇ oˇ mənㆍ tiㆍ tsɤˇ
這　個　好　景　致　阿，能　夠　使　我　們　的　這

koㆍ tɕinˉ sənˇ sanˉ aㆍ manˇ kʼuaiˉ xoˇ.
個　精　神　上　阿　蠻　快　活。

b：tɕienˉ tsaiˉ niˇ ieˇ iəuˇ məㆍ pʼaŋˇ tiㆍ sïˉ niˉ?
　　現　在　你　也　有　沒　旁　的　事　呢?

a：muˇ tɤˇ moˇ sïˉ.
　　沒　得　麼　事。

b：kʼoˇ iˇ tauˉ oˇ tɕiaˉ niˇ kʼɯˉ puˇ kʼɯˉ uanˇ iㆍ uanˇ.
　　可　以　到　我　家　裏　去　不　去　玩　一　玩。

a：ɕinˉ tsaiˉ sïˉ xəuㆍ —— sïˉ tɕinˉ puˇ tsauˇ nəㆍ, oˇ xaiˇ
　　現　在　時　候 —— 時　間　不　早　了，我　還

iəuˇ pieˇ tiㆍ sïˉ tɕʼinㆍ; xauˇ, oˇ mənㆍ tsaiˉ tɕinˉ paㆍ.
有　別　的　事　情；　好，我　們　再　見　吧。

b：xauˇ, xauˇ.
　　好，　好。

一一. 枝江(城内)

A. 發音人履歷

發音人	11a	11b
年齡	19 歲	15 歲
原籍	枝江城内	枝江江口
職業	學生	學生
教育程度	高中	初中
幼時語言環境	在本鄉上小學	在本鄉上私塾
教師方言	本地話	本地話
住過的地方	宜昌三年,武昌一年	宜昌半年,武昌四年
曾否學國語	未	未
能否説別處話	不會	不能

二十五年五月十三日吳宗濟記音

B. 聲韵調表

1. 聲母

p	白拜	p'	朋撇	m	門	f	法
t	到大	t'	天同	n	南藍年戀		
ts	在沾猪	ts'	柴倉椿			s	常三樹
tɕ	節件	tɕ'	齊缺			ɕ	先勳
k	歌共	k'	看狂			x	害化
○	認言融外未						

2. 韵母

ï	自質	a	巴答察下	o	波脱捉合	ɤ	白特蛇赫而
i	必提巨希玉	ia	佳	io	略約	ie	撇帖接缺靴
u	勃杜卒武	ua	刷掛				

ai	拜代蔡界	ei	倍肥	au	保鬧草饒	ou	謀漏愁侯
				iau	苗條巧	iou	謬紐囚
uai	帥外	uei	對吹桂				

an	板藍旦慘看		ən	門等沉更		
ien	店天憲倦元			in	稟丁巾瓊勳	
uan	短篡萬		uən	春橫		

aŋ	邦蕩張巷	oŋ	朋洞寵弘
iaŋ	兩江	ioŋ	兄窮
uaŋ	莊黄		

3. 聲調

陰平	陽平	上	去
˥	ˊ	ˋ	ˊ
剛	陳七矗白	短買	市正助

C. 聲韵調描寫

1. 聲母

　　枝江十七聲母是按音位定的。以下分p,t,ts,tɕ,k,○六組述其音值。

　　p組p,pʻ,m,f。p,pʻ,m讀法同國音,f偶爾有變xu的傾向。

　　t組t,tʻ,n。n通常都是讀鼻音,只在很少的時候讀成鼻化的l。

　　ts組有ts,tsʻ,s三母,它們的部位很偏後,實際音值是介乎國音的ts,tsʻ,s與tʂ,tʂʻ,ʂ之間的。

　　tɕ組tɕ,tɕʻ,ɕ是平均的舌面前音。

　　k組k,kʻ,x三母讀法同國音。

　　○逢開口洪音讀ʔ,ɣ或純元音不定;其他只有高元音i與u兩個。別處以y起首的,枝江都以i起。

2. 韵母

　　ɿ讀舌尖前音ɿ。因聲母的關係,枝江的ɿ比國音偏後。

　　i近標準元音i。枝江沒有與i相當圓唇元音y,別處讀y的都讀成i。

　　u比標準元音u開。

　　a,ia,ua。a的部位介乎前a與平均ᴀ之間,在i後是前a。

　　o,io。在p,t,ts三組聲母後有時讀得開些,有時讀得關些;在k組後或無聲母時有分化爲uo的傾向。

　　ɤ。比國音的ɤ更關;無聲母時近ɯ。

　　ie。e比標準元音e略開。

　　ai,uai。ai讀法同國音。

ei，uei。ei只有p組字，uei兼有t，ts，k各組字。e部位偏央。uei的u在ts組後偶有變ʮ的。

au，iau。a是前a。

ou，iou。o部位偏央，用嚴式音標，這兩韵當寫作ɵu，iɵu。

an，uan。a是前a。

ien的元音同ie韵。

ən，uən。ə部位偏前，實際音值介乎ə與ɛ之間。

in。i是開ɪ。

aŋ，iaŋ，uaŋ。a同a，ia，ua韵的a。

oŋ，ioŋ。o實際是ʊ。ioŋ的i受影響而唇略變圓，但不到y的程度。

3. 聲調

陰平由"半高"升至"高"（45），寬式用高平調號（˥ 55）。

陽平是低升調（˩˧ 13）。

上聲是中降調（˦˨ 42）。

去聲是中升調（˨˦ 24）。

D. 與古音比較

1. 聲母

古母今讀：發音方法及影響條件 / 古聲組及影響條件	全清塞	次清塞	全濁塞（平）	全濁塞（仄）	次濁	清擦	濁擦（平）	濁擦（仄）
幫組	幫：p	滂：pʰ	並：pʰ	並：p	明：m			
非組					微：u	非 / 敷：f	奉：f	
端組 泥（一二等 四等 洪 / 三等 細）	端：t	透：tʰ	定：tʰ	定：t	泥：n 來：n			
精組（洪 / 細）	精：ts / tɕ	清：tsʰ / tɕʰ	從：tsʰ / tɕʰ	從：ts / tɕ		心：s / ɕ	邪：s / ɕ	邪：s / ɕ
莊組（內轉 / 外轉）	莊（照二）：ts	初（穿二）：tsʰ	崇（牀二）：tsʰ, s	崇（牀二）：ts；s / ts		生（審二）：s		
知組（梗二等韻 其他）	知：ts	徹：tsʰ	澄：tsʰ	澄：ts				
章組（今開合 / 今開合 / 今合合）	章（照三）：ts	昌（穿三）：tsʰ	船（牀三）：s / tsʰ, s	船（牀三）：s		書（審三）：s	禪：tsʰ；s	禪：s

古聲母組及影響條件	古母今讀（今開/今合・其他/止）	全清塞 見・影	次清塞 溪	全濁塞 平 羣	全濁塞 仄 羣	次濁 疑・日・喻	清擦 曉	濁擦 平 匣	濁擦 仄 匣
日母	今開 其他					○			
日母	止					n,○			
日母	今合					n,u			
見組 曉組	開 一等	k	kʻ			○	x		x
見組 曉組	開 二等	k·tɕ	kʻ·tɕʻ			○,i	x,ɕ		x,ɕ
見組 曉組	開 三四等	tɕ	tɕʻ	tɕ	tɕ	i	ɕ		ɕ
見組 曉組	合 一二等	k	kʻ	*	*	u;○	x		x
見組 曉組	合 蟹止合三四等	k	kʻ	kʻ	k	u	x		x
見組 曉組	合 通舒	k	kʻ	tɕʻ	k	?	ɕ		*
見組 曉組	合 其他	tɕ	tɕʻ	tɕʻ	tɕ	i	ɕ		ɕ
影組	開 一等	○				喻:i			
影組	開 二等	○,i				*			
影組	開 三四等	i				u			
影組	合 一二等	u;○				i			
影組	合 蟹止合三四等	u				i			
影組	合 通	i							
影組	合 其他	i							

2. 韵母

第 一 表

开

摄别	一 幫系	一 端系	一 見系	二 幫系	二 泥組	二 知莊組	二 見系	三四 幫系	三四 端系	三四 莊組	三四 知章組	三四 日母	三四 見系
果	*	o	o	a	a	a	a、ia	*	ie	*	ɣ	ɣ	ie
（遇）	*	*	*	*	*	*	*	*	*	*	*	*	*
蟹	*	ai	ai	ai	ai	ai	ai、ia	ei、i	i	*	ï	*	i
止	*	*	*	*	*	*	*	i、ei	i:i	ï	ï	ɣ	i
效	au	au	au	au	au	au	au、iau	iau	iau	*	au	au	iau
流	ou、u	ou	ou	*	*	*	*	ou、u、iou	iou	ou	ou	ou	iou
咸	*	an	an	an	*	an	an、ien	ien	ien	*	an	uan	ien
山	*	an	an	an	*	an	an、ien	ien	ien	*	an	an	ien
宕	aŋ	aŋ	aŋ	aŋ	*	uaŋ	aŋ、iaŋ	*	iaŋ	uaŋ	aŋ	aŋ	iaŋ

开

摄列 \ 声母	一等 帮系	一等 端系	一等 见系	二等 帮系	二等 泥组	二等 知组庄	二等 见系	三四等 帮系	三四等 端系	三四等 庄组	三四等 知组章	三四等 日母	三四等 见系
深		*				*		in	in	ən	ən	ue	in
臻		ue	ue			*		in	in	ən	ən	ue	in
曾	uŋ,io	ue	ue					in	in	*	ən	ue	in
梗	*	*		ɔŋ,uŋ	ue	ue	uŋ,in	in	in	*	ue	*	in
(通)	*	*		*	*	*				*			
咸入	*	a	o	a	*	a	a,ia	*	ie	*	ɤ	*	ie
山入	*	a	o	o	*	a	a,ia	ie	ie	*	ɤ	ɤ	io
宕入	o	o	o			o	o,io	*	io	*	o	o	io
深入		*				*		*	i	ɤ	ï	u	i
臻入		*			*	*		i	i	ɤ	ï	ɤ	i
曾入	ɤ	ɤ	ɤ	ɤ		ɤ	ɤ	i	i	ɤ	ï	*	i
梗入		*		ɤ	*	*		i	i	*	ï	*	i
(通入)		*				*				*	*		

第 二 表

開

攝＼聲母	一			二			三四						
	幫系	端系	見系	幫系	莊系組	見系	幫系	泥組	精組	莊組	知章組	日母	見系
果	o	o	o			ua			*				ie
遇	u	u	u	*	*		u	i	i	u	u	u	i
蟹	ei	uei	uei,uai			uai,ua	ei	*	uei	uai	uei	*	uei
止		*			*	*	i·ei·uei	uei	uei	uai	uei	*	uei
(効)		*			*	*				*			
(流)		*			*	*				*	*		
咸	an	*		*		*	an	ien	ien		*		
山	an	uan	uan	*	uan	uan	an·uan	ien	ien	*	uan	uan	ien
岩	*	*	uaŋ		*		aŋ·uaŋ			uaŋ		uan	uaŋ

呼：開

攝別 \ 聲母	三四等 見系	日母	知章組	莊組	精組	泥組	幫系	二等 見系	莊組	幫系	一等 見系	端系	幫系
（深）臻	in	ue	uen	*	in	ue	uen;ue	ŋuen	*	*	uen	ue	ue
曾	in,ioŋ	ioŋ	ioŋ	ioŋ	ioŋ	ioŋ	oŋ	*	*	*	oŋ	oŋ	oŋ
梗	oŋ,ioŋ	ioŋ	ioŋ	ioŋ	ioŋ	ioŋ	oŋ	a	*	a	o	o	o
通	ie	ioŋ	ioŋ	ioŋ	ioŋ	ioŋ	oŋ	ua	*	*	oŋ	oŋ	oŋ
咸入	ie	*	o	*	ie	ɤ	a,ua	ua	ua	*	o	o	o
山入	i	*	o	*	*	i	u	ua	*	*	u	u	u
宕入	i	*	*	*	*	*	o	o	*	*	o	*	*
（深入）	i	*	u	*	i	i	u	*	*	*	u	*	u
臻入	i	*	u	*	i	i	u	*	*	o	u	u	u
曾入	i	*	*	*	*	*	o	o	*	*	o	*	u
梗入	i	*	u	*	*	*	u	o	*	o	u	*	u
通入	i	u	u	u	u	u	u	*	*	*	u	u	u

3. 聲調

古類＼今影響條件＼今值類		陰　平	陽　平	上	去
平	清	˥			
	濁		˩		
上	清			˩	
	次　濁			˩	
	全　濁				˩
去	清				˩
	濁				˩
入	清		˩		
	次　濁		˩		
	全　濁		˩		

E. 同音字表

今調	陰平 ˥	陽平 ˊ	上 ˇ	去 ˋ
今韵		ï		
廣韵		祭‖脂；之；支‖緝‖質‖職‖昔(均開口)		
p pʻ m f				
t tʻ n				
ts	之；知，支 枝‖隻入	置去‖執‖姪，質‖直值植，殖禪‖擲	子；只	自，致，至；字，痔，志；翅審
tsʻ		遲‖秩澄入‖赤	恥；此	滯澄‖次；刺，賜心
s	師；思；斯，施	時‖十‖實‖食蝕‖石	矢；使，始	世‖四，示；伺，似，士、事，試市；是‖式飾入
tɕ tɕʻ ɕ				
k kʻ x				
○				

今調	陰平ㄱ	陽平⁄	上ㄥ	去ㄱ
今韵	i			
廣韵	魚;虞‖祭;齊‖脂;之;支;微‖緝‖質;迄;術;物‖職‖昔;陌三;錫‖屋三;燭			
p		必‖逼‖碧;壁	比;彼	
p'		弼並入‖僻,闢並入	鄙痞幫,㾓平	
m		秘泌幫去;靡上	米	
f				
t		的,笛	底	帝,弟、第,隸來‖地
t'		堤提		
n		梨;離‖立;栗‖律‖力‖歷	女,呂‖禮‖履;你,李里裏理	例
tɕ	拘	繼去‖緝清,集楫,急,及,吸曉‖吉;橘‖極‖積,激‖菊;局	己;幾	巨;婿清,聚,句‖祭;計紀上,忌,寄,技妓;季合
tɕ'	樞穿,區‖妻,棲心溪‖期羣	齊‖其;奇‖七;乞,迄曉;屈‖戚,喫‖曲	起	器;氣
ɕ	虛,須‖西,奚兮匣;攜匣合‖希	徐‖恤戌‖息;惜,席‖畜	許‖洗‖喜;徙墅支心	序‖細,系‖戲;遂脂合
○	衣依	魚,於影,余餘、與上;愚于‖夷;疑宜,移,遺合‖噎屑‖邑‖一,逸,鬱‖憶,域‖亦;逆;疫役‖育;欲	羽雨‖以,矣	預;遇‖藝‖意;義議‖玉入

今調	陰平「	陽平ˊ	上ˇ	去ˋ
今韵	u			
廣韵	模;魚;虞||侯;尤||緝||没;術;物||屋;沃;燭			
p		不		部、步
p'		勃並入||卜幫,撲,僕瀑曝並入	譜幫,普	
m		没||木;目	母	
f	婦奉上	服	府,腐奉	附||負
t		讀;篤	賭肚(腹|,魚|)	杜
t'		圖||突||禿	土	
n		奴;如;儒||入||鹿;六陸,肉;綠,辱	努	路
ts	猪,諸	卒||竹築;足,燭囑,觸穿	主	著,助;柱
ts'	初	除||出||族從入;促	楚	
s	書舒;殊禪	肅,縮;熟,續,屬	暑鼠	素;數,樹
k	孤	骨		故
k'		哭;酷	苦	
x	呼,乎匣	狐糊||忽	虎	户
○	烏	吾;無||物||屋	五;武	務||戊明

今調	陰平 ˥	陽平 ˊ	上 ˇ	去 ˋ
今韻	a			
廣韻	麻二‖合;盍;洽;乏‖曷;黠;月			
p	巴	八,拔	把	
p'				怕
m	[媽]		馬	
f		法‖髮		
t		答‖達	打庚	大泰
t'	他歌	搭端,踏;塔		
n	拉入	拿‖納;臘‖辣	[哪]	[那]
ts		雜‖札,軋影		乍
ts'		插‖察	撒心入	詫
s	沙	殺		
k				
k'				
x				下

今韻	ia			
廣韻	麻二‖佳‖洽;狎‖鎋(均開口)			
tɕ	家‖佳	甲;挾帖匣	假₁(真) 賈	假₂(放)
tɕ'		恰		
ɕ		霞‖狹‖瞎		下
○	鴉	牙‖鴨		

今調	陰平 ˥	陽平 ˧	上 ˩	去 ˥
今韵	ua			
廣韵	麻二‖佳;夬‖錯;黠(均合口)			
ts ts' s		 刷		
k k' x	瓜	刮 華‖滑		掛 化‖畫;話
○	蛙	挖	瓦	

今韵	o			
廣韵	歌;戈一‖合;盍‖曷;末;薛‖鐸;覺;藥‖德‖麥			
p p' m f	波,玻滂 坡	薄;剝 婆 末‖莫	 剖侯 [麽]	 破
t t' n	多	 脫‖託 羅;鑼‖洛;若	 妥	舵
ts ts' s		拙‖作;桌,捉;着,酌 說	左 所魚	做;坐 錯模
k k' x	歌哥;鍋 喝入	鴿‖割‖各;角;郭‖國 闊 何‖合;盍‖活‖鶴;霍‖或‖獲	果 可	個;過 禍
○	窩	鵝‖惡;握‖沃沃	我	餓

今調	陰平 ˥	陽平 ˧	上 ˥	去 ˥
今韵		io		
廣韵		覺;藥(均開口)		
t tʻ n		 略		
tɕ tɕʻ ɕ		覺;脚 確;雀精 學;削		
○		虐,約		

今韵		ɤ		
廣韵		麻三‖脂;之;支‖葉‖薛‖緝‖櫛;質‖德;職‖陌二;麥		
p pʻ m f		北‖百,白 泊並鐸‖迫幫,拍 麥		
t tʻ n		得德 忒,特定入 劣‖勒		
ts tsʻ s		則‖責 徹,澈澄入‖側照,測‖宅擇澤澄入 蛇‖涉‖舌,設‖澀‖瑟‖色		[這]
k kʻ x		格;革 刻 黑‖赫		 去魚
○		而;兒‖熱‖日‖厄	惹‖爾	貳

今調	陰平 ˥	陽平 ˧	上 ˨	去 ˥
今韵	ie			
廣韵	麻三;戈三‖葉;業;帖‖薛;月;屑			
p		別		
p'		撇		
m		滅		
f				
t	爹			
t'		帖‖鐵		
n		聶‖列;臬疑		
tɕ		接;刼‖傑;竭;節;結;絕;決		借
tɕ'		茄‖切;缺		
ɕ	些;靴	邪‖脅;協‖薛;穴	寫	謝
○		爺‖葉;業‖孽;謁;閱;月,越曰	也野	夜

今調	陰平˩	陽平˥	上˥	去˥
今韵	ai			
廣韵	咍;泰;皆;佳;夬(均開口)			
p p' m f		埋	買	拜;敗 派
t t' n		來	□(捉也) 乃;奶	待、代;帶 太泰 賴
ts ts' s	災;齋	才;柴		再,在 菜;蔡 寨牀
k k' x	該;皆 開	孩;鞋	改;解	蓋;介界戒,械匣 概見,愾 亥;害
○	哀		矮	愛;艾

今調	陰平˥	陽平˦	上˅	去˧
今韵	uai			
廣韵	泰;皆;佳;夬‖脂;支(均合口)			
ts ts' s			揣	帥
k k' x		懷	塊去	怪 會(‖計)見;快
○	歪曉			外

今韵	ei			
廣韵	祭;灰;泰;廢‖脂;支;微			
p p' m f	卑;悲;碑 披 飛	梅‖[没](‖有) 肥	匪	敝;倍;貝‖臂,被;備 配,佩並 廢;肺

今調	陰平 ㄱ	陽平 ㄱ	上 ㄱ	去 ㄱ
今韵	uei			
廣韵	灰;泰;祭;齊‖脂;支;微(均合口)			
t				對;兌
tʻ				
n		屢虞去‖累		內;銳喻‖類;彙喻
ts	追,錐		嘴	罪;最
tsʻ	吹	垂		脆‖悴從,粹心
s		隨	水	歲,稅‖睡瑞
k	龜;歸			桂
kʻ				
x	灰		毀	會;彗喻;惠‖諱
○	威	維惟;危,為1(作‖);微,圍	委	衛‖位;為2(因‖)未,畏

今調	陰平˧	陽平˧	上˥	去˥
今韵	au			
廣韵	豪;肴;宵			
p p' m f	包	袍;跑	保	貌
t t' n		桃 牢	倒,到₂ 去(觳不丨)	到₁,道 閙
ts ts' s	昭		［找］ 草;炒 掃;少	趙,照 造糙 紹
k k' x	高	毫	稿;攪 好	告
○		饒		奧

今調	陰平 ˥	陽平 ˧	上 ˦	去 ˥
今韵	iau			
廣韵	肴;宵;蕭			
p p' m f		苗貓	表	
t t' n	釣去 挑	條 燎;聊	了	跳
tɕ tɕ' ɕ	消;囂	喬 淆鮹	巧 小;曉	教較;叫 孝,校效;笑
○	妖	堯	舀	要

今調	陰平˥	陽平˩	上˥	去˩
今韵	ou			
廣韵	侯;尤			
p p' m f		謀	某畝 否	
t t' n	都模	頭	斗	鬥,豆 漏
ts ts' s	周 收	愁	走 丑	做模‖奏 獸,受
k k' x		侯		够 後候
○	歐	柔	偶	

今調	陰平 ˥	陽平 ˩	上 ˥	去 ˥
今韻	iou			
廣韻	尤;幽			
p p' m f				謬
t t' n	[丟]		紐	
tɕ tɕ' ɕ	秋 休	求 囚	糾	就,究,舅
○		牛,由猶,尤	有	又;幼

今調	陰平 ˥	陽平 ˩	上 ˨	去 ˩
今韵	an			
廣韵	覃;談;咸;銜;鹽;凡‖寒;山;删;仙;桓;元			
p pʻ m f		［蠻］(丨好,很好也) 凡	板 反	扮,辦;半 盼;判,叛並 慢 范‖飯
t tʻ n	單 貪	談 南;藍‖難		旦,但 歎
ts tsʻ s	沾 餐 三;衫‖山	蟬	斬‖展 慘‖剗,産審 陝	暫‖棧 扇
k kʻ x	干;間(房丨)	含;鹹;銜‖寒;閑	感;敢	看 陷‖漢
○	安	然	眼(耳朵丨)	暗‖岸

今調	陰平 ㄱ	陽平 ㄱ	上 ㄱ	去 ㄱ
今韵	uan			
廣韵	鹽‖桓;山;删;仙;元			
t tʻ n			短 暖	 亂
ts tsʻ s	專 删開;閂	 船 		篆 算
k kʻ x	觀官;鰥;關 寬 歡		 款,皖匣 緩匣	貫;慣 喚,換
○	豌;彎	玩去,完丸匣	染‖碗;軟;阮疑元	萬

今調	陰平ㄱ	陽平ㄱ	上ㄱ	去ㄱ
今韵	ien			
廣韵	咸;銜;鹽;嚴;添‖山;刪;仙;元;先			
p p' m f	邊		貶	辨、便;辯 徧幫,片
t t' n	天 研疑平	田 廉‖連聯;年	點‖典	店 念‖戀
tɕ tɕ' ɕ	監‖間;堅 謙‖千 仙鮮;軒掀;先;宣;喧	 鉗‖錢;全 咸鹹;嫌‖閑;賢弦;玄懸	減‖簡;剪;繭 險‖癬	漸‖諫;件,建,健;見;倦 限;憲;現;縣
○	煙	嚴‖延;言;緣沿鉛,員;元,園	眼;演;遠	驗,厭‖晏;硯;院

今調	陰平 ˥	陽平 ˩	上 ˧	去 ˥
今韵	ən			
廣韵	侵‖痕;臻;真;魂;諄;文‖登;蒸‖庚;耕;清			
p	崩		本	
p'		彭		
m		門		
f	分			奮
t			等	頓
t'	吞			
n		倫‖能	冷	論
ts	臻;真‖增;徵‖爭;貞,偵徹			賑‖鄭,正政
ts'	撐	沉‖陳,臣;存‖成城誠		
s	森,深‖身申‖生;聲	神晨	審‖[什]	盛
k	跟‖耕			更
k'			懇‖肯	
x		恒	很匣	恨‖杏
○	恩	人‖仍	忍	壬平‖認;閏‖硬

今韵	uən			
廣韵	魂;諄;文‖庚二(均合口)			
ts				
ts'	村;椿,春			
s		脣,純‖繩蒸開		
k				
k'	坤			
x	昏	横		
○	温	聞	穩	問

今調	陰平 ˥	陽平 ˊ	上 ˇ	去 ˋ
今韵	in			
廣韵	侵‖真;欣;諄;文‖蒸‖庚;耕;清;青			
p	兵		稟	並
pʻ		貧‖平;瓶	品	
m		民‖名	敏	命
f				
t	丁			定
tʻ	聽			
n		林‖鄰‖陵‖靈		令
tɕ	侵清,今‖津,巾;斤;均‖京荊;經			晉進;近‖静,勁;竟
tɕʻ	欽‖親‖輕;傾、頃上	秦;羣‖瓊	請	
ɕ	心‖新辛;勳‖星腥	尋‖旬‖行,形		信‖查;幸;性
○	音‖因‖鷹;英	銀;云‖凝‖盈;营;榮;螢匣	引;隱;允尹‖永	印‖應,孕

今調	陰平 ˥	陽平 ˧	上 ˨	去 ˥
今韵	aŋ			
廣韵	唐;江;陽			
p	幫;邦			
pʻ		旁		
m		忙		
f	方	房防		
t	當			蕩
tʻ		堂		
n		郎	朗	
ts	張		長	
tsʻ	倉			
s	桑;商	常		尚上
k	剛綱			
kʻ				
x				項、巷
○				讓

今韵	iaŋ			
廣韵	江;陽			
t				
tʻ				
n		娘,糧	兩	
tɕ	江		講	
tɕʻ		强	搶	像邪
ɕ	香鄉	祥詳	想	像
○			仰	樣

今調	陰平 ˥	陽平 ˧	上 ˨	去 ˩
今韵		uaŋ		
廣韵		江;陽;唐		
ts tsʻ s	椿;莊 窗	牀		撞澄
k kʻ x	光	狂 黃		曠;況曉
○	汪	王	往	旺

今韵		oŋ		
廣韵		登‖庚二;耕‖東;冬;鍾		
p pʻ m f	風;封	朋 萌		孟‖夢 奉
t tʻ n	東 通	同 農;隆;絨;龍;茸	桶;統去 攏	動、洞 痛 弄
ts tsʻ s	中;鍾 充;沖 鬆;嵩;松	崇	總;種(‖類) 寵	衆;種(‖樹) 送;宋;誦
k kʻ x	公工功;弓;恭 空	弘‖宏‖紅	恐	共
○	翁			

今調	陰平┐	陽平ⅠⅤ	上ⅴ	去ⅰ
今韵	ioŋ			
廣韵	庚三‖東三,鍾(均合口)			
tɕ tɕʻ ɕ	兄‖胸	窮 熊雄喻		
○		融		用

F. 音韵特點

1. 聲母

(1) tʂ與ts不分,古精組洪音與知系字(除日母)全讀ts等,如'三'san, '山'san,'篆'tsuan,'沾'tsan。

(2) 不分尖團,古精組與見系的細音都讀tɕ等,如'旬'ɕin='行'ɕin, '須'ɕi='虛'ɕi。

(3) 見系二等開口音在蟹攝與梗攝入聲中不顎化,如'界'kai,'厄'ɤ;其他不定,如'減'tɕien,'陷'xan,'攬'kau,'校'tɕiau。

(4) 泥來洪細音全混,如'拿'na='辣'na,'女'ni='呂'ni。

(5) 日母開合口都讀n或失聲母不定,如'若'no,'惹'ɤ,'如'nu,'軟'uan。

(6) 疑影兩母開口洪音都失聲母,如'硬'ən,'惡'o。

(7) 疑母三四等開口失聲母,與泥不混,如'硯'ien,'宜'i。

2. 開合

(1) 臻攝舒聲一等合口端系字讀開,如'頓'tən,'論'nən,'存'tsʻən。

(2) 端見系合口細音全讀開口,如'徐'ɕi,'羽'i,'全'tɕien,'閱'ie,'均'tɕin,'疫'i。

（3）端系字在蟹止攝合口，及山攝舒聲合一等，仍爲合口，如'對'tuei，'罪'tsuei，'隨'suei，'內，類'nuei，'短'tuan，'算'suan。

3. 韵母

（1）模韵端系與魚虞莊組字讀u，不與流攝字混，如'杜'tu≠'鬥'tou，'鋤'ts'u≠'愁'ts'ou。（入聲没屋沃燭的端系莊組字同。）

（2）魚虞知系元音讀u，見系讀i，二者不混，如'書'su≠'虚'çi。（入聲術韵同）。

（3）蟹合一三等與止合的端系字都讀uei，如'對'tuei，'歲'suei，'累'nuei。

（4）止攝日母字讀ɤ，不捲舌；如'二'ɤ。

（5）咸山舒聲今齊齒音主要元音作e，如'念'nien，'減'tçien，'限'çien，'倦'tçien。

（6）山入合口知系字讀o(開口ɤ)，如'拙'tso。

（7）深臻曾梗舒聲混，全收n尾，如'稟'pin，'津'tçin，'徵'tsən，'更'kən。

（8）曾梗入聲一二等見系合口字讀o(開口ɤ)，如'國'ko，'獲'xo。

（9）通三入見系字全讀i，如'菊'tçi，'畜'çi。（參看開合第二條）

4. 聲調

（1）不分陰陽去，如'件'tçienˀ ='見'tçienˀ ='健'tçienˀ。

（2）入聲全歸陽平，如'喝' ⊆xo='活' ⊆xo='何' ⊆xo。

G. 會話

11 a：e꜔, niꜗ mənˑ tsɤ꜔ tsʹï꜔ sueiꜗ tsaiꜛ tsïꜛ xouꜗ aˑ꜔, niꜗ mənˑ tiꜗ
　　　 誒，你　們　這　次　水　災　之　後　阿，你　們　的

　　　 naꜗ ko꜔ tʹiꜗ tau꜔……?
　　　 那　個　堤　道……?

11 b：oꜗ mənˑ naꜗ souꜗ tsaiꜛ xənꜗ xənꜗ nəˑ꜔, çien꜔ tsaiꜗ faŋꜗ tsïˑ
　　　 我　們　那　受　災　很　狠　了，　現　在　房　了

tou꜀ uan꜌ tɕʻien꜌ tsʻoŋ꜀ tauꜜ niauˡ。
都　完　全　沖　倒　了。

a：na꜌ niꜜ mənˡ· uꜜ na꜌ tʻien꜌ aˡ· xa(i)꜍ sou꜀ tiˡ· …… mɤ꜍ tɤ꜍?
　那　你　們　屋　那　田　阿　還　收　的……　沒　得?

b：na꜌ mɤ꜍ tɤ꜍ sənˡ· moꜞ toŋ꜀ ɕiˡ· nəˡ·，tau꜌ ɕien꜌ tsai꜌ niˡ·，
　那　沒　得　什　麼　東　西　了，　到　現　在　呢，

　tsoŋꜜ sïˡ xənꜜ to꜀ tiˡ· feiꜜ，eꜞ tsoŋꜜ sïˡ tɕʻi꜍ ta꜌ xu꜌ leˡ·
　總　是　很　多　的　匪，　誒　總　是　吃　大　戶　勒

　—— na꜌ xənꜜ to꜀。
　—— 那　很　多。

a：na꜌ niꜜ mənˡ· tɕia꜀ niꜜ pu꜌ sï꜍ na꜌ koˡ· feiꜜ pa꜌ niꜜ mənˡ·
　那　你　們　家　裏　不　是　那　個　匪　把　你　們

　—— na꜌ koˡ· tɕʻi꜍ ta꜌ xu꜌ tiˡ· pu꜌ sï꜍ pa꜌ niꜜ mənˡ· niaŋ꜌ sï꜍
　—— 那　個　吃　大　戶　的　不　是　把　你　們　糧　食

　tɕʻi꜍ uan꜍ nəˡ·。
　吃　完　了。

b：eꜞ，na꜌ tɕʻi꜍ tiˡ· xənꜜ to꜀。—— eꜞ，xa(i)꜍ iouꜜ noŋ꜌ min꜍
　誒，那　吃　的　很　多。　—— 誒，　還　有　農　民

　ieꜜ tsoŋ꜌ tʻien꜌ tiˡ· mei꜍ tɤ꜍ fan꜌ tɕʻi꜍ tiˡ· leˡ· xai꜍ tɕiouꜜ kʻoꜜ
　也　種　田　的　沒　得　飯　吃　的　勒　還　就　可

　tɕie꜌ tsɤ꜍ tɕʻi꜍ fan꜌。
　借　這　吃　飯。

a：na꜌ sï꜍ tɕʻinˡ· pan꜌ tɤˡ· xauꜜ saˡ·，pu꜌ ko꜌ xa(i)꜍ iouꜜ ɕiꜜ to꜀
　那　事　情　辦　得　好　煞，　不　過　還　有　許　多

　fu꜌ niꜜ mei꜌ tɤˡ· pan(＞m̩)꜌ fa꜌ saˡ·。
　婦　女　沒　得　辦　法　煞。

b：fu꜌ niꜜ tsai꜌ oꜜ mənˡ· na꜌ niˡ· xa(i)꜍ sï꜌ tsʻau꜌ u꜌ aˡ· kən꜀
　婦　女　在　我　們　那　裏　還　是　造　屋　阿　跟

tso˧ koŋ˥ na˩˙。
做　工　吶。

a：t‘a˥ mən˩˙ t‘iau˥ t‘u˥, xa(i)˧ iou˩ tɕi˩ ko˩˙ t‘a˥ k‘o˩ i˩ t‘iau˥
　　他　們　挑　土，　還　有　幾　個　他　可　以　挑

t‘u˩ ti˩˙。
土　的。

b：na˧ xai˧ xən˩ tɕ‘i˩ kuai˧ nə˩˙。
　　那　還　很　奇　怪　了。

a：e˩, tsɤ˩ ɕie˥ ɕiau˩ xai˧ tsï˙ t‘a˥ tɕien˩ tsï˧ k‘an˧ tau˙ t‘a˥
　　誒，這　些　小　孩　子　他　簡　直　看　到　他

ɕiau˧ a˩˙，k‘an˧ t‘a˥ mu˩ tɕ‘in˥ t‘iau˥ tso˧ tsou˩。
笑　阿，看　他　母　親　挑　着　走。

b：t‘a˥ iou˩ sï˧ xou˩, o˩ k‘an˧ tau˩˙, na˥ t‘ien˥ iou˩ ko˩˙ ɕiau˩
　　他　有　時　候，我　看　到，那　天　有　個　小

xai˧ a˩˙，t‘a˥ tie˥ nai˧ t‘iau˥ t‘u˩ ti˩˙ sï˧ xou˩ ni˩˙，t‘a˥ ma˥
孩　阿，他　爹　來　挑　土　的　時　候　呢，他　媽

ie˩ nai˧ paŋ˥ maŋ˧ t‘iau˥ t‘u˩, tɕiou˩ sï˧ t‘a˥ ie˩ ɕiaŋ˩ t‘iau˥
也　來　幫　忙　挑　土，　就　是　他　也　想　挑

t‘u˩, t‘a˥ t‘iau˥ ie˩ t‘iau˥ pu˧ toŋ˧, na˧ ts‘ai˧ xau˩ uan˧ na˩˙。
土，他　挑　也　挑　不　動，那　才　好　玩　吶。

a：na˧ noŋ˧ ts‘uən˧ p‘o˧ ts‘an˧ nə˩˙, k‘o˩ i˩ noŋ˧ tɕi˩ ko˩˙ tɕ‘ien˧
　　那　農　村　破　産　了，　可　以　弄　幾　個　錢

tɕia˥ ni˩ ioŋ˧?
家　裏　用？

b：e˩, ioŋ˧, uan˧ niau˩。
　　誒，用，　完　了。

a：o˩ mən˩˙ ti˩˙ tɕia˥ m̩˩ sï˧ tsaŋ˧ so˧ iau˧ o˩ tu˧ su˥ a˩˙，
　　我　們　的　家　嘸　時　常　説　要　我　讀　書　阿，

tɕʻienㄒ koㄒ tienㄚ ɕiㄒ ioŋㄒ, ɕienㄒ tsaiㄒ……
錢　　過　　點　　細　　用，　　現　　　在……

b：ɕienㄒ tsaiㄒ tɕʻienㄒ niㄣ iouㄒ xauㄚ ioŋㄒ puㄒ koㄒ。
現　　在　　錢　　呢　　又　　好　　用　　不　　過。

a：sïㄒ saㄣ, iㄒ ioŋㄒ tɕiouㄒ uanㄒ nəㄣ。tɕiㄚ koㄒ tɕʻienㄒ iㄒ tɕiㄒ
是　　煞，　一　　用　　就　　完　　了。　幾　　個　　錢　　一　　寄

tsʻuㄒ naiㄒ tɕiouㄒ meiㄒ tɤㄒ naㄣ, oㄚ iㄒ koㄣ tiㄒ tiㄒ ɕienㄒ tsaiㄒ
出　　來　　就　　沒　　得　　啦，我　一　　個　　弟　　弟　　現　　在

xaiㄒ tsaiㄒ ɕiauㄚ ɕioㄒ tuㄒ suㄒ, oㄚ iㄒ peiㄣ taiㄒ tʻaㄒ iㄒ nuㄒ
還　　在　　小　　學　　讀　　書，我　預　　備　　帶　　他　　一　　路

tsʻuㄒ naiㄒ tuㄒ tiㄣ。
出　　來　　讀　　的。

b：naㄒ iauㄒ tɤㄒ aㄣ。
那　　要　　得　　阿。

a：m̩ㄥ, puㄒ koㄒ oㄚ ɕienㄒ tsaiㄒ taiㄒ tʻaㄒ tsʻuㄒ mənㄒ iouㄚ ɕiㄚ toㄒ
嘸，　不　　過　　我　現　　在　　帶　　他　　出　　門　　有　　許　　多

xaiㄒ puㄒ taㄒ faŋ(m＞)ㄒ pienㄣ oㄚ kʻanㄒ mɤㄒ(＜minㄒㄒㄒ) tsaŋㄚ
還　　不　　大　　方　　　便　我　看　　明　日　　　　　　長

taㄒ iㄒ tienㄚ……。
大　　一　　點……。

b：naㄒ tʻaㄒ taㄒ nəㄣ tsueiㄒ xauㄚ nəㄣ, inㄒ ueiㄒ tsɤㄒ koㄣ uㄚ xanㄒ aㄣ
那　　他　　大　　了　　最　　好　　了，因　爲　　這　　個　　武　　漢　　阿

piㄚ tɕiauㄒ iauㄒ xauㄚ ɕieㄒ, inㄒ ueiㄒ tɕiauㄒ ienㄒ touㄒ piㄚ naㄒ
比　　較　　要　　好　　些，　因　爲　　教　　員　　都　　比　　那

tɕʻiaŋㄒ ɕieㄒ。
強　　些。

a：eㄣ, tsoŋㄒ xuaㄒ taㄒ ɕioㄒ puㄒ panㄒ təㄣ sïㄒ puㄒ sïㄒ iㄒ iaŋㄒ,
誒，中　華　大　　學　　部　　辦　　得　　是　　不　　是　　一　　樣,

ɕien꜔ tsai꜔?
現　　在?

b：kau꜖ tsoŋ꜖ xa(i)꜔ pan꜔ tɤ꜔ pu꜔ tsʻo꜔ nɤ˙。
高　中　還　辦　得　不　錯　呐。

a：pan꜔ tɤ꜔ pu꜔ tsʻo，o꜔ mən˙ a˙ tɕiou꜔ tɕin꜔ o꜔ mən˙ tsï꜖
辦　得　不　錯，我　們　阿　究　竟　我　們　<u>枝</u>

tɕiaŋ꜖ ti˙ tsai꜔ tsoŋ꜖ xua꜔ ta꜔ ɕio꜔ mei꜔ tɤ꜔ tɕi꜔ ko˙ na˙。
<u>江</u>　的　在　<u>中　華　大　學</u>　沒　得　幾　個　啦。

b：e꜓, tɕiou꜔ sï꜔ o꜔ mən˙ niaŋ꜔ ko˙ ən꜔ nə˙。
誒，　就　是　我　們　兩　個　人　了。

a：a꜓ ia꜓, tʻai꜔ sau꜔ nə˙ ——o꜔ na꜔ ti꜔ ti꜔, o꜔ tɕiau꜔ tʻa꜖ nai꜔
阿　呀，太　少　了 ——我　那　弟　弟，我　叫　他　來

tu꜔ su꜖ mə˙, xau꜔ pu꜔ xau꜔?
讀　書　嘜，好　不　好?

b：na꜔ iau꜔ tɤ꜔, na꜔ xən꜔ xau꜔, na꜔ o꜔ mən˙ tsən꜔ tsai꜔……
那　要　得，那　很　好，那　我　們　正　在……

a：na꜔ tʻa꜖—— o꜔ mən˙ tsai꜔ i꜔ ko˙ u꜔ ni˙，tsai꜔ i꜔ ko˙ ɕio꜔
那　他——　我　們　在　一　個　屋　裏，在　一　個　學

tʻaŋ꜔ tɕi꜔ to꜖ xau꜔ ni˙?
堂　幾　多　好　呢?

b：ɕien꜔ tsai꜔ in꜖ uei꜔ sï꜔ tɕien꜖ tuan꜔ niau꜔。
現　在　因　爲　時　間　短　了。

a：xau꜔, xau꜔, o꜔ mən˙ tsai꜔ tɕien꜔ pa꜓! tsai꜔ tɕien꜔!
好，　好，　我　們　再　見　罷! 再　見!

一二. 宜都（古老背）

A. 發音人履歷

發音人	12a	12b
年齡	20 歲	22 歲
原籍	宜都古老背	同左
職業	學生	同左
教育程度	高中	同左
幼時語言環境	本地小學讀書	同左
教師方言	本地	同左
住過的地方	武昌二年	宜昌三年，武昌三年
曾否學國語	未	未
能否説別處話	不能	不能

二十五年五月十一日楊時逢記音

發音人 12b 的語音頗受外處的影響，今以 12a 的音爲準。

B. 聲韵調表

1. 聲母

p	巴步必	pʻ	普婆片	m	梅面	f	府肺房	
t	當大地	tʻ	土同聽	n	路怒娘兩			
ts	作在張助棧	tsʻ	餐昌除存成			s	思森身盛	z̧ 忍辱絨
tç	吉積家	tçʻ	恰齊妻全			ç	限休洗旬	
k	孤共介	kʻ	哭狂坤			x	忽户何赫	
○	日而惡衣烏又用聞眼牛							

2. 韵母

ï	斯之石;ɚ兒日惹熱;ɯ去	a	沙塔	o	坡若説可禍	ɤ 得蛇劣
i	地栗其虛聚律局玉	ia	鴉瞎佳	io	略覺約	ie 些絶月滅
u	賭組木緑入	ua	瓦刷掛			

ai	買在哀皆	ei	敝配匪兑累	au	包老炒紹	əu	謀斗丑
				iau	釣巧要	iəu	紐休幼
uai	帥怪外	uei	罪歲睡桂未				

an	板南山然短軟		ən	門等頓閏硬	
		ien	邊點遠宣	in 平林永云旬幸
uan	專門算萬		uən	春横問	

aŋ	邦商桑巷	uŋ	孟封同共弘絨
iaŋ	兩江樣	iuŋ	兄窮用
uaŋ	光往窗牀		

3. 聲調

陰平	陽平	上	去
˥	ˊ	ˇ	ˋ
西方天音	齊朋塔莫	此等馬有	頓序舅用

C. 聲韵調描寫

1. 聲母

宜都聲母共十八個。

p組 p, p', m, f。p, p' 都是弱的一種,像北平音。

t組 t, t', n。t, t' 也較弱。宜都讀 n 的字包括國音的 n, l 兩聲母,但宜都的 n 無論洪細都是純粹的 n,沒有 l 的色彩。

ts組 ts, ts', s。部位比北平的 ts, ts', s 偏後,在介音 u 之前幾乎像偏前的 tʂ, tʂ', ʂ。

zɹ。宜都沒有 tʂ, tʂ', ʂ,但是有 zɹ,部位比北平的 zɹ 略偏前,却不是 z。

tɕ組 tɕ, tɕ', ɕ
k 組 k, k', x } 這兩組聲母都近乎北平音。

○。開口洪音有時是 ɣ,細音有時是 j,但以純元音時爲多。

2. 韵母

ï是ɿ。ɚ是央元音ə的捲舌,比北平的'兒,耳'的音稍緊。ɯ是標準 u 的開唇。

i, u 都同北平的 i, u。宜都無 y,國音的 y 在宜都也是 i。

a, ia, ua。a是ʌ,在 u 後近ɑ。

o, io。o 比標準 o 略關,在 t, ts 組聲母後,微帶點 u 的成分在前面。

ɤ是 o 的開唇,但舌位較高,近乎ɯ。

ie。i 很短,e 較開,是ɛ。

ai, uai, ei, uei。此四韵母都近北平音,i 都很開。

au，iau中的a是ᴀ，但微偏後，u的舌位較低，唇不很圓。

ɔu，iɔu。u在這裏也是舌位較低，唇也不甚圓。

an，uan。a也是平均ᴀ，在uan中稍偏後。

ien中的e是ᴇ。

ən，uən。ə很短，在uən中更短。

in。i與n之間微有一過渡音ɤ，在t組聲母後更顯明。

aŋ，iaŋ，uaŋ。a是ᴀ，在uaŋ中略後移，近ɑ。

uŋ，iuŋ。u較開，是ʊ。

3. 聲調

陰平，由"半高"升至"高"（45），寬式用高平號（˥ 55）。

陽平，低升調（˩˧ 13）。

上聲，中降調（˦˨ 42）。

去聲，由"半低"升至"高"（25），寬式用高升號（˧˥ 35）。

D. 與古音比較

1. 聲母

古聲組及影響條件 ＼ 發音方法及影響條件	全清 塞	次清 塞	全濁 塞 平	全濁 塞 仄	次濁	清 擦	濁 擦 平	濁 擦 仄
幫組	幫:p	滂:pʻ	並:pʻ	並:p	明:m			
非組					微:u	非敷:f	奉:f	奉:f
端組泥 一二等洪	端:t	透:tʻ	定:tʻ	定:t	泥:n 來:n			
端組泥 三四等細	ts／tɕ	tsʻ／tɕʻ	tsʻ／tɕʻ	ts／tɕ		心:s／ɕ	邪:s／ɕ	邪:s／ɕ
精組 內轉								
精組 外轉								
莊組（照二）	莊:ts	初（穿二）:tsʻ	崇（牀二）:tsʻ	崇（牀二）:ts;s		生（審二）:s		
知組	知:ts	徹:tsʻ	澄:tsʻ	澄:ts				
章組（照三） 今開	章（照三）:ts	昌（穿三）:tsʻ	船（牀三）:tsʻ,s	船（牀三）:s		書（審三）:s	禪:tsʻ,s	禪:s
章組（照三） 今合								

古聲組	今音條件	全清塞 見／影	次清塞 溪	全濁塞（平） 羣	全濁塞（仄） 羣	次濁 日／疑／喻	清擦 曉	濁擦（平） 匣	濁擦（仄） 匣
日母	今開 止（附麻薛質）					○			
日母	今開 其他					ʐ̩			
日母	今合 其他					ʐ̩			
見組曉	今開 一等	k	kʰ			○	x		x
見組曉	今開 二等	k, tɕ	kʰ, tɕʰ			○·i	x, ɕ		x, ɕ
見組曉	今開 三四等	tɕ	tɕʰ	tɕʰ	tɕ	i	ɕ		ɕ
見組曉	今合 二等	k	kʰ	*	*	u	x		x
見組曉	今合 蟹止合（三四等）	k	kʰ	kʰ	k	u	x		x
見組曉	今合 通舒		kʰ	tɕʰ	k	ʔ			*
見組曉	今合 其他	tɕ	tɕʰ	tɕʰ	tɕ	i	ɕ		ɕ
影組	今開 一等	○							
影組	今開 二等	○·i							
影組	今開 三四等	i				喻：i			
影組	今合 二等	u；○				*			
影組	今合 蟹止合（三四等）	u				u			
影組	今合 通	i				i			
影組	今合 其他	i				i			

發音方法及影響條件 / 古母今讀
古聲組及影響條件

2. 韵母

第 一 表

攝＼聲母	開												
	一			二				三四						
	幫系	端系	見系	幫系	泥組	知莊組	見系	幫系	端系	莊組	知章組	日母	見系
果	*	o	o	a	a	a	ia,a	*	ie	*	ɤ	ɤ	ie
（遇）		*				*				*	*	*	*
蟹	*	ai	ai	ai	ai	ai	ai;ia	i,ei	i	*	ï	*	i
止		*				ï		i,ei	i;ï	ï	ï	ɚ	i
效	au	au	au	au	au	au	iau,au	iau	iau		au	au	iau
流	ne‧n	ne	ne		*	ne		ne‧n	nei	ne	ne	ne	nei
咸	*	an	an	an	*	an	ien,an	ieu	ien	*	an	an	ien
山	*	an	an	an	*	an	ien‧an	ien	ien	*	an	an	ien
宕	aŋ	aŋ	aŋ	aŋ		uaŋ	iaŋ‧aŋ	*	iaŋ	uaŋ	aŋ	aŋ	iaŋ

呼·等·聲母 \ 攝列	開 一 幫系	一 端系	一 見系	二 幫系	二 泥組	二 知組·莊	二 見系	三四 幫系	三四 端系	三四 莊組	三四 知組·章	三四 日母	三四 見系
深		*				*		in	in	ue	ue	ue	in
臻		ue	ue		ue			in	in	ue	ue	ue	in
曾	o	ue	ue					in	in	*	ue	ue	in
梗	ɯn·ue	*	ue	ɯn·ue	ue	ue	ən·in	in	in	*	*	*	in
(通)	*	*	ue	*		*							
咸入	*	a	o	a	*	a	ia·a	*	ie	*	ɤ	*	ie
山入	*	a	o		*	a	ia	ie	ie	*	ɤ	ɜ	ie
宕入	o	o	o	o		o	io·o	*	io	*	o	o	io
深入		*				*		*	i	ɤ	ï	o	i
臻入		*				*		i	i	ɤ	ï	u	i
曾入	ɤ	ɤ		ɤ		*		i	i	*	ï	ɜ	i
梗入		*	ɤ	ɤ	ɤ	*	ɤ	i	i	*	ï	*	i
(通入)		*						i		*	*	*	

第 二 表

攝＼呼等聲母	一 幫系	一 端系	一 見系	二 幫系	二 莊組	二 見系	合 三四 幫系	三四 泥組	三四 精組	三四 莊組	三四 知組章	三四 日母	三四 見系
果	o	o	o	*	*	ua			*				ie
遇	u	u	u				u	u	i	u	u	u	i
蟹	ei	ei;uei[1]	uei,uai		*	uai,ua	ei;i;uei	*	uei	*	uei	*	uei
止	*	*		*	*	*		ei	uei	uai	uei	*	uei
（効）		*				*				*			
（流）		*				*				*			
咸	an	*			*	*	an			*	*		
山	an	an;uan[2]	uan	*	uan	uan	an;uan	ien	ien	*	uan	an	ien
岩		*	uaŋ		*	*	aŋ;uaŋ	ien	ien				uaŋ

摄列 ＼ 呼/等/声母	合 三四 见系	日母	知章组	庄组	精组	泥组	帮系	合 二 见系	庄组	帮系	合 一 见系	端系	帮系	见系 ŋei·i
（深）	in	ue	uen	*	in	ue	uen;ue				uen	ue	ue	n
臻				*					*		uen	*	*	n
曾			*	*					*	*	ŋ	*	*	n
梗	in·iŋ	uŋ	uŋ	uŋ	uŋ	uŋ	uŋ	iŋ·uen	*	*	uŋ	uŋ	uŋ	n
通	iŋ	uŋ	uŋ	uŋ	uŋ	uŋ	uŋ	uŋ	*		uŋ	uŋ	uŋ	ie
咸入	ie	*	o	*	ie	ɤ	a	ua	ua		o	o	o	i
山入	i	*	*	*	i	i	ua	u	*	*	u	u	u	i
合入	i	*	*	*	*	i	a:;ua	u	*	*	n	n	n	i
（深入）	i	*	*	*			u		*	*	n	*		n
臻入	i	*	u	*	i	i	u	u	*	*	u	u	u	n
曾入	*	*	*	*	*	i	u	*	*		u	*	u	n
梗入	i	n	n	n	*	i	n	*	*		n	*	n	n
通入	i	n	o	n	n	n	n	*	*	*	n	n	n	n

3.聲調

古類 \ 影響條件 \ 今值今類		陰　平	陽　平	上	去
平	清	˥			
	濁		ˊ		
上	清			ˋ	
	次　濁			ˋ	
	全　濁				˥
去	清				˥
	濁				˥
入	清		ˊ		
	次　濁		ˊ		
	全　濁		ˊ		

附注:

韵母:—

(1)蟹攝合口端系,端泥組ei,如'兌'tei,'內'nei,精組uei,如'罪'tsuei。

(2)山攝舒聲合口端系,端泥組an,如'短'tan,'亂'nan,精組uan,如'算'suan。

E. 同音字表

今調	陰平 ˥	陽平 ˊ	上 ˇ	去 ˥
今韵		ï；ɚ（〇後）；ɯ（kʻ後）		
廣韵		麻三‖祭‖脂；之；支‖薛‖緝‖質‖職‖昔（均開口）		
p pʻ m f				
t tʻ n				
ts tsʻ s	之；知，支‖隻入 師；思；斯，施	置去‖執‖姪，質‖直值植；織，殖禪‖擲 遲‖秩澄入‖赤 時‖十‖實‖食蝕‖石	子 恥；此 矢；使，始	自，致，至；字，痔，志；翅審 滯澄‖次；伺心，刺，賜心 世‖四，示；似，士、事，試，市；是‖飾式入
ʐ̩				
tɕ tɕʻ ɕ				
k kʻ x				去魚
〇		而；兒‖熱‖日	惹‖爾	貳二

今調	陰平 ˥	陽平 ˊ	上 ˋ	去 ˥
今韻	i			
廣韻	魚;虞‖祭;齊‖脂;之;支;微‖緝‖質‖迄;術;物‖職‖昔;陌三;錫‖屋三;燭			
p pʻ m f		必‖逼‖碧;壁 僻,闢並入	比;彼 鄙痞幫,丕平 米	臂 靡上
t tʻ n		的,笛 堤提 梨;離‖立‖栗;律‖力‖歷	底 女,呂‖禮‖履;你,裏理李	帝,第,隸來‖地 例
tɕ tɕʻ ɕ	樞穿,區‖妻,棲心,溪,奚匣‖期羣 虛,須‖西,夕匣;攜匣合‖希	緝清,楫集急,及,吸曉‖吉,橘‖極‖積;激菊;局 齊‖其;奇‖七;乞,迄曉‖屈‖戚,喫‖曲 徐‖恤戍‖息媳‖席	己;幾 起 許‖洗;徙 璽支心	巨;娶清,聚,句‖祭;計繼‖寄;技妓,季合 去‖氣汽 序‖系‖戲;遂脂合
○	衣依	魚,於影,余餘,愚,于‖夷;疑;宜,移,遺合‖邑‖一,逸;鬱‖域‖亦;逆;疫役‖育;欲₁	與;羽‖以,矣	預;遇‖藝‖義議‖憶入‖玉入

今調	陰平˥	陽平˧	上˨	去˥
今韵		u		
廣韵		模;魚;虞‖尤‖緝‖沒;術;物‖屋;沃;燭		
p		不		步
p‘		勃並入‖卜幫,撲,僕瀑曝並入	譜幫,普	
m		沒‖木;目	母	
f		服	府,腐奉	附‖婦負
t	都	讀;篤	賭肚(腹丨,魚丨)	
t‘		圖‖突‖禿		
n		奴‖鹿;陸;綠	努	路
ts	猪,諸	卒‖竹;足,燭囑,觸穿	組;主	著,助;柱
ts‘	初	除,鋤‖出‖族從入;促	楚	
s	書;殊襌	肅,縮;熟;續,束,屬	暑鼠	素;數,樹
ẓ		如;儒‖入‖肉;辱		
k	孤	骨	古	故
k‘		哭;酷		
x	呼,乎匣	狐‖忽	虎	戶
○	烏	吾;無‖物‖屋	五;武	務‖戊俟明

今調	陰平˥	陽平˩	上˥˩	去˥
今韵	a			
廣韵	麻二‖合;盍;洽;乏‖曷;黠;月			
p	巴	八,拔	把	
p'				
m	[媽]		馬	
f		法‖髮		
t		答‖達	打庚	大泰
t'	他歌	搭端,踏;塔		
n	拉入	拿‖納;臘‖辣	[哪]	[那]
ts		雜;閘‖札		乍
ts'		插‖察		詫
s	沙	殺	撒入	
k		甲(指‖)		
k'				
x				下

今調	陰平┐	陽平✓	上✓	去┐
今韵	ia			
廣韵	麻二‖佳‖洽;狎‖鎋(均開口)			
tɕ tɕʻ ɕ	家‖佳	甲,匣匼 恰 霞‖狹;挾帖‖瞎	假(真┤,放┤)	
○	鴉	牙‖鴨壓‖軋		

今韵	ua			
廣韵	麻二‖佳;夬‖鎋;黠(均合口)			
ts tsʻ s		刷		
k kʻ x	瓜	刮 滑		掛 化‖話;畫
○	挖入		瓦	

今調	陰平ㄱ	陽平ㄟ	上ㄚ	去ㄱ
今韻	o			
廣韻	歌;戈‖合;盍‖曷;末;薛‖鐸;覺‖藥‖德‖麥			
p	波,玻滂	剥;縛奉		
p'	坡	婆	剖侯	
m		末‖莫	［麼］	
f				
t	多		［躲］(丨藏)	舵
t'		脱‖託		
n		羅;騾‖洛		
ts		綴拙‖作;桌,捉;酌		坐
ts'				
s		説	所魚	
ẓ		若		
k	歌;鍋	鴿‖割‖各;角(丨子);郭‖國	果	個;過
k'		闊	可	課
x	喝入	何‖合;盍‖活‖鶴;霍‖或‖獲		禍
○	窩	鵝‖遏‖惡;握‖沃沃	我	

今调	阴平┐	阳平┤	上┘	去┐
今韵		io		
廣韵		覺;藥(均開口)		
t				
tʻ				
n		略		
tɕ		覺;脚		
tɕʻ		確;雀精		
ɕ		學;削		
○		虐,約		

今韵		ɤ		
廣韵		麻三‖葉‖薛‖緝‖櫛‖德‖職‖陌二;麥		
p		北‖百,白		
pʻ		泊並鐸‖迫幫‖迫,拍		
m		麥		
f				
t		得德		
tʻ		忒,特定入		
n		劣‖勒		
ts		則‖責		[這]
tsʻ	車	徹,澈澄入‖側照,測‖宅擇澤澄入		
s		蛇‖沙‖舌,設‖澀‖瑟‖色		
k		格;革		
kʻ		刻		
x		黑‖赫		

今調	陰平 ˥	陽平 ˩	上 ˩	去 ˥
今韵	ie			
廣韵	麻三;戈三‖葉;業;帖‖薛;月;屑			
p				
p'		撇		
m		滅		
f				
t	［爹］			
t'		帖‖鐵		
n		聶‖列;臬疑		
tç	嗟	接‖傑;竭;節,結;絕;決		
tç'		茄‖切;缺		
ç	些;靴	邪‖脅;協‖薛;穴	寫	謝
○		爺‖葉;業‖閱;月,曰越	也野	

今調	陰平┐	陽平ˊ	上ˇ	去┐
今韻	ai			
廣韻	咍;泰;皆;佳;夬(均開口)			
p				拜;敗
pʻ				派
m		埋	買	
f				
t				待、代;帶
tʻ				泰
n		來	乃;奶	賴
ts	災;齋			在
tsʻ		柴		菜;蔡
s				
k	該;皆		改;解	蓋;介界戒,械匣
kʻ	開			概見,愾
x		鞋‖還(ǀ有)删合		亥;害
○	哀		矮	愛;艾

今調	陰平 ˥	陽平 ˊ	上 ˇ	去 ˋ
今韵	uai			
廣韵	泰;皆;佳;夬‖脂;支(均合口)			
ts				
ts'			揣	
s				帥
k				怪
k'			塊去	會(ǀ計)見;快
x				
○	歪曉			外

今韵	ei			
廣韵	祭;灰;泰;廢‖脂;支;微			
p	卑;悲;碑			敝;背,倍;貝‖備;被
p'	披			配,佩並
m		梅		
f	飛	肥	匪	廢;肺
t				對;兌
t'				
n				內‖類;累

今調	陰平┐	陽平╰	上╮	去┐
今韵	uei			
廣韵	灰;泰;祭;齊‖脂;支;微(均合口)			
ts	追,錐			罪;最
tsʻ		垂		脆‖粹心
s		隨		歲,稅‖睡瑞
z̦				鋭喩
k	龜;歸			桂
kʻ				
x	灰	回	毀	會;篲喩;惠‖諱
○	威	維惟;危,爲;微,圍	委	衛‖未,畏

今調	陰平˥	陽平˨˩	上˧˥	去˥˩
今韵	au			
廣韵	豪;肴;宵			
p	包		保	
pʻ			跑並平	
m	貓			貌
f				
t			倒	到
tʻ				
n			老	閙
ts	糟;昭			趙,照
tsʻ			草;炒	造糙
s			掃	紹
ʐ		饒		
k	高		稿;攪	告
kʻ			考	
x			好	
○				奥

今調	陰平 ˥	陽平 ˧	上 ˩	去 ˧˥
今韵	iau			
廣韵	肴;宵;蕭			
p			表	
pʻ				
m		貓		
f				
t				釣
tʻ		條		跳
n		燎;聊		
tɕ	交	嚼藥		叫
tɕʻ		喬	巧	
ɕ	消,囂;蕭	餚淆	曉	孝,校効
○	妖	堯	舀	

今調	陰平 ㄱ	陽平 ㄥ	上 ㄑ	去 ㄱ
今韵	əu			
廣韵	侯;尤			
p p' m f		謀	某畝 否	
t t' n		頭	斗	鬥 漏
ts ts' s	周	愁	走 丑	做模‖奏 獸
ʐ		柔		
k k' x		侯	口	後
○	歐		偶	

今調	陰平 ┐	陽平 ✓	上 ✓	去 ┐
今韵	iəu			
廣韵	尤;幽‖屋三;燭			
t	［丟］			
t'				
n			紐	
tɕ	糾上		久	就,舅
tɕ'	秋	求		
ɕ	休	囚‖畜		
○		牛,由猶,尤‖欲₂		幼

今調	陰平ㄱ	陽平ㄥ	上ㄥ	去ㄱ
今韵	an			
廣韵	覃;談;咸;銜;鹽;凡‖寒;山;刪;仙;桓;元			
p			板	扮,辦;半,伴
p'				盼;判,叛並
m		［蠻］(｜好,很好也)		慢
f		凡	反	范‖飯
t			短	旦
t'	貪	談‖團		
n		南;藍‖難	暖	亂
ts	沾		斬‖展	暫‖棧
ts'	餐		慘‖鏟,産	
s	三;衫‖山	蟬	陝	散;扇
ʐ		然	染‖軟	
k	干;間(房｜)		感;敢	
k'				看
x		含;鹹;銜‖寒;閑		陷‖漢
○	安		眼(耳朶｜)	暗‖晏

今調	陰平 ㄱ	陽平 ㄟ	上 ㄟ	去 ㄱ
今韵	uan			
廣韵	桓;山;删;仙;元(均合口)			
ts	專			篆
tsʻ		船		
s	删開;閂			算
z̢			阮元疑	
k	觀官;鰥			貫;慣
kʻ			款,皖匣	
x			緩匣	唤,换
○	彎	玩去,完丸(彈丸)匣;頑		萬

今韵	ien			
廣韵	咸;衔;鹽;嚴;添‖山;删;仙;元;先			
p			貶	辨,瓣
pʻ	邊			徧幫,片
m				面
f				
t			點‖典	店
tʻ	天			
n	研疑平	廉‖連聯;年		念‖練;戀
tɕ	監‖間		減‖簡;剪;繭	漸‖件;建;見;倦
tɕʻ	謙‖千	鉗‖錢;全		
ɕ	仙;軒掀;先;宣;喧	嫌‖賢弦;玄懸	險‖癬	限;憲;現;縣
○	煙	嚴‖延;言;丸(肉丨)匣桓;鉛沿緣,圓;元,園	眼;演;遠	驗,厭‖晏;硯;院

今調	陰平 ˥	陽平 ˊ	上 ˇ	去 ˋ
今韵	ən			
廣韵	侵‖痕;臻;真;魂;諄;文‖登;蒸‖庚;耕;清			
p	崩			
pʻ		彭		
m		門		
f	分			奮
t			等	頓
tʻ	吞			
n		倫‖能	冷	論
ts	臻‖增,徵‖爭;貞,偵徹		[怎]	鄭,政
tsʻ	撐	沉‖陳,臣;存‖成誠		
s	森,深‖申身‖生	晨	審	盛
ʐ		壬‖人‖仍	忍	認;閏
k	跟‖更;耕	亙去		
kʻ			懇‖肯	
x		恒	很匣	恨‖查(兒子)
○	恩			硬

今調	陰平 ˥	陽平 ˧˥	上 ˅	去 ˧
今韵	uən			
廣韵	魂；諄；文‖庚（均合口）			
ts				
tsʻ	椿,春			
s		唇,純‖繩蒸開		
k				
kʻ	坤			
x	昏	橫		
○	溫	聞		問

今韵	in			
廣韵	侵‖真；欣；諄；文‖蒸‖庚；耕；清；青			
p	兵		稟	並
pʻ		貧‖平；瓶	品	
m		民‖名	敏	命
f				
t	丁			定
tʻ				聽
n		林‖鄰‖陵‖靈		令
tɕ	侵清,今‖津；巾；斤；均‖軍‖京荆；經			晉進；近‖靜,勁；竟
tɕʻ	欽‖輕；傾	秦；羣‖情；瓊	頃	
ɕ	心‖新；勳‖星腥	尋‖旬‖行；形		信‖查；幸
○	音‖因；鶯；英	銀；云‖盈；營；榮；螢匣	引；隱；允尹‖永	印；運‖應,孕

今調	陰平ㄱ	陽平ㄱ	上ㄱ	去ㄱ
今韵	an			
廣韵	唐;江;陽			
p	邦			
pʻ		方		
m		忙		
f	旁	防房		
t	當			蕩
tʻ		堂		
n		郎		朗上
ts	張		長(生ㄱ)	
tsʻ	倉;昌	長(ㄱ短)		
s	桑;商	常		上尚
ʐ				讓
k	剛綱			
kʻ				
x				項、巷

今韵	ian			
廣韵	江;陽			
t				
tʻ				
n		良娘	兩	
tɕ	江		講	
tɕʻ	槍			像邪
ɕ	香鄉	祥詳		
○			仰	樣

今調	陰平˥	陽平˩	上˧	去˥
今韵	uaŋ			
廣韵	江;陽;唐			
ts tsʻ s	椿;莊 窗	 牀		
k kʻ x	光	 狂 黃		 曠;況曉
○	汪	王	往	旺

今調	陰平 ㄱ	陽平 ㄱ	上 ㄱ	去 ㄱ
今韵		uŋ		
廣韵		登‖庚二;耕‖東;冬;鍾		
p				
pʻ		朋		
m		萌		孟‖夢
f	風;封			奉
t	東			洞
tʻ	通	同	桶;統去	痛
n		農;隆;龍	攏	
ts	中;鍾		種	衆
tsʻ	充	崇		
s	鬆;嵩;松			送;宋;誦
z̩		絨		
k	公功;弓;恭			共
kʻ			恐	
x		弘‖宏‖紅		
○	翁			

今調	陰平 ˥	陽平 ˧	上 ˥	去 ˥
今韵	iuŋ			
廣韵	庚三‖東三;鍾			
tɕ tɕʻ ɕ	兄‖胸	窮 熊雄喻		
○		融		用

F. 音韵特點

1. 聲母

(1) 宜都没有 tʂ, tʂʻ, ʂ, 知系字也讀 ts, tsʻ, s, 跟精組洪音混, 如'責'＝'則'tsɤ, '耻'＝'此'tsʻï, '示'＝'四'sï, '稅'＝'歲'suei, '衫'＝'三'san, '昌'＝'倉'tsʻaŋ。(但日母字今讀 z 不讀 ʐ, 詳下。)

(2) 不分尖團。精組細音跟見系細音皆讀 tɕ 等, 如'祭'＝'寄'tɕi, '絕'＝'傑'tɕie, '剪'＝'簡'tɕien, '静'＝'竟'tɕin, '細'＝'系'ɕi。

(3) 泥來洪細皆混, 一律讀 n, 如'藍'＝'南'nan, '類'＝'内'nei, '倫'＝'能'nən, '龍'＝'農'nuŋ, '良'＝'娘'niaŋ, '吕'＝'女'ni。

(4) 見系二等開口在蟹攝(除'佳'字)及梗入不顎化, 如'戒'kai, '諧'xai, '格, 革'kɤ。在効攝除'攪'字白話音外都顎化爲 tɕ 等, 如'交'tɕiau, '巧'tɕʻlau, '肴'ɕiau。其餘顎化與否不定, 如'更'kən, '鹹'xan, '巷'xaŋ, 但'行'ɕin, '減'tɕien, '江'tɕiaŋ; 又如'甲'<u>ka, tɕia</u>, '下'<u>xa, ɕia</u>, '間'<u>kan, tɕien</u>, '晏'<u>an, ien</u>。

(5) 疑母無論開合洪細皆讀無聲母跟影組混, 如'鵝'＝'惡'o, '虐'＝'約'io, '宜'＝'移'i, '艾'＝'愛'ai, '逆'＝'亦'i。

(6) 日母在止攝及麻薛質韵讀無聲母(○), 如'而, 熱, 日'ɚ, '惹'ɚ; 其他皆讀z，如'饒'ʐau，'柔'ʐəu，'然，軟'ʐan，'認，閏'ʐən，'若'ʐo，'絨'ʐuŋ。

2. 開合

（1）宜都無撮口呼（y）。見系及精組合口三四等細音除今iuŋ韻外，皆讀開口，如'聚，句'＝'計'tɕi，'絶，決'＝'傑'tɕie，'橘'＝'吉'tɕi，'倦'＝'見'tɕien，'均'＝'今'tɕin，'圓'＝'言'ien。但'窮'tɕʰiuŋ，'兄'ɕiuŋ。洪音仍爲合口，如'隨'suei，'桂'kuei，'位'uei，'足，卒'tsu，'緑'nu。

（2）端泥組合口一等，除今音u，uŋ兩韻外，皆變開口，如'對'tei，'頓'tən，'亂'nan，'短'tan，'內'nei；但'奴'nu，'同'tʰuŋ，'攏'nuŋ，'突，禿'tʰu。

（3）精組合口一等在臻攝舒聲讀開口，如'存'tsʰən；在遇蟹山通攝仍爲合口，如'素'su，'最'tsuei，'算'suan，'總'tsuŋ，'族'tsʰu。

（4）來母合口三四等除通攝讀uŋ，u外，皆讀開口，如'呂'ni，'律'ni，'劣'nɤ，'倫'nən，'戀'nien，'類'nei，'累'nei；但'龍'nuŋ，'陸'nu。

（5）日母合口在山臻攝舒聲亦讀開口，如'軟'ʐan（＝然），'閏'ʐən（＝認）。

3. 韻母

（1）遇攝模韻端系跟虞韻莊組作u，不與流攝作əu混，如'路'nu≠漏nəu，'賭，肚'tu≠'斗'təu，'素，數'su≠'受'səu，'鋤'tsʰu≠'愁'tsʰəu。

（2）流攝幫系字讀əu或u不定，如'某'məu，'否'fu，但'母'mu，'婦'fu。其他聲母讀əu，iəu，如'丑'tsʰəu，'求'tɕʰiəu。

（3）止攝及麻薛質韻日母字開口讀ɚ，如'兒，熱，日'ɚ，'惹'ɚ。

（4）山攝舒聲三四等端見系開口跟合口同讀ien，如'見，倦'tɕien，'賢，玄'ɕien，'演遠'ien，'錢，全'tɕʰien，'先，宣'ɕien，'練，戀'nien。

（5）臻攝舒聲三四等精組及見系開合口均作in，如'均，巾'tɕin，'心，勳'ɕin，'旬'ɕin，'銀，云'in，'運，印'in，'傾'tɕʰin。

以上兩條參看開合第一條。

（6）山攝入聲三等知章組，開口讀ɤ，如'徹'tsʰɤ，'舌'sɤ；合口讀o，如'拙'tso，'説'so。

（7）曾梗攝入聲一二等見系字，開口讀ɤ，如'刻'kʰɤ，'黑，赫'xɤ；合口讀

o,如'國''ko,'獲''xo。

(8)曾梗攝舒聲,除少數字混入通攝外,皆與深臻攝同收n尾,如'耕'＝'跟''kən,'生'＝'深,申''sən,'英'＝'因''in,'京'＝'金,斤''tçin。

4.聲調

(1)宜都不分陰陽去。古上聲全濁,去聲清濁音,今同爲去聲一類,如'趙,婦,信,義'等字。

(2)無入聲。古入聲無論清濁音今皆讀同陽平調,如'質,格,讀,立'等字。

G. 會話

12 a： niə˩ nar˩ nai˩ ti˩· a˥?
　　　niə 哪兒 來 的 阿?

12 b： o˩ sï˥ tsai˥ ku˩ nau˩ pei˥ nai˩ ti˩· a˥·。
　　　我 是 在 古老背 來 的 阿。

　a： ku˩ nau˩ pei˥ nai˩ ti˩· a˥·,na˥ ko˩· ti˩ faŋ˥ çien˥ tsai˥ tç'in˥
　　　古老背 來 的 阿,那 個 地 方 現 在 清

　　 sa˥?
　　　煞?

　b： na˥ k'ua(i)r˩ pu˩ ta˥ xau˩ e˩·。
　　　那 塊兒 不 大 好 詼。

　a： çien˥ tsai˥ mu˩ iəu˩ t'u˩ fei˩ sa˥?
　　　現 在 沒 有 土 匪 煞?

　b： iəu˩,t'a˥ na˥ kua(i)r˩ sï˩ sï˩,sï˩ saŋ˥ ts'u˩ nai˥· a˥·,tsɤ˥
　　　有, 他 那 塊兒 時 時, 時 常 出 來 阿, 這

　　 ko˩· t'u˩ fei˩ a˥·,t'a˥ iəu˩ mu˩ tɤ˥· tç'iaŋ˥ a˥·,mu˩ tɤ˥· mo˩
　　　個 土 匪 阿, 他 又 沒 得 槍 阿, 沒 得 麼

　　 sï˥ a˥·,t'a˥ tçiəu˩ sï˥ ts'u˩ nai˥· sa˥ zən˩ a˥·,tsɤ˥ ko˩· na˥
　　　事 阿, 他 就 是 出 來 殺 人 阿, 這 個 那

iaŋ˧ nau˧。tɕien˥ tsï˧ pu˥ tsʼən˧ min˧ tʼaŋ˧。
樣　　鬧。　簡　　直　不　　成　　名　　堂。

a： o˥ tsɤ˥ xau˥ tɕiəu˥ mu˧ iəu˥·xuei˧ kʼɤ˩·na˩·，u˧ ni˩· tɕʼin˧
　　我　這　好　久　　沒　有　回　去　啦，屋　裏　情

ɕin˩· o˥ ie˥ pu˧ ɕiau˥ tɤ˩·。
形　　我　也　不　曉　　得。

b： niə˥ sï˧ na˥ i˧ kʼuai˥˧ ti˩· a˩·?
　　niə　是　哪　一　塊　　的　阿?

a： o˥ sï˧，o˥ sï˧ ku˥ nau˥ pei˧ a˩·。
　　我　是，我　是　<u>古　老　背</u>　阿。

b： ɔ˥，o˥ mən˩· niaŋ˥ zən˧ tʼuŋ˧ ɕiaŋ˥ a˩·，na˧ xən˥ xau˥。xai˧
　　喔，我　們　　兩　　人　同　　鄉　阿，那　很　好。　還

iəu˥ o˥ mən˩· na˧ ɕiaŋ˥ tɕien˩· a˩·，na˧ tɕien˥ tsï˧ pu˧ tsʼən˧
有　我　們　那　鄉　　間　阿，那　簡　　直　不　成

min˧ tʼaŋ˩·——na˧ ko˩· tɕiaŋ˥——u˥ tɕʼi˧ pa˧ tsau˥。
名　堂——那　個　搶——五　七　八　糟。

a： o˥ tʼin˧ so˥ o˥ mən˩· na˧ ni˩· pan˥ tʼan˥ nien˧ a˩·，ɕien˥ tsai˧
　　我　聽　説　我　們　那　裏　辦　團　　練　阿，現　　在

pan˥ ti˩· xau˥ pu˧ xau˥ a˩·?
辦　的　好　不　好　阿?

b： pan˥ ti˩· ie˥ pu˧ xau˥。
　　辦　的　也　不　好。

a： ni˥ i˥ pei˥ tɕi˥ sï˧ xuei˧ tɕʼi˥ a˩·?
　　你　預　備　幾　時　回　去　阿?

b： o˥ i˥ pei˥ kʼan˥ sï˧ ko˥ niaŋ˥ tʼiə˥(<tʼienr)˥ na˩·，tɕiəu˥ xuei˧
　　我　預　備　看　是　過　兩　　天兒　　　　啦，就　回

tɕʼi˩· ti˩· a˩·。
去　　的　阿。

a：aꜜ。
　　阿。

b：kʼan꜕ sï꜕ məˑ˩(＜minrˑ˩) aꜜ，kʼan꜕ sï꜕ xəurˑ˩ aꜜ，tɕiəu꜕ tsouꜗ
　　看　是　明兒　　　　　阿，看　是　後兒　阿，　就　　走

　　tiꜜ。
　　的。

a：ɔˑ，oꜗ ta꜕ kʼai꜕ tsɤ꜕ niaŋꜗ tʼienꜙ tsai꜕ ɕio꜔ ɕiau꜕ niꜜ paꜗ
　　喔，我大　概　這　兩　天　在　學　校　裏　把

　　kuŋꜙ kʼo꜕ tɕie꜔ su꜕ nəꜜ，oꜗ iau꜕，oꜗ tɕiəu꜕ maꜗ saŋ꜕ xuei꜕
　　功　課　結　束　了，我　要，我　就　馬　上　回

　　tɕʼi꜕ nəꜜ。
　　去　了。

b：niəꜗ tɕiꜗ sï꜔ kuŋꜙ kʼo꜕ tɕie꜔ su꜔ aꜜ？
　　niə 幾　時　功　課　結　束　阿？

a：oꜗ tɕiəu꜕ tsɤ꜕ niaŋꜗ tʼienꜙ tɕiəu꜕ iau꜕ kau꜕ naꜜ。
　　我　就　這　兩　天　就　要　考　啦。

b：na꜕ oꜗ tɕiəu꜕ tənꜗ niəꜗ niaŋꜗ tʼienꜙ aꜜ。
　　那　我　就　等　niə 兩　天　阿。

a：xauꜗ，xauꜗ。oꜗ mənꜜ i꜔ panꜜ aꜜ。
　　好，好。我　們　一　伴　阿。

b：xauꜗ，xauꜗ，xauꜗ，na꜕ man꜔ xauꜗ，na꜕ niaŋꜗ ko꜕ tsai꜕ tsʼuan꜔
　　好，好，好，那　蠻　好，那　兩　個　在　船

　　saŋꜜ tʼan꜔，tʼan꜔ ɕinꜙ aꜜ，na꜕ man꜔ xauꜗ。
　　上　談，談　心　阿，那　蠻　好。

a：xauꜗ。
　　好。

b：xauꜗ，tsai꜕ xuei꜕，tsai꜕ xuei꜕ aꜜ。
　　好，再　會，再　會　阿。